ÌSSIMO

quaderno di scrittura

Gloria Paganini

ìssimo

quaderno di scrittura

livello avanzato

Bonacci editore

ìssimo - quaderno di scrittura è nato grazie a:

- la disponibilità e la partecipazione degli studenti del Centro di Lingua e Cultura Italiana - E.I.E.C. e dell'Ecole Nationale Supérieure des Techniques Avancées di Parigi;
- i consigli, le correzioni e gli incoraggiamenti di Marina Ferdeghini, Paola Niggi e Susanna Poddighe;
- la complicità e il contributo, in materiale e foto, di Ada e Sauro Paganini;
- la pazienza di Gilles Rainaud.

A tutti l'autrice esprime la sua sincera gratitudine.

RIFERIMENTI BIBLIOGRAFICI

FRUTTERO & LUCENTINI - *Incipit*, A. Mondadori; R. ZAPPERI - *Annibale Carracci. Ritratto di artista da giovane*, Einaudi; F. CAMON - *Il canto delle balene*, Garzanti; POZZI - *Poesia italiana del Novecento vol. 1*, Einaudi; F. PIEMONTESE - *Autodizionario degli scrittori italiani*, Leonardo; R. NIGRO - *I fuochi del Basento*, Rizzoli; A. TABUCCHI - *Il filo dell'orizzonte*, Feltrinelli; F. T. MARINETTI - *Teoria e invenzione futurista*, A. Mondadori; A. VIVIANI - *Giubbe rosse, il caffè fiorentino dei futuristi negli anni incendiari 1913-1915*, Vallecchi; C. MARCHI - *Impariamo l'italiano*, Rizzoli; F. FELLINI - *Fare un film*, Einaudi; E. ZAMPONI - *I draghi locopei. Imparare l'italiano coi giochi di parole*, Einaudi; U. ECO, P. MALVINNI, *Vocali - Soluzioni felici*, Guida; S. BENNI, P. CUNIBERTI - *Stranilandia*, Feltrinelli; G. CELATI - *Verso la foce*, Feltrinelli; G. BUFALINO - *Diceria dell'untore*, Sellerio.

Printed in Italy

Bonacci editore
Via Paolo Mercuri, 8 - 00193 Roma
(ITALIA)

Tel. 06/68.30.00.04 - Fax 06/68.80.63.82

ISBN 88-7573-292-2

CONTENTISSIMO

NERVOSISSIMO

RAPIDISSIMO

BELLISSIMO

SPORTIVISSIMO

BRAVISSIMO

INDICE

Presentazione

Agli insegnanti di italiano

ìssimo è destinato ad un pubblico di **livello avanzato**: agli studenti delle Università per stranieri in Italia, dei licei e delle Università all'estero, al pubblico dei Centri Culturali Italiani, e a tutti coloro che affrontano una specializzazione in italiano lingua straniera ad uso professionale (futuri insegnanti di italiano lingua straniera, interpreti, traduttori, ecc.).
ìssimo interesserà inoltre tutti gli insegnanti di italiano che desiderano avere a portata di mano un insieme di attività, di suggerimenti e di spunti da adattare anche ad un pubblico di livello intermedio e da integrare ai loro corsi.

L'obiettivo principale di **ìssimo** è quello di sviluppare l'*espressione scritta* facendo ricorso, da un lato, all'esplorazione di modelli letterari e paraletterari, dall'altro, alle tecniche della creatività.

Anche nell'apprendimento di una lingua straniera, la creazione esige delle regole: senza restrizioni precise e vincolanti, la produzione, e la produzione scritta in particolare, si esaurisce nell'inevitabile imperativo di dover "parlare di..." o di "esprimere la propria opinione su...", e permette solo a coloro che già dispongono di particolari abilità in lingua materna di trasferirle efficacemente nella pratica di una lingua straniera.

In questo quaderno di scrittura, la spontaneità e la libertà di ispirazione vengono incoraggiate fissandone prima di tutto i limiti e le condizioni da rispettare: circoscrivendo l'attività ad un modello, seguendo un canovaccio prestabilito o trasferendo le regole di costruzione di un testo ad un contesto diverso e personale.

L'obiettivo, naturalmente, non è quello di fornire un ventaglio esaustivo delle forme e dei generi né quello di approfondire l'analisi dei testi: **ìssimo** aiuta a isolare in un estratto gli elementi che possono stimolare e guidare l'elaborazione di testi originali.

Molte delle tecniche utilizzate non sono nuove* ma presentano qui il vantaggio di un'applicazione specifica all'apprendimento dell'italiano lingua straniera, completa di materiale autentico e di proposte pedagogiche.

Ogni insegnante saprà dosare le fasi destinate al lavoro in gruppo e quelle riservate alla produzione personale, alternare lettura e rielaborazione, adattare i percorsi suggeriti al profilo, ai bisogni e all'evoluzione del suo pubblico, mettere a profitto, nel gioco collettivo, le disposizioni linguistiche individuali. A seconda dello scopo per il quale adotterà questo testo, l'insegnante potrà definire criteri di valutazione adeguati, gratificando comunque, al di là della correttezza grammaticale, la coerenza dell'elaborato e la sua adeguatezza alle direttive date.

Riattivando la funzione estetica del linguaggio, la scrittura creativa valorizza il gusto della forma e sviluppa le capacità di integrazione e manipolazione lessicale. I testi letterari e gli altri estratti, dalla pubblicità al romanzo rosa ai graffiti delle città, sensibilizzano gli studenti alla presenza e alle diverse funzioni dello scritto nel loro stesso ambiente, rinnovano la percezione "poetica" delle parole della vita quotidiana e rinforzano, insieme al piacere della scrittura, le qualità e la curiosità del lettore.

- Denis BERTRAND, Françoise PLOQUIN, *Cahier pour la création de textes*, CIEP-BELC 1991.
- Jean-Marc CARÉ, Francis DEBYSER, *Jeu, langage et créativité*, BELC 1978 (Hachette 1991).
- Jean-Marc CARÉ, Francis DEBYSER, *Simulations globales*, BELC 1984.
- Jean-Pierre GOLDENSTEIN, *Entrées en littérature*, Hachette 1990.
- Ersilia ZAMPONI, *I draghi locopei*, Einaudi 1986.

Agli studenti di italiano

ìssimo non è una grammatica né un'antologia di letteratura, ma un vero e proprio quaderno di scrittura, destinato ad essere riempito di appunti e di osservazioni, concepito per registrare trasformazioni, deformazioni e creazioni di testi.

Per partecipare ad un gioco bisogna conoscerne le regole: allo stesso modo, per scrivere è indispensabile padroneggiare le regole non solo grammaticali di una lingua, conoscerne le diverse espressioni, usuali e meno usuali, saperne riconoscere generi, registri e stili. Soprattutto, per imparare a scrivere, come in qualunque altro gioco, è necessario seguire l'esempio di giocatori più esperti ed allenarsi ad acquisire ognuna delle diverse abilità che il gioco richiede.

A questo scopo, **ìssimo** prevede 13 capitoli, ciascuno dei quali comprende due parti:

1) A MO' DI... : a partire da un documento (testo letterario, pubblicità, articolo di cronaca, eccetera) e attraverso vari spunti di osservazione e di analisi, potrete progressivamente identificare i meccanismi di costruzione del modello per riutilizzarli in una vostra creazione.
Anche Proust, Queneau e Eco hanno cominciato così...

2) ESERCIZI : a partire da una scelta di materiale, che si ricollega a quello della prima parte per affinità tematica, troverete una serie di esercizi utili ad arricchire, approfondire e rinforzare le vostre capacità di esplorazione della lingua e della cultura italiana.

È possibile imparare l'italiano lingua straniera in maniera creativa, imitando l'esempio degli scrittori, adottando le strategie dei pubblicitari o prendendo appunti durante una passeggiata in città?

L'esperienza di numerosi studenti di italiano lingua straniera suggerisce di sì.

Vi auguro di trovarne qui, piacevolmente, la conferma.

A mo' di... ìncipit,

o come iniziare

1

11 Non avevo mai cominciato un romanzo con maggiori esitazioni e apprensioni.

12 Mi sono accinto più volte a scrivere queste mie memorie, e uno stremo sentimento misto di terrore e di angoscia mi ha distolto sempre dal farlo.

13 Più volte mi sentii spinto a intraprendere l'opera che ora mi sta innanzi, ma sempre mi trattenni.

14 Ho esitato a lungo, prima di intraprendere il racconto del mio viaggio a W.

15 Esito da due giorni: fare o non fare raccontare il mio romanzo da Lafcadio in prima persona?

16 Questo primo capitolo ha il solo scopo d'impedire al libro di cominciare con il secondo.

17 Dichiaro innanzitutto di non possedere quelle doti d'immaginazione ed espressione che mi avrebbero permesso di ricreare, per il lettore, la personalità dell'uomo che secondo l'uso russo si chiamava Kirilo Sidorovič (Cirillo figlio di Isidoro) Razumov.

18 A B D E.

19 ESTRAGON – Niente da fare.
VLADIMIR – Comincio a crederlo.

documento 1a
Fruttero & Lucentini, Ìncipit

1. *Osservate il documento 1a:*

- di che documento si tratta?
- a che cosa servono i numeri?

Che cosa significa la parola *ìncipit*?

- quale situazione viene associata, nella vignetta, a questa parola?
- che rapporto c'è tra vignetta e testo?

2. *Trascrivete tutte le parole che riflettono il sentimento dello scrittore:*

Es.: 11 ... esitazioni

....

....

....

Qual è lo stato d'animo predominante negli *ìncipit* che avete letto?

3. *In quali di questi ìncipit*

- non è la prima volta che l'autore si mette all'opera: *ìncipit* n. ....
- l'autore affronta uno dei principali problemi della scrittura, quello del pronome da usare: n. ....
- l'ìncipit è scritto alla prima persona: n. ....
- l'ìncipit dà l'impressione di coincidere con la fine di un testo piuttosto che con l'inizio: n. ....
- due di questi ìncipit sono diversi dagli altri; quali? n. ....

4. *Il documento 1a corrisponde ad uno dei "capitoli" di un libro,* Ìncipit*, nel quale due scrittori hanno raccolto gli inizi di 757 opere. Il raggruppamento in "capitoli" del materiale è stato effettuato secondo criteri che gli autori desiderano lasciare scoprire ai lettori.*

Secondo voi, quali sono questi criteri?

Seguendo un ordine? Trovate degli esempi di ordine possibile:

- ordine cronologico (per esempio, catalogando i libri della loro biblioteca partendo dal più antico fino al più recente)?
- per paese (raggruppando per esempio ....)?
- per autore (..)?
- per analogia, per affinità nella maniera di cominciare un'opera (.......................... ....)?
- in ordine alfabetico (..)?
- in ordine di importanza affettiva (..)?
- ....(..)?

Raggruppandoli a caso?

- tirando a sorte (per esempio mettendo in un cappello vari ìncipit)?
- ....(..)?

399 Chiamatemi Ishmael.

400 Sappia prima di tutto Vossignoria che mi chiamano Lxxxxxxxx de Txxxxx (...), perché la mia nascita avvenne appunto nel letto di quel fiume.

401 Il mio vero nome compare tante di quelle volte nei registri e negli archivi del carcere di Newgate e del tribunale dell'Old Bailey (...), che comprensibilmente non intendo rivelarlo in queste memorie.

402 Mi guardo allo specchio. Il mio vero nome è Clementine e quindi sarebbe naturale che mi chiamassero Clem, o addirittura Clementine, visto che mi chiamo così. E invece no: mi chiamano Tish.

403 Il cognome di mio padre essendo Pirrip, e il mio nome di battesimo Philip, la mia lingua infantile non riusciva a cavare da entrambi alcunché di più lungo o di più esplicito che Pip. Da me stesso quindi mi chiamai Pip, e anche gli altri finirono per chiamarmi così.

404 Essendo il suo cognome Raat, si capisce che a scuola tutti lo chiamassero *Unrat* («immondizia»).

405 Tutti ormai lo chiamavano don Ciccio. Era il commissario dottor Francesco Ingravallo comandato alla mobile.

406 Una delle poche cose, anzi la sola, ch'io sapessi di certo era questa: che mi chiamavo Mxxxxx Pxxxxx. E me ne approfittavo.

documento 1b

5. *Per avere un altro esempio di "capitolo", leggete il documento 1b. Che cosa hanno in comune questi nuovi* ìncipit?

In quali di questi *ìncipit*:

- il narratore omette volontariamente il proprio nome: n. ....
- del(la) protagonista si conoscono nome e soprannome: n. ....
- del(la) protagonista si conoscono nome, cognome e soprannome: n. ....
- il nome o il cognome del(la) protagonista viene storpiato: n. ....

6. *Qui di seguito sono stati mescolati due dei "capitoli" di Fruttero e Lucentini. Ricomponete i due gruppi scrivendo 1° o 2° accanto ad ogni* ìncipit:

[ ] *Il 28 agosto 1749, a mezzogiorno, al dodicesimo rintocco della campana, io venni al mondo a Francoforte sul Meno.*

[ ] *In una delle nostre cittadine del New England, verso la metà di una certa strada laterale, c'è un'antiquata casa di legno con sette frontoni aguzzi, diversamente orientati, e un alto e massiccio comignolo nel mezzo.*

[ ] *A metà della rue Saint-Denis, quasi all'angolo della rue du Petit-Lion, esisteva ancora di recente una di quelle case preziose che permettono agli storici di ricostruire per analogia la vecchia Parigi.*

[ ] *Al cadere di una bella giornata d'aprile dell'anno 1503, la campana di San Domenico in Barletta sonava gli ultimi tocchi dell'avemaria.*

[ ] *Ci sono case, in certe città di provincia, la cui vista ispira la stessa malinconia dei chiostri più scuri, delle lande più desolate o delle più cupe rovine... Questi principî di malinconia si riscontrano nella fisionomia di una vecchia casa situata a Saumur.*

[ ] *Viveva la mia famiglia in una vecchia casa fiorentina d'Oltrarno. Queste case un po' tetre se le guardi di fuori, dalle finestre magnifiche nella nudità, che appena lasciano scorgere la testa di chi vi resta affacciato. Le porte si aprono maestose nelle mura massicce.*

[ ] *La campana del convento dei Cappuccini aveva suonato da nemmeno cinque minuti, e la chiesa era già piena.*

[ ] *Wilson se ne stava seduto sulla veranda del Bedford Hotel, con le ginocchia contro la balaustra. Era domenica, e le campane della Cattedrale suonavano a mattutino.*

Quale vignetta potreste disegnare in testa a questi due capitoli, per suggerire il nesso tra gli *ìncipit*?

7. *In conclusione, quale potrebbe essere il titolo di questi quattro capitoletti?*

1° capitolo (doc.1a): tutti gli ìncipit che ....

2° capitolo (doc.1b): tutti gli ìncipit che ....

3° capitolo (esercizio 6): tutti gli ìncipit che ....

4° capitolo (esercizio 6): tutti gli ìncipit che ....

8. Fruttero & Lucentini hanno voluto fare di Ìncipit "un libro di quiz e di lettura": nella prima parte del libro, infatti, hanno raggruppato gli ìncipit, nella seconda ne hanno fornito la "soluzione" (nome dell'autore e titolo dell'opera).

E voi, ne avete riconosciuti?

Se non conoscete nessuno di questi *ìncipit*, alcuni di voi vadano a cercarne le soluzioni a pag. 28 e gli altri tentino di indovinarne almeno l'autore.

Proponete dei quiz.

Esempio:

"Il n°406 è l'*ìncipit* di un romanzo del 1904. Racconta la storia di un uomo che, dopo essersene andato di casa, legge su un giornale l'annuncio della sua morte e decide di approfittare di questa circostanza per rifarsi una nuova vita.

Lo scrittore è nato in Sicilia nel 1867 e nel 1934 ha ricevuto il premio Nobel..."

9. Quali altri criteri hanno adottato i due autori?

- intervenendo sugli elementi che permetterebbero di identificare troppo facilmente l'opera, hanno voluto salvare l'effetto di "quiz"; in quale modo?
- nel caso di opere straniere, gli *ìncipit* sono presentati in lingua originale o in una traduzione italiana?
- quando l'*ìncipit* è sembrato troppo lungo per essere citato integralmente, qual è stato il loro intervento?

10. Leggete il documento 2.

- qual è il verbo che appare più volte e che esprime l'azione dello scrittore o del poeta?
- in quali casi l'*ìncipit* è un'invocazione, un appello ad un possibile destinatario o una possibile ispiratrice?
- che cosa hanno in comune gli *ìncipit* 680, 683, 684 e 685?
- che cosa hanno in comune gli *ìncipit* 687, 688 e 689?

Fruttero & Lucentini hanno particolarmente abbreviato questi *ìncipit* perché secondo loro sono "universalmente noti":

- da quali opere provengono?

Se attorno a voi ci sono italiani, fate un piccolo sondaggio per verificare se sanno risalire all'opera o all'autore. Chiedete a degli italiani quali di queste opere fanno o hanno fatto parte del loro bagaglio scolastico.

Potete controllare le risposte a pag. 28.

11. Cercate, nei vostri scaffali o in una biblioteca, i libri di **autori italiani** ***che avete particolarmente apprezzato.***

Trascrivete 5 *ìncipit*, rispettando le regole di Fruttero e Lucentini.

In classe, raccogliete tutti gli *ìncipit* trascritti:

- ci sono opere citate più di una volta?
- ci sono autori citati più di una volta?
- a quali periodi storici appartengono? c'è un periodo storico più citato di altri?
- ci sono generi più ricorrenti di altri?

Raggruppate e classificate gli *ìncipit* raccolti, poi disegnate la vignetta relativa ad ogni capitolo.

678 Cantami, o Diva, del...

679 Musa, quell'uom...

680 L'armi canto e 'l valor del grand'eroe...

681 Nel mezzo del...

682 Voi ch'ascoltate in rime sparse il...

683 Signori e cavalier...

684 Le donne, i cavalier...

685 Canto l'armi pietose e 'l capitano...

686 Giovin signore, o a te...

687 Quel ramo del lago di Como d'onde esce l'Adda e che...

688 Quel ramo del lago di Como che volge a mezzogiorno, tra...

689 Quella parte dell'India che è presso il Gange, e i paesani la chiamano Indostan, esce di terraferma, e a mezzodì...

12. ***Scegliete, nella vostra biblioteca, i 5 libri dai quali non potreste mai separarvi (libri che vi ricordano un'epoca, libri che hanno trasformato la vostra vita, libri che avete riletto più volte, ecc.).***

Trascrivetene gli *ìncipit* rispettando le regole di Fruttero e Lucentini.
Fate la recensione dei libri e degli autori più amati nella vostra classe:

- leggete più letteratura nazionale o straniera? di quali paesi?
- leggete più letteratura contemporanea o classica? di quali periodi?
- leggete più poesia o romanzi? di che genere?
- ci sono differenze di lettura, nel vostro gruppo, tra pubblico femminile e maschile?
- ci sono variazioni legate all'età?
- ci sono variazioni legate alla nazionalità?

13. ***Ricapitolando. Avete incontrato...***

... *ìncipit* che fanno riferimento al particolare stato d'animo del narratore:

- quali sono gli **stati d'animo** più ricorrenti?
- quale altro stato d'animo potrebbe accompagnare, secondo voi, questa fase della scrittura?

... *ìncipit* che introducono un personaggio:

- quali sono gli aspetti più ricorrenti nella presentazione di un personaggio?
- cercate un esempio di personaggio presentato attraverso una **qualità fisica**;
- cercate un esempio di personaggio presentato attraverso una **qualità morale**;
- cercate un esempio di personaggio presentato attraverso il suo **statuto sociale**;
- in quale altro modo, secondo voi, potrebbe essere presentato un personaggio?

... *ìncipit* che forniscono indicazioni di tempo:

- cercate un'indicazione relativa al **momento della giornata**;
- cercate un'indicazione relativa ad un **giorno della settimana**;
- cercate un'indicazione relativa ad un **momento dell'anno**;
- cercate un'indicazione relativa ad **un'epoca**;
- quali altri esempi di indicazioni temporali potreste trovare?

... *ìncipit* che forniscono indicazioni di spazio:

- cercate un esempio di descrizione **oggettiva**;
- cercate un esempio di intervento **soggettivo** da parte dello scrittore (nella scelta degli aggettivi, per esempio);
- quali sono i **tempi verbali** più utilizzati nella descrizione di uno spazio?

... *ìncipit* che coinvolgono direttamente il lettore:

- chiedendogli di fare che cosa?

... *ìncipit* che ....

... *ìncipit* che ....

14. ***State per cominciare il vostro romanzo. Scrivetene l'ìncipit***

....

....

....

....

ESERCIZI

a. **Leggete il documento 3.**
Disegnate l'albero genealogico della famiglia Carracci.
Accanto ad ogni membro della famiglia Carracci, scrivete la ragione per la quale gli fu attribuito quel nome:

- identificate le regole che nel XVI° secolo determinavano la scelta del nome da attribuire ad un figlio.
- individuate i casi in cui il nome prescelto determinò la sorte della persona e precisate se si trattò di applicazione o di trasgressione delle regole.

Costruite una costellazione con tutti i riferimenti, i significati e i desideri collegati al nome di Annibale.

Identificate nel brano tutti i riferimenti alla professione dei membri della famiglia Carracci.

- a quale categoria appartenevano?
- quali professioni potevano implicare per i Carracci un'"elevazione" sociale?
- quali invece rappresentavano una "degradazione" sociale?
- quali fattori potevano favorire l'una o l'altra?

Quali erano le regole che nel XVI° secolo determinavano la scelta di un mestiere?
Facendo riferimento all'albero genealogico dei Carracci, confrontate le regole di trasmissione del nome e del mestiere:

- in quali casi sono state entrambe applicate?
- in quali casi sono state entrambe trasgredite?

b. **Scrivete l'*incipit* della vostra *autobiografia* a partire dal ruolo giocato nella vostra vita dal nome che vi è stato attribuito: eredità? augurio? destino? caso? applicazione di regole di trasmissione? (leggete un altro esempio nel documento 4)**

Siete nello stesso tempo **autore / narratore / protagonista** delle vicende narrate: usate il pronome di prima persona (io).

....
....
....
....
....
....
....
....

Capitolo primo

Mastro Antonio, lo stratega

Chi avrebbe mai potuto dire al padre di Annibale Carracci che il nome da lui prescelto per il figlio avrebbe avuto effettivamente sul suo destino tutto il peso desiderato? Antonio Carracci era sarto e i sarti a Bologna allora non usavano dare ai figli un nome tanto distinto che non poteva vantare neanche un santo eponimo da festeggiare. Quello del condottiero cartaginese caro a Tito Livio era stato lanciato dagli umanisti in omaggio al gusto snobistico per i nomi degli eroi antichi che in Italia aveva avuto largo corso nell'età del Rinascimento. A Bologna, Antonio Bentivoglio l'aveva voluto imporre al figlio, destinato a succedergli nella signoria della città. L'aveva portato anche l'ultimo signore di Bologna, signore solo per pochi mesi, ma nel frattempo si era diffuso fra la nobiltà, e nella seconda metà del secolo XVI aveva cominciato ad allettare anche i ceti inferiori. Quando mastro Antonio lo scelse era già presente nei mestieri cittadini, sebbene con una incidenza piuttosto scarsa che lo accreditava ancora come un segno di particolare distinzione. Nessuno dei Carracci l'aveva mai portato, né il padre di Antonio, mastro Gian Maria, sarto anche lui, si era mai sognato di darlo ad uno dei suoi figli.

Il padre di Annibale ne fu invece affascinato: lo scelse per il primo figlio maschio, che gli nacque nel 1548, a un anno di distanza da Elisabetta, la prima delle figlie femmine. Questo primo Annibale morí presto, vittima della mortalità infantile che risparmiò invece la sorella. La sua morte dovette colpire mastro Antonio e lasciargli il segno. In contrasto con il padre, che aveva dato a lui il nome del nonno, aveva interrotto la tradizione. Scegliendo per il suo primogenito quel nome altisonante al posto del comunissimo Gian Maria, l'aveva offeso e ne era stato punito. Certo è che per il secondo figlio maschio, che pu-

documento 3
Roberto Zapperi,
Annibale Carracci -
Ritratto di artista da giovane

re nacque nove anni dopo, nel 1557 e fu battezzato il 16 agosto, egli scelse il nome assai meno impegnativo di Agostino. Subito dopo di lui fu la volta di un terzo figlio maschio e mastro Antonio continuò ad attenersi alla prudenza: gli dette il nome di suo nonno, quello stesso nome che Gian Maria aveva dato a lui, ma con una inversione significativa che rivela quanto poco gli piacesse ripiegare sulla tradizione famigliare. Suo nonno si chiamava Antonio Giovanni, il figlio suo Giovanni Antonio. Ancora un anno e nacque nel 1560 il quarto figlio. Ora mastro Antonio si sentí al sicuro, lo fece battezzare il 3 novembre e risfoderò il nome prediletto, tenuto in serbo per tanti anni.

L'insistenza sul nome di Annibale tradiva un desiderio di elevazione sociale del quale il nuovo nato, non solo lui ma lui in primo luogo, doveva farsi carico. Dalla mortalità infantile Annibale si salvò per un pelo, perché il fratello Giulio nato dopo di lui ne fu invece falciato, come già il primo Annibale vari anni prima. Quarto dei cinque figli maschi, ma terzo ed ultimo dei sopravvissuti, Annibale venne a trovarsi in una posizione piuttosto scomoda: egli portava il nome del fratello morto e nella scala della famiglia stava nel gradino piú basso e a ridosso di un altro fratello morto. A lui toccava inoltre di sostenere, proprio a lui che era il piú piccolo, il peso maggiore dell'ambizione paterna. Il compito che il padre gli impose insieme al nome non era cosa da poco nella Bologna di allora: la città era chiusa in una gabbia di ceti e di corporazioni che opponeva ostacoli pressoché insormontabili alla promozione sociale. Ordini e mestieri erano vincolati allo stesso principio della successione ereditaria che riservava al figlio il posto occupato dal padre. Ma mastro Antonio era molto ambizioso e non voleva rassegnarsi. Non sopportava che i suoi figli restassero artigiani come lui, o almeno non tutti. Per uno solo ripiegò su di un nome legato alle tradizioni della famiglia e per Giovanni Antonio fu come una condanna: dei tre fratelli fu infatti il solo che non diventò artista e restò artigiano.

Il fratello maggiore di Antonio Carracci, Vincenzo, non ebbe lo stesso coraggio. Dal padre sarto era stato avviato, proprio lui che era il primogenito, ad un mestiere inferiore e addirittura degradante, quello del macellaio. Non aveva dunque alcun motivo particolare di gratitudine e, semmai, uno piuttosto forte di risentimento. Quando gli nacque il primo figlio maschio

documento 3

lo chiamò con gesto spavaldo Giulio Cesare e la scelta di questo nome nel repertorio umanistico degli eroi antichi non poteva piacere al defunto Gian Maria: secondo una regola ferrea rispettata dagli artigiani non meno che dai nobili, il primogenito doveva portare il nome del nonno. Gian Maria non scherzava e Giulio Cesare morí subito dopo la nascita, esattamente come morirà di lí a poco il primo Annibale, figlio del fratello minore Antonio. Vincenzo se ne dovette spaventare ancora piú di lui. Non osò piú sfidare l'ira del padre morto e si preoccupò invece di placarne l'ombra minacciosa: al secondo figlio dette infatti lo stesso nome di suo padre: Gian Maria nacque nel 1547 e fu battezzato il 6 giugno. Al terzo figlio, nato nel 1555 e battezzato il 21 aprile, impose il nome di Ludovico che aveva già portato uno degli zii. Seguí Prudenza, l'unica figlia femmina, che nacque nel 1560 e fu battezzata l'8 dicembre. Per gli altri due figli maschi, Vincenzo sceglierà nomi comuni di artigiani, Paolo (nato nel 1568 e battezzato il 13 giugno) e Vittorio (nato nel 1571 e battezzato il 1° novembre), che non tradivano di sicuro alcuna ambizione di superare il padre. Il terribile Gian Maria poteva considerarsi dunque soddisfatto .

Sarti di padre in figlio, i Carracci provenivano da Cremona. Antonio Giovanni, il bisnonno di Annibale, era emigrato nella seconda metà del secolo XV, attirato con tutta probabilità a Bologna da migliori occasioni di lavoro. Nella nuova città mise radici profonde, conquistandosi una buona clientela e un volume rispettabile di affari che al figlio Gian Maria riuscí di consolidare. Egli poté lasciare infatti ai suoi figli, Vincenzo, Carlo e Antonio, tre case, una bottega di sartoria bene avviata, un nome conosciuto e onorato . Il cognome tuttavia non fu tanto facile da affermare, perché la circostanza dell'emigrazione gli sovrappose per forza di abitudine il soprannome desunto dalla città di origine. I Carracci a Bologna erano chiamati Cremona, ancora dopo che vi si erano stabiliti da tre generazioni e persino nelle registrazioni anagrafiche parrocchiali e negli atti ufficiali della corporazione. Il soprannome evidenziava una discriminante che pesava parecchio in tutte le relazioni sociali

documento 3 e in primo luogo nelle stesse condizioni del lavoro.

Esperimenti sul pollo

C'è sempre stata parecchia confusione nella mia famiglia, anche nei nomi. Come si chiama mio figlio? «Franz» o «Frank» lo chiama indifferentemente sua madre. Quando lo chiama così, ho l'impressione di essere tra stranieri: una signora che non conosco chiama il figlio di chissà chi, per dirgli chissà che cosa. Affari loro. La figlia si chiama Titti. Anch'io la chiamo così, ma non so perché. Perché il suo vero nome è Monica. Tra Monica e Titti non c'è nessuna relazione. Quando chiamo «Titti» provo una sensazione che mi disturba: un padre sconosciuto, attraverso di me, chiama una figlia che non ho mai visto, e le dirà qualcosa che non ascolto.

Il nome dovrebbe servire a «prendere» una persona. Mia moglie sbaglia i nomi degli altri perché è sbagliato il suo. Mavina, si chiama. È un'abbreviazione: lei in realtà si chiama Maria Vittoria Narni. A chi verrebbe in mente un'abbreviazione del genere? A nessuno. È stata lei ad affibbiarsela, quand'era studentessa universitaria, e stava sempre insieme con la Marina. Tutti confondevano una con l'altra. Adottando un nome ricalcato su quello dell'altra, mia moglie ha reso permanente e inestricabile questa confusione.

documento 4
Ferdinando Camon,
Il canto delle balene

c. **Leggete i documenti 5 e 6.**

Cercate, nel testo di Alessandro Manzoni, le fasi corrispondenti alle operazioni filmiche descritte da Umberto Eco:

- "...una camera posta su un elicottero che dall'alto discende lentamente verso il basso"
- "...lenta zumata dal cielo verso la superficie di un ideale mappamondo"
- "...procedere da nord verso sud seguendo la generazione del corso d'acqua"
- "...prodigio di sceneggiatura: quella camera che andava a muso in giù, dal cielo alla terra, ruota di novanta gradi"
- "...altro colpo di scena: dalla Geografia [Manzoni] passa alla Storia"

d. **Avete scritto il vostro *ìncipit*.**
Immaginate come lo trasformereste in inizio di film:

Immagini	Posizione della camera	Colonna sonora
....	....	....
....	....	....
....	....	....
....	....	....
....	....	....
....	....	....
....	....	....
....	....	....
....	....	....
....	....	....

pagina a fianco
documento 5
l'Espresso,
5 dicembre 1989

di Umberto Eco

Alessandro Manzoni, che bravo regista!

La traduzione filmica di un romanzo è una interpretazione in un linguaggio diverso, e non può essere sottomessa a nessun controllo fiscale. Il don Abbondio di Alberto Sordi non ha i baffi come quello disegnato da Gonin nel 1840, ma non è questo il punto. Tuttavia ho avuto un moto di stizza quando, nel film di Salvatore Nocita trasmesso da Rai Uno, ho visto che quel ramo del lago di Como mi veniva mostrato da una camera che carrellava a pelo d'acqua, con il paesaggio di profilo. Ma perché - mi sono chiesto - proprio là dove il romanzo provvede al film una esemplare sceneggiatura?

Lo avevo suggerito in una conferenza all'Università di Genova del 1982 (ora nel mio "Sugli specchi"); e che tutto il romanzo manzoniano applichi sovente un "principio di regia" lo ricorda Francesco Casetti (si veda "Leggere i Promessi Sposi", a cura di Giovanni Manetti, Bompiani, 1989). L'inizio dei "Promessi Sposi" è una sceneggiatura cinematografica non perché Manzoni fosse un profeta, ma perché la narrativa anticipa (da Omero in poi) molte tecniche che il cinema ha poi fatto proprie.

Si legga l'inizio dei "Promessi Sposi" pensando a una camera posta su un elicottero che dall'alto discende lentamente verso il basso. Manzoni conosceva la mongolfiera, e d'altra parte (per modesta ma confidente consuetudine con lo sguardo della Provvidenza) soleva andare per sciabolate aeree, dall'Alpi alle Piramidi e dal Manzanarre al Reno. Abbiamo una lenta zumata dal cielo verso la superficie di un ideale mappamondo. Altrimenti, perché definire come "ramo" una sinuosità idrografica? Manzoni guardava il lago spaziando sulla carta geografica e lentamente discendendo a dimensioni topografiche. E' come se avvicinassimo progressivamente gli occhi a un atlante, o come si scopre improvvisamente quel ramo del lago di Como quando gli aerei intercontinentali si levano dalla Malpensa e con un ampio giro si appressano all'arco alpino. I seni e i golfi che sporgono sono tali solo per chi li guarda dall'alto. Ma quando scorgete il ponte «che ivi congiunge le due rive» siete già scesi, senza accorgervene, dalla dimensione dell'Atlante a quella della Carta Topografica.

La decisione geografica è rinforzata dal proposito di procedere da nord verso sud seguendo la generazione del corso d'acqua, così che il movimento descrittivo parte dall'ampio verso lo stretto, dal lago al fiume ai torrenti, dai monti ai pendii e ai valloncelli. Sino a che l'occhio (o la camera) rischia di farsi presbite per eccessiva vicinanza, perché finalmente si arriva all'arredamento delle strade o dei viottoli.

E allora Manzoni compie un prodigio di sceneggiatura: quella camera che andava a muso in giù, dal cielo alla terra, ruota di novanta gradi, ora non è più su di una mongolfiera, ma sulle spalle del lettore, e il Resegone viene ora visto dalla pianura, «tal che non è chi, al primo vederlo, purché sia di fronte» non scopra che non assomigli a una sega. E a quel punto anche pendii e viottoli sono descritti da qualcuno che li percorre, e si sentono le salite e le discese. Tempo giusto, per il visitatore che cammina, di arrivare a Lecco. E qui Manzoni trama un altro colpo di scena: dalla Geografia passa alla Storia. Il lettore arriva a Lecco, e di Lecco si dice non che cosa geograficamente sia, ma che cosa storicamente fosse. Finalmente il lettore si può ben porre a camminare per una di quelle stradicciole con il nostro don Abbondio, e la storia (non più cosmica e geografica, ma individuale e romanzesca) può iniziare.

Quindi sono rimasto male a vedere che la televisione non usava quella sceneggiatura che Manzoni aveva scodellato come una polenta, pronta per chi avesse voluto usarla. Ma poi mi sono ricreduto. Questa sceneggiatura è prodigiosa proprio perché la si indovina, nascosta nel giro delle parole. Bisogna meritarsela (e credo che a questo alluda la definizione di quella misteriosa figura retorica che è l'Ipotiposi). Ma a realizzarla visivamente, sarebbe diventata un documentario della Nasa.

Niente da fare, i "Promessi Sposi" sono puro film, a condizione di leggerli. Se debbono diventare film, allora ciascuno si assuma le proprie responsabilità.

I Promessi Sposi

Quel ramo del lago di Como, che volge a mezzogiorno, tra due catene non interrotte di monti, tutto a seni e a golfi, a seconda dello sporgere e del rientrare di quelli, vien, quasi a un tratto, a ristringersi, e a prender corso e figura di fiume, tra un promontorio a destra, e un'ampia costiera dall'altra parte; e il ponte, che ivi congiunge le due rive, par che renda ancor più sensibile all'occhio questa trasformazione, e segni il punto in cui il lago cessa, e l'Adda rincomincia, per ripigliar poi nome di lago dove le rive, allontanandosi di nuovo, lascian l'acqua distendersi e rallentarsi in nuovi golfi e in nuovi seni. La costiera, formata dal deposito di tre grossi torrenti, scende appoggiata a due monti contigui, l'uno detto di san Martino, l'altro, con voce lombarda, il *Resegone*, dai molti suoi cocuzzoli in fila, che in vero lo fanno somigliare a una sega: talchè non è chi, al primo vederlo, purché sia di fronte, come per esempio di su le mura di Milano che guardano a settentrione, non lo discerna tosto, a un tal contrassegno, in quella lunga e vasta giogaia, dagli altri monti di nome più oscuro e di forma più comune. Per un buon pezzo, la costa sale con un pendìo lento, e continuo; poi si rompe in poggi e in valloncelli, in erte e in ispianate, secondo l'ossatura de' due monti, e il lavoro dell'acque. Il lembo estremo, tagliato dalle foci de' torrenti, è quasi tutto ghiaia e ciottoloni; il resto, campi e vigne, sparse di terre , di ville , di casali; in qualche parte boschi, che si prolungano su per la montagna. Lecco, la principale di quelle terre, e che dà nome al territorio, giace poco discosto dal ponte, alla riva del lago, anzi viene in parte a trovarsi nel lago stesso, quando questo ingrossa: un gran borgo al giorno d'oggi, e che s'incammina a diventar città. Ai tempi in cui accaddero i fatti che prendiamo a raccontare, quel borgo, già considerabile, era anche un castello, e aveva perciò l'onore d'alloggiare un comandante, e il vantaggio di possedere una stabile guarnigione di soldati spagnoli, che insegnavan la modestia alle fanciulle e alle donne del paese, accarezzavan di tempo in tempo le spalle a qualche marito, a qualche padre; e, sul finir dell'estate, non mancavan mai di spandersi nelle vigne, per diradar l'uve, e alleggerire a' contadini le fatiche della vendemmia. Dall'una all'altra di quelle terre, dall'alture alla riva, da un poggio all'altro, correvano, e corrono tuttavia, strade e stradette, più o men ripide, o piane; ogni tanto affondate, sepolte tra due muri, donde, alzando lo sguardo, non iscoprite che un pezzo di cielo e qualche vetta di monte; ogni tanto elevate su terrapieni aperti: e da qui la vista spazia per

documento 6
Alessandro Manzoni,
I promessi sposi

prospetti più o meno estesi, ma ricchi sempre e sempre qualcosa nuovi, secondo che i diversi punti piglian più o meno della vasta scena circostante, e secondo che questa o quella parte campeggia o si scorcia, spunta o sparisce a vicenda. Dove un pezzo, dove un altro, dove una lunga distesa di quel vasto e variato specchio dell'acqua; di qua lago, chiuso all'estremità o piuttosto smarrito in un gruppo, in un andirivieni di montagne, e di mano in mano più allargato tra altri monti che si spiegano, a uno a uno, allo sguardo, e che l'acqua riflette capovolti, co' paesetti posti sulle rive; di là braccio di fiume, poi lago, poi fiume ancora, che va a perdersi in lucido serpeggiamento pur tra' monti che l'accompagnano, degradando via via, e perdendosi quasi anch'essi nell'orizzonte. Il luogo stesso da dove contemplate que' vari spettacoli, vi fa spettacolo da ogni parte: il monte di cui passeggiate le falde, vi svolge, al di sopra, d'intorno, le sue cime e le balze, distinte, rilevate, mutabili quasi a ogni passo, aprendosi e contornandosi in gioghi ciò che v'era sembrato prima un sol giogo, e comparendo in vetta ciò che poco innanzi vi si rappresentava sulla costa: e l'ameno, il domestico di quelle falde tempera gradevolmente il selvaggio, e orna vie più il magnifico dell'altre vedute.

Per una di queste stradicciole, tornava bel bello dalla passeggiata verso casa, sulla sera del giorno 7 novembre dell'anno 1628, don Abbondio, curato d'una delle terre accennate di sopra: il nome di questa, nè il casato del personaggio, non si trovan nel manoscritto, nè a questo luogo nè altrove.

documento 6

Soluzione del documento 1a

11 W. S. MAUGHAM, *Il filo del rasoio*, 1944.

12 IGINO TARCHETTI, *Fosca*, 1869.

13 ARTEMIDORO, *Onirocriticon* («Libro dei sogni»), sec. II d.C. Trad. di D. Dal Corno.

14 GEORGES PÉREC, *W, ovvero il ricordo d'infanzia*, 1975.

15 ANDRÉ GIDE, *Diario dei «Falsari»*, 1919-25.

16 FRANZ WERFEL, *Il pianeta dei nascituri*, 1944.

17 JOSEPH CONRAD, *Agli occhi dell'Occidente*, 1911.

18 VIGILE DELLA VII COORTE, *Incipit di alfabeto semianalfabeta*, sec. IV d.C.
Tra i graffiti rinvenuti a Roma nella caserma dei Vigili della VII Coorte, figurano numerosi alfabeti, che i Vigili stessi graffivano per esercizio o passatempo. Alcuni sono completi, molti altri s'interrompono dopo varie omissioni o interversioni di lettere. Il più breve, dopo aver saltato la C, s'interrompe scoraggiato a E.

19 SAMUEL BECKETT, *Aspettando Godot*, 1952.

Soluzione del documento 1b

399 HERMAN MELVILLE, *Moby Dick*, 1851.

400 ANONIMO CASTIGLIANO, *Vita di Lazarillo de Tormes*, 1554.

401 DANIEL DEFOE, *Moll Flanders*, 1722.

402 JAMES BALDWIN, *Se Beale Street potesse parlare*, 1974.

403 CHARLES DICKENS, *Grandi speranze*, 1861.

404 HEINRICH MANN, *Il professor Unrat* («L'angelo azzurro»), 1905.

405 C.E. GADDA, *Quer pasticciaccio brutto de via Merulana*, 1957.

406 LUIGI PIRANDELLO, *Il fu Mattia Pascal*, 1904.

Soluzione del documento 2

678 OMERO, *Iliade*, ca. sec. VIII a.C. Trad. di Vincenzo Monti (1810-25).

679 OMERO, *Odissea*, ca. sec. VIII a.C. Trad. di Ippolito Pindemonte (1815-22).

680 VIRGILIO, *Eneide*, 29-19 a.C. Trad. di Annibal Caro (1560-66).
Ci piace ricordare qui che questo stesso *incipit* (ma in v.o., naturalmente) figura tra le migliaia di graffiti di ogni genere rinvenuti sui muri delle case di Pompei. A inciderlo, negli anni immediatamente precedenti l'eruzione del 79 d.C. e il seppellimento della città, fu verosimilmente un turista o un ragazzo di scuola.

681 DANTE ALIGHIERI, *La divina commedia*, 1306-21.
Non è escluso che altre opere, meno illustri, comincino con le tre stesse parole. Ma finora non ci è riuscito di trovarne nessuna.

682 FRANCESCO PETRARCA, *Canzoniere*, ca. 1335-74.

683 MATTEO MARIA BOIARDO, *Orlando innamorato*, 1483.

684 LODOVICO ARIOSTO, *Orlando Furioso*, 1516-32.

685 TORQUATO TASSO, *Gerusalemme liberata*, 1581-83.

686 GIUSEPPE PARINI, *Il giorno*, 1763-1801.

687 ALESSANDRO MANZONI, *Fermo e Lucia*, 1823.

688 ALESSANDRO MANZONI, *I promessi sposi*, 1827-40.

689 DANIELLO BARTOLI, «Descrizione dell'Indie di qua del Gange» (dalla monumentale *Istoria della Compagnia di Gesù*, 1650-73).
Nel 1978 lo scrittore Giuseppe Bonaviri ha plausibilmente identificato nel lungo e complesso paragrafo d'apertura del Bartoli la fonte diretta del lavoratissimo *incipit* manzoniano: fonte che lo stesso Manzoni indicherebbe, seppure con maliziosa ambiguità, nelle diverse introduzioni al suo romanzo.

A mo' di... Poeta,

o come presentarsi

2

Chi sono?

Son forse un poeta?
No, certo.
Non scrive che una parola, ben strana,
la penna dell'anima mia:
«follía».
Son dunque un pittore?
Neanche.
Non ha che un colore
la tavolozza dell'anima mia:
«malinconía».
Un musico, allora?
Nemmeno.
Non c'è che una nota
nella tastiera dell'anima mia:
«nostalgía».
Son dunque... che cosa?
Io metto una lente
davanti al mio cuore
per farlo vedere alla gente.
Chi sono?
Il saltimbanco dell'anima mia.

documento 1
Aldo Palazzeschi
da Poemi, 1909

1. *Osservate il documento 1:*
- di che documento si tratta?
- sapete nominare esattamente gli elementi che vi permettono di identificare questo tipo di componimento ancora prima di leggerlo?

2. *Concentrate la vostra attenzione sul titolo:*
- che cosa vi anticipa la presenza del punto interrogativo?
- che tipo di contenuto potete prevedere a partire da questo titolo? vi sembra un tema ricorrente in questo tipo di testo?

3. *In quante* strofe *potete suddividere il testo?*
- che cosa segnala l'inizio e la fine di ogni *strofa*?
- quanti *versi* contiene ogni strofa?
- quale strofa si differenzia dalle altre? perché?
- a che cosa si ricollegano gli ultimi due versi?

Mettete al posto giusto i segni di interpunzione in questo schema del poema:

Es. .... ?
....
....
....
....
....
....
....
....
....
....
....
....
....
....
....
....
....
....
....
....

Qual è il ruolo della *punteggiatura*?

precisate come ogni segno interviene nel poema:

? : ....

. : ....

: : ....

" : ....

, : ....

4. *Queste due serie di parole sono qui in disordine: ritrovate l'ordine nel quale appaiono nel poema.*

dunque - forse - dunque - allora

a) ....
b) ....
c) ....
d) ....

neanche - no, certo - nemmeno

a) ....
b) ....
c) ....

Come intervengono sul ritmo del poema?

5. *Osservate la fine di ogni verso. Qual è la rima più ricorrente nel poema?*

Trascrivete le tre parole che fanno rima con "anima mia":

....

A partire dal loro accento tonico, sottolineate tra queste parole quelle che potrebbero far rima con *anima mia*:

mania - pazzia - malizia - frenesia - voglia - fantasia - noia - fantasticheria - energia - letizia - euforia - angoscia - teoria -furberia - gelosia - gioia - gloria - utopia - melodia - apatia - simpatia - ipocrisia - superbia - ironia - magia - grazia - poesia - tenacia - antipatia - vittoria - smania - allegria - armonia

6. *Scegliete (eventualmente in questa lista) tre parole astratte in -ìa che potrebbero avere un posto nella vostra anima:*

....

7. *In questo elenco trovate una serie di "strumenti" d'artista. Arricchendo l'elenco, attribuite ogni parola all'artista che ne fa uso:*

cavalletto → **pittore**
spartito
strofa
leggìo
nota
tela
tavolozza
rima
tempera
verso
tastiera
metafora
archetto
....
....
....
....
....
....

poeta

pittore

musicista

8. ***Osservate le serie di parole utilizzate da Palazzeschi:***

1	poeta	parola	penna
2	pittore	colore	tavolozza
3	musico	nota	tastiera

Trovate tre associazioni analoghe che possano annunciare quello che voi non siete:

a ....

b ....

c ....

9. ***Conoscete altre risposte in poesia alla domanda*** **"Chi sono?"**

Leggete per esempio questo inizio di poema:

"Desolazione del povero poeta sentimentale"

Perché tu mi dici: poeta?
Io non sono un poeta.
Io non sono che un piccolo fanciullo che piange.
Vedi: non ho che le lacrime da offrire al Silenzio.
Perché tu mi dici: poeta?
[...]

Sergio Corazzini, 1906

In che cosa la vocazione poetica di Palazzeschi si differenzia da quella, per esempio, di Corazzini?
Che cosa significa allora *saltimbanco*?
Conoscete dei sinonimi di questa parola?

....

....

....

....

10. ***Scrivete il vostro*** **"Chi sono?"** ***a mo' di poeta.***

Riutilizzate le vostre parole (esercizio 6 e esercizio 8).

Son forse ....?
No, certo.
Non..che..
....dell'anima mia:
"..".

Son dunque......................................?
Neanche.
Non..che..
....dell'anima mia:
"..".

....allora?
Nemmeno.
Non..che..
....dell'anima mia:
"..".

Son dunque.......................................che cosa?
Io ....
....
....
Chi sono?
....dell'anima mia.

ESERCIZI

a. **Duecentodieci scrittori e poeti italiani hanno risposto all'invito di un collega giornalista ed hanno accettato di presentare se stessi in un *Autodizionario degli scrittori italiani:* ognuno di essi ha redatto la propria voce scegliendo liberamente il proprio stile ma rispettando la consegna data dal curatore del volume:**

> *"ogni scrittore scrive la voce che lo riguarda, in terza persona come se si trattasse di un altro, e decidendo in piena libertà su modi e forme da usare, nonchè sulla lunghezza. Se ritiene di meritare cinque righe, scrive cinque righe; se pensa che siano necessarie dieci cartelle, scrive dieci cartelle"*
>
> (Felice Piemontese, Introduzione)

Leggete le voci redatte da quattro autori (documento 2): quali sono state le scelte stilistiche di ogni scrittore?

- a quale persona sono stati redatti i testi?
- a quale tempo verbale?
- seguendo che tipo di schema (descrittivo, narrativo, ecc.)?
- adottando quale procedimento?
- fornendo, o omettendo, che tipo di informazioni (biografiche, storiche, letterarie, ecc.)?

Moravia

....
....
....
....
....
....
....
....

Isgrò

....
....
....
....
....
....
....
....

Sanguineti

....
....
....
....
....
....
....
....

Cerati

....
....
....
....
....
....
....
....

Moravia Alberto

Alberto Moravia (Moravia non è un pseudonimo, è un secondo nome) è nato a Roma il 28 novembre 1907. Altezza: metri 1,80. Capelli castani (ora bianchi). Occhi verdi. Segno distintivo: claudicante (ora con bastone).

Non ha titoli di studio. Parla inglese e francese.

È tradotto in 37 lingue.

Ha pubblicato 17 romanzi; 10 volumi di saggi, di critica, di articoli di viaggio; 12 volumi di racconti; 10 volumi di teatro.

Il suo hobby: viaggiare.

I suoi motti preferiti sono: scrivo per sapere perché scrivo.

Una vita ne vale un'altra.

Non mi piacciono i miei libri, mi piacciono i libri degli altri.

È stato sposato tre volte: la prima con Elsa Morante in chiesa, la seconda in libera unione con Dacia Maraini, la terza in municipio con Carmen Llera.

documento 2a
Felice Piemontese,
Autodizionario degli scrittori italiani

Isgrò Emilio

Nacque a Barcellona di Sicilia nel 1937: io ero morto da un anno.

Luigi Pirandello

Pubblicò il suo primo libro di poesie nel 1956, facendo rimare miracolosamente "chiaro" con "amaro".

Scilla Velati

Nel 1975 uscì *L'avventurosa vita di Emilio Isgrò nelle testimonianze di uomini di stato, artisti, scrittori, parlamentari, attori, parenti, familiari, amici, anonimi cittadini.*

Ted Kennedy

Cancellava per scrivere.

Giuseppe Isgrò

E scriveva per cancellare.

Maria Rosa Isgrò

Cionondimeno diceva di non credere nella dialettica. Povero ragazzo! Povero Polifemo!

Georg Wilhelm Friedrich Hegel

documento 2b

Sanguineti Edoardo

Interrogato talvolta, come accade, intorno alla propria vita e al proprio lavoro, rispondeva poco volentieri, spiegando di avere già dichiarato a sufficienza, e in versi e in prosa, quanto aveva da dire, al riguardo, e che non gli pareva di trovare da aggiungere niente di significativo, sul momento; e si rifugiava volentieri, da ultimo, in qualche fredda e schematica notizia biobibliografica, in cui sprofondava come in una sorta di tranquillo anonimato;

confessava tuttavia di aver narrato, con puntigliosa precisione, una volta, in una sua poesia, che aveva risposto a un'intervistatrice giapponese, nel '71, a Rotterdam, quanto ai suoi pensieri e motivi dominanti: *my wife and my death*; e riteneva di aver arrecato, ai suoi lettori, in quella occasione, il massimo contributo autoanalitico di cui fosse stato mai capace;

precisava anche che l' "io" che si impiega, da uno scrivente, nell'atto della scrittura, quanto più costui speculi sopra gli accidenti del proprio vissuto, tanto più interviene come artificiosa e coinvolgente strategia comunicativa, a determinare una figura assolutamente fantastica; e che anzi, non credendo egli affatto nella virtù della fantasia, era pure quello, specificamente, l'indice massimo di un atteggiamento liberamente immaginativo;

diceva che il solo movente autentico che uno scrittore può dichiarare, per il proprio lavoro, è l'essere non del tutto persuaso e sazio di quanto gli altri avevano mai scritto, e venivano scrivendo, tanto da riuscire a persuadersi che conveniva pure tentare uno sforzo, affinché una certa cosa fosse finalmente detta, a questo mondo, e in un certo tale modo; così l'autore veniva a convincersi che gli toccasse, benché renitente, di assumersi l'onere di produrla;

non ritoccava mai quanto aveva pubblicato, e amava dire che un testo si corregge soltanto con un altro testo, e che a un autore giova un superstizioso riguardo indifferente per il proprio lavoro trascorso, e che il massimo riguardo e la massima indifferenza consistevano nei riconoscere appunto, tranquillamente, e con qualche rassegnato fatalismo, la necessaria imperfezione contingente del già fatto e divulgato; a questo fine, si preoccupava di datare, per solito, con scrupolo, le proprie pagine, che testimoniassero delle sue virtù e dei suoi vizi, tale mese, tale anno; (...)

documento 2c

Cerati Carla

AUTOINTERVISTA

A quanti anni ha cominciato a scrivere?

Avevo dieci anni, mi sono comprato un bel quaderno a righe di quinta, con la marginatura violetta, spesso, con la copertina di cartoncino nero semilucido, zigrinato; ho riempito le prime due pagine e rileggendole le ho trovate tanto noiose da rinunciare, per pietà del futuro lettore.

Questa sana autocritica l'ha tenuta inattiva per molti anni?

Verso i diciassette ho avuto una ricaduta: ho scritto una ventina di brevi racconti sotto il titolo *Tavolozze*, testi battuti a macchina su carta azzurrina e guarniti con piccoli disegni in inchiostro di china.

Aveva già deciso di diventare una scrittrice?

Non l'ho mai pensato né tanto meno deciso. Ultimamente mi capita abbastanza spesso di scontrarmi con personaggi da telefilm americano che dichiarano seriamente di voler fare la scrittrice; pensano di frequentare corsi di scrittura creativa eccetera. Trovo la cosa ridicola. (...)

Che cos'è per lei, scrivere?

Una tortura, soprattutto quando, come in questo caso, mi viene richiesto. In altri casi è una necessità se non addirittura una spinta fisiologica, insopprimibile. Nel definirla tortura alludo naturalmente alla fase iniziale, la prima stesura. Mio padre mi diceva spesso: "Tu hai il caos nella testa". La fatica consiste nel far uscire da questo caos un romanzo che possegga equilibrio tra le parti, chiarezza d'esposizione, profondità di analisi. Dopo la tortura arriva il piacere: anziché l'angosciosa pagina bianca per riempire la quale devo metaforicamente cavarmi le interiora, posso lavorare su un dattiloscritto, sia pure confuso e a tratti balbettante, ma che ormai esiste. (...)

Perché scrive sempre in prima persona?

Perché quasi sempre le storie che racconto necessitano una visione unilaterale del rapporto tra due o più persone – l'altro è per ciascuno di noi sempre un mistero – e la soluzione dell'io narrante mi sembra la più efficace. Però *Uno e l'altro* è scritto in terza persona, con la tecnica del monologo interiore; ma non se n'è accorto nessuno.

Tecnicamente, come procede nella stesura di un romanzo? Prepara una scaletta? Prende appunti nel corso di mesi o di anni? Usa il registratore? Scrive prima a mano e poi a macchina?

Alla presentazione del mio primo romanzo una giornalista mi disse, con una certa ironia: "Come siete bravi voi che scrivete libri! Come fate? Cominciate dalla prima pagina e non vi fermate più fino alla fine?". Oggi posso rispondere che a volte accade proprio così e altre no perché ogni romanzo è un'avventura diversa: alcuni sono nati da una scaletta dettagliatissima, altri sono stati buttati giù di getto e poi hanno subito tagli e spostamenti di parti o capitoli; uno è nato da una lettera che pensavo di spedire a un amico, lettera che si è dilatata e approfondita fino a non poter più essere considerata tale. Scrivo a mano le scalette e gli appunti, direttamente a macchina il libro. In prima stesura mi accade di stare una giornata intera su una pagina, in media ne scrivo quattro o cinque. Nelle stesure successive posso arrivare a dieci cartelle al giorno. (...)

documento 2d

b. **Aggiungete la vostra voce all'*Autodizionario degli scrittori*, ispirandovi agli esempi precedenti o scegliendo una vostra personale maniera di presentarvi. Non dimenticate di rispettare le regole dell'Autodizionario.**

c. **Leggete il documento 3.**

- di che cosa si tratta?
- chi scrive? a chi? come?

Aggiungete la vostra "breve descrizione di me stesso":
potete descrivervi in prima o in terza persona, ma non potete usare più di dieci parole.

....

....

d. **Precisate il significato di ognuna di queste parole.**
Definite il loro significato nel caso di un'autobiografia.

autore
narratore
eroe
personaggio
biografo

e. **Nella vita di una persona un avvenimento può essere o essere interpretato come un presagio, come il segno premonitore di un destino.**
Leggetene un esempio nel documento 4.

Siete un *biografo*: scrivete l'inizio di una biografia (alla terza persona) partendo da un fatto premonitore.

....

....

....

....

....

"BREVE DESCRIZIONE DI ME STESSO"

Giuseppe Bersani, danzatore, Roma

Elio Sergio Bortolotto, insegnante, Latina
Felice

Maurizio Bertolini, impiegato-studente, Monterenzio (Bologna)
Trentacinquenne, solitario, affetto da male incurabile ma pieno di vita

Emanuela Buffo, casalinga, insegnante precaria, Mareno di Piave (Treviso)
Mi sento capace di mostrarmi cortese con chiunque

Beatrice Coppini, insegnante, Prato (Firenze)
Indovina, indovinello...

Giuseppina Criaco, studentessa, Crotone (Catanzaro)
Depressa con brio

Maria Rita Di Matteo, impiegata, Roma
Non riesco a essere breve, se non nell'altezza

Andrea Ferretti, universitario, Quattro Castella (Reggio Emilia)
Una persona che ama osservare il mondo che esiste nella nostra fantasia

Fernando Liberati, impiegato-commesso, Ciampino (Roma)

Alberico Mattiacci, studente, Roma
Preferisco che la facciano gli altri

Fabio Mongardi, agricoltore biologico, Faenza (Ravenna)
Fabio è alla ricerca. Fabio si vede, solo se uno sa "guardare"

Daniela Pavan, casalinga, Eraclea (Venezia)

Fulvia Perillo, medico ospedaliero, Grosseto
Donna piccola, di grandi aspirazioni, post-femminista, madre alternativa

Adriano Petta, tecnico in telecomunicazioni, Ladispoli (Roma)
Campo con l'elettronica, ma vivo per i libri

Ilaria Picchiotti, universitaria, Roma
Mi tormenta l'idea che molti sogni finiscano nell'irraggiungibile mai

Marco Ribaldone, studente, Genova
Contraddittorio

Leopoldo Santis, operaio edile, Ravagnese (Reggio Calabria)
Riconosco me stesso quanto basta amare chi mi vive accanto la vita

Massimo Tirinelli, impiegato, Roma
Alto, robusto, occhiali, barba, baffi, simpatico!, 30 anni

Salvatore Valenti, funzionario, Ancona
Temo non ci sia niente di peggio di un laureato in Ingegneria elettronica che cerchi di far danno anche in altre discipline

Francesco Vecchio, medico, Longone al Segrino (Como)
Un buon sognatore, intelligente e permaloso

documento 3
Wimbledon,
ottobre 1991

Francesco Nigro aveva allora oltre trent'anni, aveva portato Pietropaolo[1] verso l'Ofanto, sul fianco di una duna che ospitava Bartolomeo, Francesco Saverio e Canio Nigro e le loro mogli. A piangere si era già sfogato: ora la sua mente si perdeva dietro l'idea che se avesse saputo scrivere avrebbe potuto raccontare le storie di Angiolello e quelle di Michelarcangelo faccia a faccia col re.

La masseria dei Galiani dove lavoravano i Nigro era vasta, confinava con le terre acquitrinose dei Doria, non aveva recinti. Attorno ai fuochi spenti dei viaggiatori che attraversavano quelle terre, seguendo il tratturo per i demanî regi, Francesco Nigro trovò il quinterno di un libro. Ci perse la testa, sui solchi dei segni. Leggere era proprio un'impresa difficile. «Io dico» scommesse col suo destino, sistemando Pietropaolo nella fossa, «che se quassopra nasceranno le ginestre è un segno che imparerò a scrivere». Ed era come aver detto «se voleranno gli asini», perché le ginestre nascono in Vulture e non in Ofanto. Tuttavia là sopra tornò più di una volta, come dietro un presentimento. «Con questo tempaccio?» chiedeva allibita Concetta Libera. C'erano da guardare le fave, l'orzo, i lupini e c'era da assicurarsi che l'Ofanto non arrivasse alle colture. Una mattina di marzo Francesco vide tra gli aghi dei pinastri uno strano giallore. Li oltrepassò incuriosito. La collina di Pietropaolo era addobbata di ginestre. Andò a gettarsi sul letto e aveva il quinterno tra le mani. Guardava e riguardava la distesa ordinata di segni: finalmente poteva sperare.

documento 4
Raffaele Nigro,
I fuochi del Basento

Nota 1 - Un suo bambino nato morto.

A mo' di... Attore,

o nella vita come sulla scena

3

"Darò tanti dollari a chi dimostra di essere più ricco" la signora si lascia convincere e ci rimette 20 milioni

Una pensionata beffata da due attori-truffatori

UNA TRUFFA che fa invidia alla miglior beffa della Commedia dell'arte. Venti milioni portati via da due «attori» scaltrissimi ad un'anziana signora, convinta di abbindolare un'handicappata e rimasta invece con un palmo di naso. Dopo la beffa, all'anziana non è rimasto da fare che andare sconsolata in Questura per denunciare la scomparsa dei suoi soldi, tutto ciò che aveva in banca. La scenetta è avvenuta qualche mattina fa su un marciapiede di Viale Pepoli. V.R., di 66 anni, viene avvicinata alla fermata dell'autobus da una donna dall'aspetto dimesso che finge di essere un po' tonta e dice di non avere soldi per salire sul bus. In quel momento arriva la «spalla», un distinto signore che si offre di pagare il biglietto. «Non ho soldi, ma solo figurine», aggiunge la finta handicappata, che apre la borsa e le fa vedere. L'uomo si avvicina allora all'anziana e le sussurra: «Quelle non sono figurine, ma dollari. Cerchiamo di prenderli». L'anziana è d'accordo. Non sospetta di essere entrata in una spirale di cui è la vittima predestinata. «Se volete le figurine – dice la donna – dovete dimostrare di essere ricchi, le suore mi hanno detto che i poveri sono cattivi». Così l'uomo fa vedere i soldi che ha dentro una borsa mentre l'anziana, sempre più convinta di stare per acquisire una piccola fortuna, va in banca e ritira 20 milioni. Con i soldi in mano, il «gioco» continua. «Voglio delle caramelle» dice la finta handicappata. Il signore va a comprarle e lascia i suoi soldi all'anziana, per darle fiducia. Quando torna, la sua complice dice che darà le figurine al più ricco. «Io sono la più ricca», esclama l'anziana brandendo la busta con i 20 milioni. Il clou è vicino. La finta handicappata dice di aver fame e di voler un panino. «Questa volta vado io», risponde lesta l'anziana per mostrarsi disponibile. Lascia i suoi soldi all'uomo e quando torna non trova più nessuno.

documento 1
La Repubblica,
11 ottobre 1989

1. Osservate il documento 1:

- di che documento si tratta?
- potete nominare con precisione ognuna delle quattro parti di cui si compone?

Quali sono in questo articolo le funzioni del *titolo* e dell'*occhiello*?

- ☐ informare il lettore?
- ☐ influenzare, orientare il lettore?
- ☐ fornire una chiave di interpretazione del fatto?
- ☐ attirare l'attenzione del lettore?
- ☐ creare un effetto?
- ☐ introdurre, richiamare l'argomento?
- ☐ offrire "un'immagine" del fatto?
- ☐ evidenziare un particolare "gustoso"?

NB: *la* signora / *una* pensionata: tenendo conto di questi due elementi qual è l'ordine in cui si presuppone che l'articolo venga letto?

***2. Analizzate* l'illustrazione:**

- chi sono i tre personaggi raffigurati?
- chi rappresentano i due animali?
- a quale testo fanno riferimento?
  (se non li riconoscete, leggete il doc.2)
- come illustrano il fatto annunciato nel titolo?
  qual è il giudizio sui protagonisti del fatto emesso dall'immagine?
- come si collegano tra di loro *illustrazione*, *titolo* e *occhiello*?

**Fate tutte le ipotesi possibili sullo svolgimento dei fatti:
potete prevedere il contenuto del'articolo?**

- chi saranno i protagonisti reali?
- come si saranno probabilmente svolti i fatti?
- come sarà finita la vicenda?

3. Identificate nell'articolo la fine del* sommario *(normalmente, all'inizio degli articoli di giornale,* il sommario *riassume e anticipa gli elementi essenziali).

**Qual è la *fonte di informazione* alla quale il giornalista ha probabilmente fatto ricorso per poter scrivere questo articolo?
Chi può avergli fornito tutte queste informazioni?**

A chi è destinato questo tipo di articolo? Quale lettore può interessare particolarmente?

Pinocchio ritrova la Volpe e il Gatto e va con loro a seminare le quattro monete nel Campo dei miracoli. (...)

Pinocchio partí e, appena entrato nel bosco, cominciò a correre come un capriolo. Ma quando fu arrivato a un certo punto, quasi in faccia alla Quercia grande, si fermò, perché gli parve di aver sentito gente fra mezzo alle frasche. Difatti vide apparire su la strada, indovinate chi?... la Volpe e il Gatto, ossia i due compagni di viaggio coi quali aveva cenato all'osteria del Gambero rosso.

"Ecco il nostro caro Pinocchio!" gridò la Volpe abbracciandolo e baciandolo. "Come mai sei qui?"

"Come mai sei qui?" ripeté il Gatto.

"È una storia lunga," disse il burattino, "e ve la racconterò a comodo. Sappiate però che l'altra notte, quando mi avete lasciato solo all'osteria, ho trovato gli assassini per la strada."

"Gli assassini?... Oh, povero amico! E che cosa volevano?"

"Mi volevano rubare le monete d'oro."

"Infami!" disse la Volpe.

"Infamissimi!" ripeté il Gatto.

"Ma io cominciai a scappare," continuò a dire il burattino, "e loro sempre dietro, finché mi raggiunsero e m'impiccarono a un ramo di quella quercia."

E Pinocchio accennò la Quercia grande che era lí a due passi.

"Si può sentir di peggio?" disse la Volpe. "In che mondo siamo condannati a vivere! Dove troveremo un rifugio sicuro noi altri galantuomini?"

Nel tempo che parlavano cosí, Pinocchio si accorse che il Gatto era zoppo dalla gamba destra davanti, perché gli mancava in fondo tutto lo zampetto con gli unghioli; per cui gli domandò:

"Che cosa hai fatto del tuo zampetto?"

Il Gatto voleva rispondere qualche cosa, ma s'imbrogliò. Allora la Volpe disse subito:

"Il mio amico è troppo modesto, e per questo non risponde. Risponderò io per lui. Sappi dunque che un'ora fa abbiamo incontrato su la strada un vecchio lupo, quasi svenuto dalla fame, che ci ha chiesto un po' d'elemosina. Non avendo noi da dargli nemmeno una lisca di pesce, che cosa ha fatto l'amico mio che ha davvero un cuore di Cesare? Si è staccato coi denti uno zampetto delle sue gambe davanti e l'ha gettato a quella povera bestia, perché potesse sdigiunarsi."

E la Volpe, nel dir cosí, si asciugò una lagrima.

Pinocchio, commosso anche lui, si avvicinò al Gatto sussurrandogli negli orecchi:

"Se tutti i gatti ti somigliassero, fortunati i topi!"

"E ora che cosa fai in questi luoghi?" domandò la Volpe al burattino.

"Aspetto il mio babbo che deve arrivare di qui di momento in momento."

"E le tue monete d'oro?"

"Le ho sempre in tasca, meno una che la spesi all'osteria del Gambero rosso."

"E pensare che, invece di quattro monete, potrebbero diventare domani mille e duemila! Perché non dài retta al mio consiglio? Perché non vai a seminarle nel Campo dei miracoli?"

"Oggi è impossibile: vi anderò un altro giorno."

"Un altro giorno sarà tardi," disse la Volpe.

"Perché?"

"Perché quel campo è stato comprato da un gran signore e da domani in là non sarà piú permesso a nessuno di seminarvi i denari."

"Quant'è distante di qui il Campo dei miracoli?"

"Due chilometri appena. Vuoi venire con noi? Fra mezz'ora sei là: semini subito le quattro monete, dopo pochi minuti ne raccogli duemila e stasera ritorni qui con le tasche piene. Vuoi venire con noi?"

documento 2

Carlo Collodi, Pinocchio

Pinocchio esitò un poco a rispondere, perché gli tornò in mente la buona Fata, il vecchio Geppetto e gli avvertimenti del Grillo parlante; ma poi finí col fare come fanno tutti i ragazzi senza un fil di giudizio e senza cuore: finí cioè col dare una scrollatina di capo, e disse alla Volpe e al Gatto:

"Andiamo pure: io vengo con voi."

E partirono.

Dopo aver camminato una mezza giornata arrivarono a una città che aveva nome Acchiappacitrulli. Appena entrato in città, Pinocchio vide tutte le strade popolate di cani spelacchiati che sbadigliavano dall'appetito, di pecore tosate che tremavano dal freddo, di galline rimaste senza cresta e senza bargigli che chiedevano l'elemosina d'un chicco di granturco, di grosse farfalle che non potevano piú volare, perché avevano venduto le loro bellissime ali colorite, di pavoni tutti scodati che si vergognavano a farsi vedere, e di fagiani che zampettavano cheti cheti, rimpiangendo le loro scintillanti penne d'oro e d'argento oramai perdute per sempre.

In mezzo a questa folla di accattoni e di poveri vergognosi, passavano di tanto in tanto alcune carrozze signorili con dentro o qualche volpe, o qualche gazza ladra, o qualche uccellaccio di rapina.

"E il Campo dei miracoli dov'è?" domandò Pinocchio.

"È qui a due passi."

Detto fatto, traversarono la città e, usciti fuori dalle mura, si fermarono in un campo solitario che, su per giú, somigliava a tutti gli altri campi.

"Eccoci giunti," disse la Volpe al burattino. "Ora chinati giú per terra, scava con le mani una piccola buca nel campo e mettici dentro le monete d'oro."

Pinocchio ubbidí: scavò la buca, ci pose le quattro monete d'oro che gli erano rimaste, e dopo ricoprí la buca con un po' di terra.

"Ora poi," disse la Volpe, "vai alla gora qui vicina, prendi una secchia d'acqua e annaffia il terreno dove hai seminato."

Pinocchio andò alla gora e, perché non aveva lí per lí una secchia, si levò di piedi una ciabatta e, riempitala d'acqua, annaffiò la terra che copriva la buca. Poi domandò:

"C'è altro da fare?"

"Nient'altro," rispose la Volpe. "Ora possiamo andar via. Tu poi ritorna qui fra una ventina di minuti, e troverai l'arboscello già spuntato dal suolo e coi rami tutti carichi di monete."

Il povero burattino, fuori di sé dalla gran contentezza, ringraziò mille volte la Volpe e il Gatto, e promise loro un bellissimo regalo.

"Noi non vogliamo regali," risposero que' due malanni. "A noi ci basta di averti insegnato il modo di arricchire senza durar fatica, e siamo contenti come pasque."

Ciò detto salutarono Pinocchio e, augurandogli una buona raccolta, se ne andarono per i fatti loro.

documento 2

....

4. ***Sfogliando un quotidiano, compilate l'elenco di tutte le sue* rubriche *e per ognuna precisate di che cosa si occupa:***

Es.

politica interna : ....

.... : ....

.... : ....

.... : ....

.... : ....

.... : ....

.... : ....

.... : ....

.... : ....

.... : ....

In quale rubrica del giornale potrebbe apparire l'articolo sulla pensionata beffata?

5. ***Leggete l'articolo.***

Confrontate le ipotesi avanzate prima della lettura e lo svolgimento dei fatti riportato dall'articolo.

Cercate nell'articolo i passaggi in cui il giornalista:

- fornisce notizie
- fornisce spiegazioni
- commenta o interpreta i fatti

Sottolineate nel testo gli interventi *soggettivi* del cronista:

- quali elementi permettono di identificare l'atteggiamento del giornalista?
- come e dove esprime la sua presa di posizione?

Cercate le forme usate dal giornalista per riportare *il pensiero* e *le intenzioni* dei personaggi:

Es. un'anziana signora, *convinta di* abbindolare...

....

....

....

....

....

Cercate le forme usate dal giornalista per riportare il *discorso* dei personaggi:

Es. e *dice di* non avere soldi...

....

....

....

....

....

....

....

6. ***Per il cronista, i due ladri sono* attori-truffatori *e il fatto di cronaca è ricostruito utilizzando la metafora del* teatro.**

Identificate nel testo tutto i termini che si riferiscono a:

Il teatro	e	**La truffa**
....		....
....		....
....		....
....		....
....		....
....		....
....		....

Perché la presentazione dell'articolo è stata concepita facendo riferimento al teatro? Che effetto ha sul lettore questa presentazione dei fatti?

7. ***Ispiratevi a questo fatto di cronaca per creare uno spettacolo teatrale***

a.

Ricostruite il *dialogo* riutilizzando le battute trascritte nell'articolo e inventando quelle mancanti:

La donna: " ...."
L'anziana: "..
...."
Il signore: " ....
...."
La donna: " Non ho soldi, ma solo figurine"
Il signore: " Quelle non sono figurine, ma dollari. Cerchiamo di prenderli"
L'anziana: " ...."
La donna: " Se volete le figurine, dovete dimostrare di essere ricchi, le suore mi hanno detto che i poveri sono cattivi"
Il signore: " ....
...."
L'anziana: "..
...."
Il signore: " ....
...."
La donna: " Voglio delle caramelle"
Il signore: " ....
...."
La donna: " ...."
L'anziana: " Io sono la più ricca!"
La donna: " ...."
L'anziana: " Questa volta vado io!"

....

b.

Ampliate la descrizione del luogo

- dove avviene la scena?
- a quale momento della giornata?
- che tempo fa?
- ci sono testimoni?
- che cosa c'è a destra e a sinistra della fermata dell'autobus?
- e di fronte, dall'altra parte del viale?
- che tipo di circolazione e di animazione c'è a quell'ora sul viale?

....

....

ed immaginate la scenografia dello spettacolo teatrale:

- come evocare sulla scena il luogo e l'atmosfera della vicenda?
- quali oggetti appaiono sulla scena?
- quali personaggi secondari?

c.

Ampliate la descrizione dei personaggi:

L'anziana signora:

- com'è vestita?
- che cosa fa aspettando l'autobus?
- perché viene scelta come vittima dai due truffatori? quali sono gli elementi che spingono i due truffatori a scegliere proprio lei?
- com'è e come si mostra? finge?

La donna:

- come si presenta?
- in quale modo finge di essere "tonta" (modo di fare, di parlare, di muoversi)?
- che cosa dice di sé e che cosa mostra?

Il signore:

- che cosa lo rende "distinto"?
- com'è vestito?
- ha oggetti su di sé? di che tipo?
- che età ha?
- che atteggiamento ha?

....

d.

Suddividete la vicenda in scene, come nella sceneggiatura di un film, riassumendo sinteticamente il contenuto di ognuna di esse.

Scena 1 - Viale Pepoli -
(indicazioni di tempo)...
(indicazioni di ora)...
Un'anziana donna aspetta l'autobus..

Scena 2 -..
....
....

Scena 3 -..
....
....

e.

Per ogni scena, prevedete tutte le informazioni che un attore deve avere per interpretare il suo ruolo:

- gesti, posizioni
- sguardi, mimica
- reazioni
- atteggiamenti
- intonazione della voce
- ....

f.

Immaginate la scena finale dello spettacolo:

- su quale immagine si chiude?

***8.* Scegliete il tipo di spettacolo che vorreste mettere in scena:**

☐ commedia
☐ dramma
☐ tragedia
☐ ....
☐ spettacolo di varietà
☐ commedia musicale
☐ operetta

***9.* Scrivete la sinossi di questo spettacolo teatrale (avete un esempio di sinossi nel documento 3).**

Qual è la morale di questa storia? Cercate tra questi o altri proverbi quello che potrebbe diventare il *titolo* dello spettacolo teatrale:

☐ Fra i due litiganti, il terzo gode
☐ Chi la fa l'aspetti
☐ ....
☐ Chi troppo abbraccia nulla stringe
☐ L'occasione fa l'uomo ladro.

TEATRO STABILE DELL'UMBRIA

CITTÀ DI PERUGIA

TEATRO MORLACCHI

dal 13 al 25 Aprile '93

Piccolo Teatro di Milano - Teatro d'Europa
Expo '92 Sevilla

Carlo Goldoni

regia di
Giorgio Strehler

Una sinossi dello spettacolo scritta da Giorgio Strehler

Regione dell'Umbria
Comune di Perugia

CASSA DI RISPARMIO DI PERUGIA

documento 3

Un giorno di primo autunno

Nella luce di un mattino d'autunno, con un colpo di vento che arriva dall'Adriatico, appaiono un canale, una barca, due gruppi di case. Nel fondo il luogo dove nascono le barche e dove muoiono. Due gruppi di donne: da un lato donna Pasqua e sua cognata Lucietta, dall'altro donna Libera, e le sorelle Orsetta e Checca, lavorano ai merletti e chiacchierano. Aspettano gli uomini che sono in mare, alla pesca e forse arriveranno. Scrutano il cielo per capire dal vento, quando avverrà il ritorno. E' un giorno di primo autunno e l'azione si svolgerà rigorosamente in unità di tempo, nei diversi momenti della stessa giornata. E di luogo: la piccola città di Chioggia, una grande stanza del Palazzo Comunale, un'altra stanza, forse lo "studio" di un pittore, o una pittrice che potrebbe essere, idealmente, Rosalba Carriera, una piazza sul canale. Il primo litigio avviene proprio in questo primo quadro quando la giovanissima Checca, rivelando alle vicine e alle sorelle di confezionarsi una gonna nuova (vestendosi cioè come le ragazze da marito), comincia ad accampare il diritto di maritarsi e si informa su quale barca ("tartana" è il nome delle barche di Chioggia) è imbarcato Titta Nane, il fidanzato di Lucietta, la cui reazione è immediata: che Checca lasci stare Titta Nane. Mentre le donne ricominciano a lavorare entra il primo uomo della commedia. E' Toffolo, detto Marmottina, un giovane che non va per mare ma trasporta con una barca verdure al mercato. E' venuto per corteggiare Checca con la quale ha da tempo un rapporto di occhiate, di qualche parola. Lucietta, che vuole vendicarsi della presunta rivale, fa sedere Toffolo vicino a lei, mentre si sente il richiamo di un venditore di zucca arrostita, un dolce dei poveri. Toffolo offre prima a Lucietta poi alle altre donne una fetta di zucca, ancora calda di forno, portata da un adolescente chiamato Conocchia, altro personaggio maschile che si unisce al gruppo delle donne. Da ciò prende avvio uno scambio di battute pungenti e nasce una prima baruffa tra le donne. Essa è interrotta dall'arrivo di Padron Vincenzo, un anziano pescatore che ha perso un braccio in mare e che ora commercia il pesce, aiutando i pescatori a vendere l'unica cosa che possiedono ed a sbrigare i loro piccoli affari, i loro problemi. Scrive anche le loro lettere e li rappresenta presso gli amministratori comunali. Vincenzo annuncia che la barca di Padron Toni è arrivata e subito Toffolo è dimenticato, ritorna la pace e le donne si preparano ansiose a ricevere, dopo tanto tempo, i loro uomini.

Scoppiano le baruffe

L'arrivo dei pescatori. Una passerella viene lanciata a terra. Gli uomini cominciano a sbarcare. Ad aspettarli ci sono le donne e un piccolo gruppo di mercanti all'ingrosso (chiamati bazariotti) che comprano a prezzi di fame il pesce per poi rivenderlo nei mercati di terraferma. Ci sono tutti: Padron Toni, marito di Pasqua, Titta Nane, fidanzato di Lucietta, Beppo, fratello di Padron Toni, fidanzato di Orsetta, Padron Fortunato, marito di Donna Libera. L'incontro è semplice con pochi gesti di affetto. E' gente povera e poveri sono i regali che gli uomini hanno portato da lontano, per le donne. Ma sono felici tutti, anche di poco, e c'è amore vero, solidale fra loro. Un amore che non impedisce che presto scoppi un'altra baruffa. Questa volta più seria. Le donne non riescono a trattenersi dal raccontare cose vere ed inventate agli uomini: l'incontro di Toffolo con Lucietta, la zucca offerta, le occhiate tra i due e chissà cos'altro. La baruffa finisce con violenza. Toffolo, aggredito da Beppo e Titta Nane, per difendersi incomincia a buttare delle pietre addosso ai suoi "nemici", Padron Toni tira fuori un coltellaccio per tagliare il pesce. Titta Nane, gelosissimo di Lucietta, minaccia Toffolo di morte. E il giovane decide allora di andare a denunciare tutti al Cancelliere Criminale. (...)

***10.* Se il vostro gruppo è sufficientemente numeroso, potete mettere in scena il vostro spettacolo.**

Scegliete, tra di voi, sei attori e un regista:

- **tre attori** si limiteranno ad interpretare gesti e azioni;
- **gli altri tre** faranno il "doppiaggio" sincronizzando le loro repliche con i movimenti dei primi tre attori (i due gruppi dovranno essere gli uni di fronte agli altri, a qualche metro di distanza);
- **il regista** coordinerà azioni e parole, facendo ripetere eventualmente le scene;
- **il pubblico** dovrà esprimere il proprio giudizio sullo spettacolo, sull'interpretazione verbale e non-verbale dei ruoli, sulle eventuali improvvisazioni e sulla regia.

***11.* Immaginate che il resoconto di questa vicenda sia apparso, piuttosto che nella pagina della cronaca locale di un giornale, in quella della cultura e degli spettacoli.**

Scrivete la *recensione* dello spettacolo teatrale, esprimendo il vostro giudizio su regia e interpretazione degli attori, ma insistendo soprattutto sulla "morale della storia":

- scegliete, fra i tre, il personaggio che vi è più simpatico
- scegliete, fra i tre, il personaggio che vi è più antipatico

Per rinforzare la vostra interpretazione dei fatti e il vostro giudizio sui personaggi, utilizzate dei proverbi e proponete un'illustrazione significativa da associare all'articolo.

ESERCIZI

a. **Leggete il documento 4.**

Cercate le informazioni relative a:

- titolo dell'articolo
- autore dell'articolo
- stile dell'articolo
- fatto di cronaca riportato

Narratore e giornalista, in mancanza di informazioni precise, fanno o riferiscono una serie di supposizioni e congetture: sottolineate nell'articolo le forme che indicano le incertezze e le ipotesi relative al fatto di cronaca. Trasformate le ipotesi in certezze e fatti, eliminando tutto ciò che esprime dubbio o mancanza di prove.

Esempio: "...All'ospedale è arrivato morto, ma ~~forse~~ sull'ambulanza ha mormorato ~~qualcosa~~: un'imprecazione,..."

b. **Leggete il documento 5 e cercate tutte le informazioni relative a:**

- il significato del titolo
- lo scenario del film (i luoghi in cui è stato ambientato)
- la struttura del film
- il genere cinematografico al quale questo film si ispira per la sua forma
- il tema del film (e le vicende alle quali si è ispirato)
- i personaggi del film (e gli stereotipi ai quali il regista si è ispirato)
- la trama di alcuni episodi
- il "vero argomento del film", secondo il regista

e presentate il film in maniera elogiativa usando al massimo 50 parole: come negli annunci di film nei giornali, la vostra presentazione deve invogliare lo spettatore ad andare al cinema.

c. *"Come ottenere un appartamento in affitto con l'aiuto di un fantasma, come estorcere soldi ad un estorsore, come vincere alla roulette senza rischiare una lira":*
scegliete una di queste tre vicende, redigete la *scaletta* degli avvenimenti e sviluppatela (immaginate e descrivete protagonisti, vittime, scenografia, ecc.).

d. **Per un "dizionario del teatro", dovete scrivere il significato di ognuna di queste parole:**

- adattamento
- applausi
- bis
- critici
- fischi
- grande attore
- impresario
- mattatore
- pubblico
- regia
- ritardo
- teatro in TV

Confrontate le vostre definizioni con quelle del documento 6.
Spiegate il significato del titolo dell'articolo.

Ancora senza nome il morto di Via Casedipinte. È il titolo di un articolo di Corrado, ci sono le sue iniziali in fondo. È un pezzo pacato e stanco, pieno di luoghi comuni: il vaglio degli inquirenti, setacciate tutte le piste, le indagini a un punto morto.

Spino ha notato l'ironia involontaria: un punto morto. Pensa che di morti ce n'è uno vero, e nessuno sa chi è, tanto che non si può nemmeno dichiararlo legalmente defunto. C'è solo il cadavere di un giovane con la barba spessa e il naso affilato. Spino si mette a fantasticare. All'ospedale è arrivato morto, ma forse sull'ambulanza ha mormorato qualcosa: un'imprecazione, uno scongiuro, un nome. Forse ha chiamato sua madre, com'è naturale, o una moglie, o un figlio. Potrebbe avere un figlio, è sposato, porta un anello al dito, ammesso che sia il suo anello; ma certo che è suo, nessuno porta al dito l'anello di un altro.

No, dice Corrado nel suo articolo, durante il trasporto all'ospedale non ha detto niente, era in coma, praticamente era già morto, lo hanno testimoniato i poliziotti che hanno preso parte alla sparatoria.

Spino ha preso una penna e ha sottolineato le frasi che gli interessavano di più.

La sua fotografia è stata inviata dagli inquirenti a tutte le questure italiane, ma i suoi connotati non sembrano noti negli archivi della polizia... Si suppone che se il giovane avesse fatto parte di un'organizzazione eversiva i suoi compagni si sarebbero in qualche modo manifestati... Allo stato attuale delle indagini non è possibile sostenere con sicurezza che il giovane fosse un terrorista... Negli ambienti giudiziari si suppone anche che l'informazione giunta alla polizia potrebbe essere frutto di una vendetta della malavita comune o organizzata... La carta d'identità rinvenuta sullo sconosciuto appartiene al signor I.F. di Torino; era stata smarrita due anni fa e regolarmente denunciata... E infine c'è il curioso particolare della targhetta sulla porta. È una targhetta di plastica, di quelle che ognuno può fabbricare con l'apposita macchinetta e dice: Carlo Nobodi (e non Noboldi come abbiamo erroneamente riportato ieri). Si tratta evidentemente di un nome falso, significativamente ricalcato sull'inglese "nobody" ("nessuno", n.d.r.)...

documento 4
Antonio Tabucchi,
Il filo dell'orizzonte

Loy: "Napoli,

Dieci piccole storie di

di RC

«L'imprevisto è sempre previsto, a Napoli, una città che mostra spudoratamente aspetti quasi intollerabili di disorganizzazione sociale. Ma che nasconde un segreto. Rappresenta, nella maniera più vistosa e spettacolare, un correttivo a società troppo organizzate, conquistate dai miti della produzione e del successo». Nanni Loy parla della città alla quale lo lega un rapporto di odio-amore e in cui ha ambientato il suo ultimo film **Pacco, doppio pacco e contropaccotto** che, prodotto da Giovanni Di Clemente, uscirà la prossima settimana.

La truffa, nel suo doppio aspetto di burla ridanciana e di risorsa per procurarsi da vivere, è il tema di dieci episodi che ruotano sullo stereotipo del napoletano creativo e pieno di risorse, in grado di affinare la propria tecnica a livelli di virtuosismo, quasi di arte. Con Napoli Nanni Loy ha un rapporto antico. Legami familiari gli hanno fatto conoscere una città che conservava ancora i barbagli di uno dei più importanti centri culturali europei, di una capitale dello spettacolo. «E' una *civis* incivile. Un luogo dove balzano agli occhi il deperimento del tessuto sociale insieme a un individualismo sfrenato. I napoletani non riescono a vivere collettivamente in modo accettabile, non riconoscono nessuna regola. Ma parallelamente è facile, a Napoli, fare cinema, teatro o musica, che la gente rispetta, per una sua congeniale affinità, più dell'industria».

Come ottenere un appartamento in affitto con l'aiuto di un fantasma, come estorcere soldi a un estorsore, come vincere alla roulette senza rischiare una lira. Sono solo alcuni degli episodi di **Pacco, doppio pacco e contropaccotto** che prende il nome da un'espressione del gergo truffaldino il cui significato è una truffa ripetuta tre volte ai danni delle stesse persone. L'idea di questo episodio, che dà il titolo al film, è nata durante la lavorazione di "Mi manda Pic ne", girato da Loy a Napo «Giancarlo Giannini vole comprare macchine fotogra che che, a Forcella, avrebbe tr vato per pochi soldi. Tornò tut contento con un pacco in cu delusissimo, trovò due matto pagati a caro prezzo».

Lo scenario del film è quell

documento 5
La Repubblica,
gennaio 1993

Il regista ci parla del suo nuovo film, la cui uscita è prevista per la prossima settimana, "Pacco, doppio pacco e contropaccotto", sulle risorse dell'arte di arrangiarsi

amo e ti odio"

ffe, ma solo per ridere

MBI

onsueto, di una città sgargiante disordinata, formicolante di ente che si impiccia di tutto e di itti, dove si va dalla patacca appioppata agli incroci delle strae fino alla truffa più elaborata, uasi un ingranaggio oliatissiio e tecnicamente perfetto.

Ma in un momento come queo, a ridosso di Tangentopoli, con un rifiuto generalizzato della gente per latrocinii e ruberie, non sembra, a Loy, che le truffe più o meno innocenti di **Pacco, doppio pacco e contropaccotto** possano risultare quantomeno inopportune? E non le sembra che si corra il rischio di accarezzare uno stereotipo un po' abusato, quello dell'«arte di arrangiarsi», della *campata* (quando ti svegli la mattina e ti devi inventare la giornata)? «Francamente non ci avevo pensato. Il film era già stato progettato quando è scoppiato il terremoto di Tangentopoli. Queste storie non esaltano, non sono l'apologia della truffa. I miei personaggi si salvano, non sono così riprovevoli da poter far condannare in blocco Napoli e tutto il Sud. Le truffe descritte sono soltanto il pretesto per parlare dell'immaginazione e della fantasia dei napoletani, che è il vero argomento del film». Loy sottolinea che non ha voluto fare, come in "Scugnizzi" o in "Mi manda Picone", un film realistico, di denuncia, ma di essersi comunque ispirato a veri fatti di cronaca per raccontarli nei modi della commedia.

E della gloriosa, e defunta, commedia all'italiana di cui Loy è stato uno dei rappresentanti, **Pacco, doppio pacco e contropaccotto** recupera una delle forme: il film a episodi. «E' stato solo un caso. Avrebbe dovuto essere un film di tre ore per poter essere sfruttato, in due puntate, anche in televisione. Costruire una storia di un'ora e mezzo a cui poter aggiungere un'altra ora e mezzo era impossibile se non ricorrendo alla soluzione di più storie. Erano stati programmati 20 episodi che si sono in seguito ridotti a 10».

Tra gli attori, quasi tutti napoletani, c'è anche Alessandro Haber nel ruolo di «un perdente, quasi fuori posto nella città». Con lui come protagonista, insieme a Giancarlo Giannini, Loy realizzerà un film, tratto dal lavoro teatrale "Scacco pazzo", le cui riprese dovrebbero cominciare a primavera.

Dizionario del Malteatro

di CORRADO AUGIAS e LUCIANO LUCIGNANI

ADATTAMENTO

Operazione di estrema facilità e di sicuro rendimento economico. La si può compiere indifferentemente su un'opera teatrale italiana come su una straniera. Importante è che il dramma o la commedia sia di «autore classico» (vedi). In caso diverso potrebbero sorgere difficoltà. Circa l'operazione di adattamento vera e propria, essa può andare da un massimo (riscrivere interamente l'opera dall'inizio alla fine) a un minimo (modificare alcune battute, togliere delle didascalie, spostare il tempo e il luogo dell'azione). Poiché in entrambi i casi la percentuale dei diritti corrisposti dalla Società Italiana degli Autori e degli Editori (Siae) non muta, è consigliabile attenersi al minimo.

APPLAUSI

Un tempo considerati il miglior indice di gradimento di uno spettacolo, oggi, in tempi d'inflazione, sono diventati uno dei modi di espressione preferiti dagli spettatori di ogni genere di manifestazioni, dall'atterraggio d'un aereo a un funerale. Merito anche della Televisione, che ne ha largamente incrementato l'uso (nei programmi tv si applaude chi entra, chi esce, chi si corregge dopo aver fatto una gaffe, ecc.). A teatro la moltiplicazione degli applausi ha fatto un deciso balzo in avanti da quando è nata l'abitudine di applaudire chi applaude. Così il pubblico applaude gli interpreti, loro applaudono il pubblico che li ha applauditi, il pubblico riapplaude gli attori per ringraziarli d'aver applaudito chi li applaudiva e via di seguito. Un grande successo può procurare gonfiori alle mani guaribili anche in quattro, cinque giorni.

BIS

Desueto. Fino ai primi del Novecento, il «Grande Attore» (vedi) che non rientrava in albergo col suo trofeo di bis poteva considerarsi un fallito. Nel secondo dopoguerra il bis è venuto declinando insieme alla figura dell'interprete carismatico nella linea Ruggeri-Ricci-Gassman. La scomparsa del bis oltre che alla mediocrità degli interpreti è legata ad un'evidente carenza di manodopera specializzata. Organizzare un bis in sala, reclamarlo e imporlo, non è cosa da poco, occorrono voci wagneriane, mani di parecchi centimetri quadrati. Il giovane attore d'oggi ostenta disdegno nei confronti del bis («Dio mio, se mai mi chiedessero un bis mi sentirei un guitto»). In realtà verrebbe meno dal piacere, a vista.

CRITICI

Il critico puro, quello che scrive onestamente e con chiarezza ciò che pensa (era una tradizione italiana: da Sandro De Feo e Nicola Chiaromonte a Roberto De Monticelli) in pratica non esiste più. Oggi il critico di teatro (ma spesso anche quello di cinema) frequenta le anticamere dei produttori, gestisce in proprio il suo festival, scrive (tenta, almeno) commedie, tragedie, farse, monologhi, drammi in versi. Famoso il caso di quel critico-autore-regista che si recensiva anche da sé. E' rimasto proverbiale l'attacco di un suo pezzo: «Un amico mi ha chiesto, non ho capito bene l'impostazione del tuo secondo atto, puoi spiegarmelo? Volentieri, gli ho risposto...». E giù, due colonne di elogi allo spettacolo, al testo, alla messa in scena, a se stesso. Il tutto su quello che si autodefinisce il più «autorevole» quotidiano italiano. Richiesto di una parola di commento, uno dei loro rappresentanti ha risposto: «Lamentavate una volta che i critici erano troppo distaccati e astratti? Ora non è più così. Anche il critico finalmente vive e si immerge nel mondo, agisce, ha cambiato costume». L'ha cambiato. Col malcostume.

FISCHI

Anche il fischio tende ormai a scomparire e quando compare rivela quasi sempre origine sospetta (per esempio i fischi di certe prime alla Scala). Un critico teatrale di molti anni fa, quando il fischio faceva ancora parte della vita era arrivato a catalogare i fischi aiutandosi con un suo «Dizionarietto dei fischi a teatro» nel quale si distingueva tra vari tipi di fischi: sibilo, stridio, chioccolio, pìspolo. I sociologi notano che ormai al fischio va sostituendosi sempre più di frequente, come manifestazione di dissenso, il sonno. Secondo una certa scuola di pensiero il fenomeno va attribuito alle teorie orientali sulla resistenza passiva e la non violenza. Famosa comunque la battuta di Flajano all'uscita da un teatro: «Spettacolo tremendo, non sono riuscito a chiudere occhio».

documento 6
La Repubblica Mercurio
25 marzo 1989

GRANDE ATTORE

Una volta, tanto tempo fa, arrivava in teatro verso le 6 del pomeriggio, sbadigliando. Si guardava pigramente intorno, chiedeva con voce annoiata al segretario di compagnia: «Che facciamo stasera?» – «Amleto, commendatore» rispondeva quello piegato in due. Oppure: «Spettri, commendatore», oppure «Re Lear, commendatore», insomma il titolo della tragedia prevista che cambiava di sera in sera. Il commendatore si chiudeva in camerino e cercando d'invecchiare o di ringiovanire a seconda della parte. Tentava anche, disperatamente, di riportare alla memoria almeno qualche brandello di ciò che avrebbe dovuto recitare. Per il resto, ci avrebbe pensato il suggeritore. O l'improvvisazione. Oggi il grande attore, sbadigliando, annoiandosi a morte, finge di ascoltare i suggerimenti del regista durante le prove. Poi, una volta in scena, rifà esattamente il personaggio che ha sempre fatto, senza cambiare una virgola.

IMPRESARIO

Attività commerciale corrispondente, in àmbito cinematografico, a quella di produttore. In epoca ante-moderna la figura dell'impresario era vista come quella di un grande giocatore, in grado di realizzare favolosi guadagni e di rischiare gravissime perdite, e questo gli conferiva un fascino d'avventuriero (al

quale erano solitamente molto sensibili sia le prime attrici, che le seconde, le terze e le quarte, fino all'ultima generica appena scritturata). Oggi quell'incertezza non esiste più e da questo punto di vista il teatro ha indubbiamente compiuto un grande progresso. Non tutti, comunque, possono esercitare questa attività. Occorrono infatti dei requisiti che non è sempre facile possedere. Il primo di tali requisiti è avere uno «sponsor» politico. In secondo luogo bisogna avere degli adeguati agganci in seno alla burocrazia governativa (commissioni preposte all'erogazione dei fondi, enti teatrali e turistici). Infine bisogna essere disposti ad ingrassare con una certa disinvoltura i vari ingranaggi perché girino a dovere senza fare troppo rumore. Dato il possesso di questi requisiti, esercitare l'attività di impresario è molto facile e di sicuro rendimento. Fra gli optional, oltre all'affetto sicuro delle attricette più graziose, c'è anche la possibilità di ottenere premi e onoreficenze.

MATTATORE

Incerto l'etimo. Se da «mattus» (stupido) o da «matador». In gergo è l'attore (qualche volta il regista) che pone se stesso al centro dello spettacolo, schiacciando gli altri e guai a chi s'azzarda a dire bene una battuta – anche perché il mattatore vero si circonda esclusivamente di cani per far meglio risaltare la propria maestria. Gustavo Modena, Salvini, Zacconi, la Duse, la Bernhardt sono i precedenti classici più citati. Ermete Zacconi, quasi sessantenne, recitava la parte di Osvaldo negli «Spettri» tenendo sempre in mano una bottiglia (a ricordare la «débauche» di origine alcolica) e alla fine del dramma, per far capire che la testa non gli funzionava più tanto bene, diceva «Mamma, dammi il sale», in luogo di «Mamma, dammi il sole». Giorgio Albertazzi viene considerato un esemplare di straordinaria purezza, praticamente «in vitro», grazie anche a certe sue fisime di tipo paranormale. Carmelo Bene rappresenta invece l'ultimo epigono della categoria, questo enfant terrible prossimo ai sessanta e però ancora bizzoso come un bimbo, pieno di tic come un adolescente, cattivo come un quindicenne d'altri tempi. Buona

parte del successo popolare che ha accompagnato la carriera teatrale di Vittorio Gassman è dovuta al fatto che il pubblico ha riconosciuto in lui il mattatore moderno, erede dei mattatori del passato.

(continua)

PUBBLICO

Termine con il quale si usa definire l'ipotetico insieme dei possibili destinatari di uno spettacolo, sia esso teatrale, cinematografico, musicale o di qualsiasi altro genere. Adulato e corteggiato perché faccia ressa al botteghino («Questo magnifico pubblico...»), e, viceversa, disprezzato quando si mostra piuttosto latitante («Che vuoi fare, con un pubblico simile?»), è giudicato, secondo i casi, colto, sensibile e intelligente («Il pubblico, caro mio, non è più quello d' una volta!»), oppure sordo e refrattario ad ogni vivacità intellettuale («Secondo te, il pubblico capisce queste cose?»), passando così, con estrema facilità dal ruolo di salvatore della patria a quello di capro espiatorio delle mutevoli fortune teatrali.
Secondo alcuni studiosi del fenomeno (teatrologi) il pubblico sarebbe, in realtà, la vera vittima della confusa, disordinata e velleitaria presunzione di registi, attori, critici e impresari. «Che volete di più?», essi chiedono. «Ha applaudito i grandi attori, quando c'erano, ma anche i mediocri e quelli che avrebbero fatto meglio a cambiare mestiere. Ha seguito senza battere ciglio gli esperimenti dell'"avanguardia" (vedi), ha frequentato con simpatia, senza reagire agli spifferi e alla noia, cantine, garage e conventi, non ha protestato per il decentramento, si è lasciato coinvolgere perfino dal teatro "antropologico" di Eugenio Barba e la "zattera" di Quartucci...».
Altri teatrologi però replicano: «Tutto questo non prova affatto che il pubblico sia attento alla vita del teatro, che vi partecipi. La verità è che non gliene importa niente, va a vedere uno spettacolo così come compra "Il pendolo di Foucault", perché può capitare di doverne discutere in salotto. La sua autentica passione è il calcio. Il giorno in cui gli spettatori saliranno sul palcoscenico del Piccolo di Milano per portare in trionfo Strehler, o lanceranno petardi nella platea del Teatro Argentina di Roma per protesta contro Scaparro, quel giorno potremo dire che finalmente saranno cambiate le cose».

REGIA

Capire un testo, estrarne la sostanza, trasportarlo in scena intonando a questa visione la recitazione, le scene, i costumi, le luci e, quando occorre, le macchine, le musiche. Questa più o meno la definizione che ne dette a suo tempo Silvio D'Amico. Dalla quale si vede che la regia può essere tutto. O niente. Negli anni 60 il pendolo ha oscillato verso l'estremo del «tutto». In un teatro povero d'attori, poverissimo di testi, il regista-«mattatore» (vedi) era sembrato il rimedio per tutti i mali, capace di far recitare anche i sassi. La tendenza più recente è di relegarla invece nei confini dell'allestimento e che stia buona lì per carità senza farsi troppo notare. Celebre per esempio il litigio tra il regista Mario Missiroli e l'attore Ugo Tognazzi. Il primo voleva una certa interpretazione di Molière («L'Avaro»), l'altro temeva di perdere così il suo pubblico e di non «far ridere» come al solito. Settimane di amarezze alla fine delle quali Missiroli ha tagliato la corda. Tognazzi è andato in scena con un allestimento che fa ridere.

documento 6

RITARDO

Gelosa prerogativa del pubblico italiano, romano in particolare. Consiste nell'entrare in sala qualche minuto dopo l'inizio dello spettacolo in modo da poter cercare rumorosamente il proprio posto al buio calpestando i piedi dei vicini, sbattendogli in faccia il cappotto. I ritardatari più sofisticati arrivano ad aspettare in macchina o nascosti dietro l'angolo, anche al freddo, pur di raggiungere il loro scopo: rompere l'anima a un'intera platea. In altri paesi, ad altre latitudini, i ritardari aspettano in piedi, vergognandosi, nel «foyer» in attesa del primo intervallo. Lapidario, al limite della minaccia, l'ammonimento sui biglietti di sala negli Stati Uniti: «Latecomers will not be admitted», non sono ammessi i ritardatari.

TEATRO IN TV

Non c'è. Scacciato dalla Tv-verità o Tv-realtà, dal varietà, perfino dai Telegiornali, il teatro alla Tv viene mandato in onda – quelle rare volte, quasi sempre in inglese – verso l'una del mattino per l'edificazione di guardie notturne, infermieri di turno, panificatori. L'«audience» pigliatutto esercita così la sua vendetta.

A mo' di... Futurista,

o come mettere le parole in libertà

4

Scartando ora tutte le stupide definizioni e tutti i confusi verbalismi dei professori, io vi dichiaro che il *lirismo* è la *facoltà* rarissima *di inebbriarsi della vita e di inebbriarla di noi stessi.* La facoltà di cambiare in vino l'acqua torbida della vita che ci avvolge e ci attraversa. La facoltà di colorare il mondo coi colori specialissimi del nostro io mutevole.
Ora supponete che un amico vostro dotato di questa facoltà lirica si trovi in una zona di vita intensa (rivoluzione, guerra, naufragio, terremoto, ecc.) e venga, immediatamente dopo, a narrarvi le impressioni avute. Sapete che cosa farà istintivamente questo vostro amico lirico e commosso?...
Egli comincerà col distruggere brutalmente la sintassi nel parlare. Non perderà tempo a costruire i periodi. S'infischierà della punteggiatura e dell'aggettivazione. Disprezzerà cesellature e sfumature e in fretta vi getterà affannosamente nei nervi le sue sensazioni visive, auditive, olfattive, secondo la loro corrente incalzante. L'irruenza del vapore-emozione farà saltare il tubo del periodo, le valvole della punteggiatura e i bulloni regolari dell'aggettivazione. Manate di parole essenziali senza alcun ordine convenzionale. Unica preoccupazione del narratore: rendere tutte le vibrazioni del suo io.
Se questo narratore dotato di lirismo avrà inoltre una mente popolata di idee generali, involontariamente allaccerà le sue sensazioni coll'universo intero conosciuto o intuito da lui. E per dare il valore esatto e le proporzioni della vita che ha vissuta, lancerà delle immense reti di analogie sul mondo. Egli darà così il fondo analogico della vita, telegraficamente, cioè con la stessa rapidità economica che il telegrafo impone ai reporters e ai corrispondenti di guerra, pei loro racconti superficiali. Questo bisogno di laconismo non risponde solo alle leggi di velocità che ci governano, ma anche ai rapporti multisecolari che il pubblico e il poeta hanno avuto. Corrono infatti, fra il pubblico e il poeta, i rapporti stessi che esistono fra due vecchi amici. Questi, possono spiegarsi con una mezza parola, un gesto, un'occhiata. Ecco perché l'immaginazione del poeta deve allacciare fra loro le cose lontane *senza fili conduttori,* per mezzo di parole essenziali *in libertà.*

documento 1a
Filippo Tommaso Marinetti
da Zang Tumb Tumb
e da Manifesto
della Letteratura futurista

Io inizio una rivoluzione tipografica, diretta contro la bestiale e nauseante concezione del libro di versi passatista e dannunziana, la carta a mano seicentesca, fregiata di galee, minerve e apolli, di iniziali rosse a ghirigori, ortaggi mitologici, nastri da messale, epigrafi, numeri romani. Il libro deve essere l'espressione futurista del nostro pensiero futurista. Non solo. La mia rivoluzione è diretta contro la così detta armonia tipografica della pagina, contraria al flusso e riflusso, ai sobbalzi e agli scoppi dello stile che scorre nella pagina. Noi useremo in una medesima pagina, *tre o quattro colori diversi d'inchiostro,* e anche 20 caratteri tipografici diversi. Per esempio: *corsivo* per una serie di sensazioni simili e veloci, *grassetto tondo* per le onomatopee violente, ecc. Con questa rivoluzione tipografica e questa varietà multicolore di caratteri io mi propongo di raddoppiare la forza espressiva delle parole.
Combatto in questo l'estetica decorativa e preziosa di Mallarmé e le sue ricerche della parola rara, dell'aggettivo unico, insostituibile, elegante, suggestivo, squisito. Non voglio suggerire una idea o una sensazione con delle grazie o delle leziosaggini passatiste: voglio anzi afferrarle brutalmente e scagliarle in pieno petto al lettore.

Anche qui, le mie dichiarazioni non sono categoriche. Io sostengo però che in un lirismo violento e dinamico, il verbo all'infinito sarà indispensabile, poiché, tondo come una ruota, adattabile come una ruota a tutti i vagoni del treno delle analogie, costituisce la velocità stessa dello stile.
Il verbo all'infinito nega per sé stesso l'esistenza del periodo e impedisce allo stile di arrestarsi e di sedersi in un punto determinato. Mentre **il verbo all'infinito è rotondo** e scorrevole come una ruota, gli altri modi e tempi del verbo sono o triangolari, o quadrati, o ovali.

documento 1b

Per immaginazione senza fili, io intendo la libertà assoluta delle immagini o analogie, espresse con parole slegate, senza fili conduttori sintattici e senza alcuna punteggiatura.
« Gli scrittori si sono abbandonati finora all'analogia immediata. Hanno paragonato per esempio l'animale all'uomo o ad un altro animale, il che equivale ancora, press'a poco, a una specie di fotografia. Hanno paragonato per esempio un fox-terrier a un piccolissimo puro-sangue. Altri, più avanzati, potrebbero paragonare quello stesso fox-terrier trepidante, a una piccola macchina Morse. Io lo paragono, invece, a un'acqua ribollente. V'è in ciò una *gradazione di analogie sempre più vaste,* vi sono dei rapporti sempre più profondi e solidi, quantunque lontanissimi. *L'analogia non è altro che l'amore profondo che collega le cose distanti,* apparentemente diverse ed ostili. Solo per mezzo di analogie vastissime uno stile orchestrale, ad un tempo policromo, polifonico e polimorfo, può abbracciare la vita della materia. Quando, nella mia *Battaglia di Tripoli*, ho paragonato una trincea irta di baionette a un'orchestra, una mitragliatrice a una donna fatale, ho introdotto intuitivamente una gran parte dell'universo in un breve episodio di battaglia africana. Le immagini non sono fiori da scegliere e da cogliere con parsimonia, come diceva Voltaire. Esse costituiscono il sangue stesso della poesia. La poesia deve essere un seguito ininterrotto d'immagini nuove, senza di che non è altro che anemia e clorosi. Quanto più le immagini contengono rapporti vasti, tanto più a lungo esse conservano la loro forza di stupefazione... ». (*Manifesto della Letteratura futurista*).
L'immaginazione senza fili e le parole in libertà c'introdurranno nell'essenza della materia. Collo scoprire nuove analogie tra cose lontane e apparentemente opposte, noi le valuteremo sempre più intimamente. Invece di *umanizzare* animali, vegetali, minerali (sistema sorpassato) noi potremo *animalizzare, vegetalizzare, mineralizzare, elettrizzare o liquefare lo stile*, facendolo vivere della vita stessa della materia.

documento 1c

Noi tendiamo a sopprimere ovunque l'aggettivo qualificativo, poiché presuppone un arresto nella intuizione, una definizione troppo minuta del sostantivo. Tutto ciò non è categorico. Si tratta di una tendenza. Ciò che è necessario è il servirsi dell'aggettivo il meno possibile e in un modo assolutamente diverso da quello usato fino ad oggi. Bisogna considerare gli aggettivi come segnali ferroviari o semaforici dello stile, che servano a regolare lo slancio, i rallentamenti e gli arresti della corsa delle analogie. Si potranno così accumulare anche 20 di questi aggettivi semaforici tra parentesi.

Io chiamo aggettivo semaforico, aggettivo-faro o aggettivo-atmosfera l'aggettivo separato dal sostantivo, isolato anzi in una parentesi, e diventato così una specie di sostantivo assoluto, più vasto e più potente di quello propriamente detto.

L'aggettivo semaforico o aggettivo-faro, sospeso in alto nella gabbia invetriata della parentesi, lancia lontano tutt'intorno la sua luce girante.

Il profilo di questo aggettivo si sfrangia dilaga intorno, illuminando, impregnando e avviluppando tutta una zona di parole in libertà. Se, per esempio, in un'agglomerazione di parole in libertà che descrive un viaggio in mare io pongo i seguenti aggettivi semaforici tra parentesi: (calmo azzurro metodico abitudinario) non soltanto il mare è *calmo azzurro metodico abitudinario,* ma la nave, le sue macchine, i passeggieri, quello che io faccio e il mio stesso spirito sono *calmi azzurri metodici abitudinarî.*

documento 1d

1. *Leggete il documento 1:*

- di che cosa si tratta?
- chi scrive? a chi?
- che cosa sapete dell'autore?

2. *Identificate* nei testi:

- gli "avversari" del poeta:
  ....
  ....
  ....
- gli "amici" del poeta:
  ....
  ....
  ....
- tutto ciò che permette di risalire al periodo in cui sono stati scritti:
  ....
  ....
  ....
  ....

3. *Cercate tutto quello che nel testo si riferisce ad ognuna di queste dieci parole:*

Completate lo schema come nell'esempio:

aggettivo:

Da evitare:
l'aggettivo qualificativo
(da sopprimere, da mettere il meno possibile)
....

Da fare:
aggettivo-faro o semaforico: separarlo dal sostantivo
....

periodo
Da evitare:..
Da fare:..

punteggiatura
Da evitare:..
Da fare:..

sintassi
Da evitare:..
Da fare:..

sostantivo
Da evitare:..
Da fare:..

verbo
Da evitare:..
Da fare:..

caratteri tipografici **Da evitare:**...
Da fare:...

immagini **Da evitare:**...
Da fare:...

analogie **Da evitare:**...
Da fare:...

colore **Da evitare:**...
Da fare:...

4. *Scrivete* il Decalogo del futurista*

Dieci istruzioni per creare un'opera futurista

1) ....
2) ....
3) ....
4) ....
5) ....
6) ....
7) ....
8) ....
9) ....
10) ....

*** Prima di compilare il Decalogo, scegliete lo stile della redazione:**

- verbi all'imperativo? al futuro? all'infinito? al presente indicativo?
- quale persona: io? noi? voi? 3a persona singolare (il futurista)? plurale (i futuristi)?
- secondo quale ordine? dal generale al particolare? in ordine di importanza? in ordine cronologico?
- quale "tono"? è un consiglio? un ordine? una preghiera? un invito?
- usando immagini? analogie? quali?

5. *Osservate il doc. 2.* **Identificate l'applicazione delle leggi del Decalogo del Futurista.**

6. *Sottolineate nel Manifesto (doc. 3) tutti i possibili "temi" del Futurismo:*

Es. la macchina ....
....
....

Potete individuare il rapporto esistente tra questi temi e il periodo in cui il Futurismo si è sviluppato?

7. Scegliete un tema che vi sembra coerente col Manifesto del futurismo e applicando le istruzioni del Decalogo create la vostra opera futurista.

INDIFFERENZA

DI 2 ROTONDITÀ SOSPESE

SOLE -|- PALLONE

FRENATI

fiamme giganti

colonne di fumo

spirali di scintille

villaggi turchi incendiati

grande **T**

rrrrrrrronzzzzzzzante d'un monoplano bulgaro

-|- neve di manifesti

Noi, Bulgari, facciamo la guerra al governo ottomano che è incapace di governare convenientemente. Noi non siamo contro la po-

documento 2
Filippo Tommaso Marinetti
da Zang Tumb Tumb

1. Noi vogliamo cantare l'amor del pericolo, l'abitudine all'energia e alla temerità.

2. Il coraggio, l'audacia, la ribellione, saranno elementi essenziali della nostra poesia.

3. La letteratura esaltò, fino ad oggi, l'immobilità pensosa, l'estasi e il sonno. Noi vogliamo esaltare il movimento aggressivo, l'insonnia febbrile, il passo di corsa, il salto mortale, lo schiaffo ed il pugno.

4. Noi affermiamo che la magnificenza del mondo si è arricchita di una bellezza nuova: la bellezza della velocità. Un automobile da corsa, col suo cofano adorno di grossi tubi simili a serpenti dall'alito esplosivo... un automobile ruggente, che sembra correre sulla mitraglia, è più bello della «Vittoria di Samotracia».

5. Noi vogliamo inneggiare all'uomo che tiene il volante, la cui asta ideale attraversa la terra, lanciata a corsa, essa pure, sul circuito della sua orbita.

6. Bisogna che il poeta si prodighi, con ardore, sfarzo e munificenza per aumentare l'entusiastico fervore degli elementi primordiali.

7. Non v'è più bellezza, se non nella lotta. Nessuna opera che non abbia un carattere aggressivo può essere un capolavoro. La poesia deve essere concepita come un violento assalto contro le forze ignote, per ridurle a prostrarsi davanti all'uomo.

8. Noi siamo sul promontorio estremo dei secoli!... Perché dovremmo guardarci alle spalle, se vogliamo sfondare le misteriose porte dell'Impossibile? Il Tempo e lo Spazio morirono ieri. Noi viviamo già nell'assoluto, poiché abbiamo già creata l'eterna velocità onnipresente.

9. Noi vogliamo glorificare la guerra — sola igiene del mondo — il militarismo, il patriottismo, il gesto distruttore dei libertarii, le belle idee per cui si muore e il disprezzo della donna.

10. Noi vogliamo distruggere i musei, le biblioteche, le accademie d'ogni specie, e combattere contro il moralismo, il femminismo e contro ogni viltà opportunistica o utilitaria.

11. Noi canteremo le grandi folle agitate dal lavoro, dal piacere o dalla sommossa: canteremo le maree multicolori e polifoniche delle rivoluzioni nelle capitali moderne; canteremo il vibrante fervore notturno degli arsenali e dei cantieri incendiati da violente lune elettriche; le stazioni ingorde, divoratrici di serpi che fumano; le officine appese alle nuvole pei contorti fili dei loro fumi; i ponti simili a ginnasti che scavalcano i fiumi, balenanti al sole con un luccichio di coltelli; i piroscafi avventurosi che fiutano l'orizzonte, le locomotive dall'ampio petto, che scalpitano sulle rotaie, come enormi cavalli d'acciaio imbrigliati di tubi, e il volo scivolante degli aeroplani, la cui elica garrisce al vento come una bandiera e sembra applaudire come una folla entusiasta.

È dall'Italia, che noi lanciamo per il mondo questo nostro manifesto di violenza travolgente e incendiaria, col quale fondiamo oggi il «Futurismo», perché vogliamo liberare questo paese dalla sua fetida cancrena di professori, d'archeologhi, di ciceroni e di antiquarii.

documento 3
Filippo Tommaso Marinetti
Primo Manifesto del Futurismo
20 febbraio 1909

ESERCIZI

a. **Leggete i documenti 4 e 5 e attribuite una funzione ad ognuna di queste parole:** *virgola, punto, punto e virgola, due punti, punto esclamativo, punto interrogativo, puntini di sospensione, virgolette, punteggiatura (o interpunzione)*

b. **Applicate le regole e i consigli sulla punteggiatura al testo seguente:**

noi futuristi vogliamo guarire le razze latine e specialmente la nostra dal Dolore cosciente lue passatista aggravata dal romanticismo cronico dall'affettività mostruosa e dal sentimentalismo pietoso che deprimono ogni italiano vogliamo perciò sistematicamente distruggere il fantasma romantico ossessionante e doloroso delle cose dette gravi ridicolizzandole combattere il dolore fisico colla parodia del dolore morale insegnare ai bambini delle boccacce e delle smorfie da opporre ai dolori ai lamenti e ai pianti svalutare tutti i dolori possibili guardandoli da ogni lato anatomizzandoli freddamente invece di fermarsi nel buio del dolore attraversarlo con slancio per entrare nella luce della risata crearsi da giovani il desiderio della vecchiaia per non avere da vecchi la nostalgia della gioventù trarre dai contorcimenti e dai contrasti del dolore gli elementi di una nuova risata trasformare gli ospedali in ritrovi divertenti mediante five o'clock thea esilarantissimi café chantants clowns imporre agli ammalati delle fogge comiche truccarli come attori per suscitare fra loro una continua gaiezza i visitatori non potranno entrare nelle corsie se non dopo esser passati per un apposito istituto di laidezza e di schifo nel quale si orneranno di enormi nasi foruncolati di finte bende ecc trasformare i funerali in cortei mascherati predisposti e guidati da un umorista che sappia sfruttare tutto il grottesco del dolore modernizzare e rendere confortables i cimiteri mediante buvettes bars skating montagne russe bagni turchi palestre organizzare scampagnate diurne e bals masqués notturni nei cimiteri non ridere nel vedere uno che ride plagio inutile ma ridere nel vedere uno che piange sviluppare perciò quell'istinto utile e sano che ci fa ridere di un uomo che cade per terra trarre tutto un nuovo comico da una mescolanza di terremoti naufragi incendi ecc trasformare i manicomi in scuole di perfezionamento per i professori che ci disapprovano

Aldo PALAZZESCHI,
Il "Controdolore" manifesto futurista
29 dicembre 1913

c. **Confrontate il risultato della vostra operazione con il testo originale (doc. 6), poi giustificate le vostre scelte e quelle di Palazzeschi.**

pagina a fianco documento 4
La Repubblica,
data non rinvenuta

Dieci regole per "vendere" bene qualche idea senza offendere la grammatica o l'ortografia

Onora il punto la virgola e i due punti

di MARIA CORTI

1 ONORA la punteggiatura. Come i segnali stradali, i segni di interpunzione danno istruzioni sul percorso di lettura: sosta, sosta vietata, limiti di velocità. La virgola è il segno più usato, indicante pausa o separazione, ma non il più facile: non separare il soggetto dal predicato con una virgola. Mentre una virgola separa, due congiungono («Il padre, arrivato, telefonò»). Il punto e virgola separa non due parole come la virgola, ma due frasi e in modo più debole del punto («Era un buon oratore; tutti lo ascoltavano con piacere»). I due punti precedono il discorso diretto («Disse: – Vieni –») o sostituiscono i connettivi, **poiché, cioè, tanto che** ecc. («Ho interrotto quel libro: non mi piaceva»).

2 QUALCHE consiglio sull'ortografia o scrittura corretta: il gruppo **sce** non richiede la **i** (conoscenza) salvo in **scienza** e **coscienza** e derivati. Il gruppo **gn** non richiede la **i** se è seguito dalle vocali **a, e, o, u** (le castagne). Gli aggettivi in **-are** hanno il sostantivo in **-ità** (complementare, complementarità; interdisciplinare, interdisciplinarità); quelli in **-ario** o **-orio** lo hanno in **ietà**: (contraddittorio, contraddittorietà).

3 SEPARARE bene le sillabe se si va a capo: **paz-zia, contare, ac-qua**, ma se la prima delle consonanti è **s: va-stità, co-stretto**; se la seconda è **r, l: qua-dro, sca-gliare**; così anche **co-gnato**.

4 NON dimenticare nella copiatura l'accento sulle parole ossitone (idoneità); accentare i monosillabi solo se hanno due significati (**da** congiunzione, ma **dà** voce verbale; **la** articolo, ma **là** avverbio ecc.). Quindi non accentare **qui** e **qua**. Richiede accento **sé** pronome, ma non **se stesso**.

5 NON apostrofare **bel, tal, qual** ecc., ma gli imperativi di 2° persona (**da'** per **dai, fa'** per **fai** ecc.) e **po', mo'**, (a mo' di attore; un po' di fiori).

6 DIVERSE sono le forme di sviluppo di un tema, a seconda che sia storico, letterario, di attualità; ogni tipo richiede una fase preliminare di riflessione e di raccolta di idee e dati.

7 PRIMA di costruire il testo scritto si deve decidere quali sono le cose da dire e l'**ordine** in cui vanno dette; non basta cioè avere delle idee, ma bisogna organizzarle e scegliere un «punto di vista». È consigliabile perciò qualche preliminare appunto in forma di scaletta o schema logico, perché il tema risulti **coerente** nel suo svolgimento.

8 QUANDO si svolge un tema, si vuole persuadere il lettore della validità di quello che si scrive; affinché ciò avvenga, si deve applicare sia pure in modo semplice la tecnica dell'argomentazione. Si scelgono gli argomenti che giustificano la propria tesi (letteraria, storica, sociale) e si cerca di confutare le opinioni contrarie. Dopo di che si tirano le conclusioni.

9 LA capacità di ragionamento di un giovane risulterà dalla fusione di elementi argomentativi con dati informativi; i soli dati informativi (o nozionistici, come si suol dire) provano la diligenza della preparazione, ma non la maturità dell'intelligenza.

10 UNA volta steso il tema, risultano utili due operazioni: la prima è una attenta rilettura in funzione di punteggiatura e ortografia. La seconda è la revisione stilistica: lo studente deve fare in piccolo quello che in grande fa ogni scrittore, ripulire la pagina migliorando la scelta dei vocaboli, delle immagini, evitando ripetizioni o rime (in italiano è facile fare delle rime!), insomma esercitando un attento controllo sulla propria scrittura. Ps.: L'esperienza delle prime stesure delle tesi di laurea giustifica l'apparente carattere elementare dei primi cinque punti del decalogo

III

La virgola che uccide

La poesia moderna tende a sopprimere i segni d'interpunzione. Taluni sono scomparsi anche dalla prosa. Per esempio, il punto esclamativo. Fu Ugo Ojetti, pontefice delle lettere fra le due guerre, a lanciargli l'anatema con una famosa pagina in *Cose viste*:

Odio il punto esclamativo, questo gran pennacchio su una testa tanto piccola, questa spada di Damocle sospesa su una pulce, questo gran spiedo per un passero, questo palo per impalare il buon senso, questo stuzzicadenti pel trastullo di bocche vuote, questo punteruolo da ciabattini, questa siringa da morfinomani, quest'asta della bestemmia, questo pugnalettaccio dell'enfasi, questa daga dell'iperbole, quest'alabarda della retorica. Quando, come s'usa nei nostri tempi scamiciati, ne vedo due o tre in fila sul finir d'un periodo, che sembrano gli stecchi sul didietro d'un'oca spennata, chiudo il libro perché lo sento bugiardo. Adesso v'è anche chi te l'accoppia all'interrogativo, che par di vedere Arlecchino appoggiato a Pulcinella. Tanto odio questa romantica lacrimuccia nera quando la vedo sgocciolare sulla povera candida pagina, che in essa m'immagino di scoprire or la causa or l'effetto, certo il chiaro simbolo di tutti i mali delle nostre lettere, arti e costumi. E se potessi far leggi, bandirei il punto esclamativo dalla calligrafia, dalle tipografie, dalle macchine da scrivere, dall'alfabeto Morse, con la speranza che a non vederlo più gl'italiani se ne dimenticassero anche nel parlare e nel pensare, e pian piano espellessero dal loro sangue questo microbio aguzzo il quale dove arriva fa imputridire i cervelli e la ragione e rimbambisce gli adulti, acceca i veggenti, instupidisce i savi, indiavola i santi.

documento 5
Cesare Marchi,
Impariamo l'italiano

Scomunicato il gonfio e tronfio punto esclamativo nel quale le nostre candide nonne, premendo fino a spalancarle, scaricavano lungo le punte del pennino fiotti d'inchiostro e di passione, ci resta il neutrale, asettico punto fermo. Però nel 1964 Giuseppe Berto dimostrò, con *Il male oscuro*, che si poteva scrivere un ottimo romanzo pur con una scarsissima dotazione di punti fermi: nelle prime 58 righe ce ne sono soltanto due. Dall'uso corrente sono stati eliminati i puntini di sospensione, accusati di provincialismo, di reticenza e di promesse non mantenute, come succede quando preannunciano una battuta umoristica, e par quasi dicano: adesso preparatevi a ridere, e arriva una battuta triste come un due novembre.

Anche le virgolette tendono a scomparire, e il «discorso diretto» viene incorporato nel contesto, senza segni distintivi (il figlio disse al padre non m'importa di ciò che pensi e se ne andò). E la virgola, gode buona salute? Una volta per elogiare un quadro, uno scritto, una qualsiasi opera dell'ingegno umano, si diceva che era un lavoro fatto con tutte le virgole, sulle orme del Leopardi che scrisse: « Io per me, sapendo che la chiarezza è il primo debito dello scrittore, non ho mai lodata l'avarizia de' segni, e vedo che spesse volte una sola virgola ben messa, dà luce a tutto il periodo ».

Del tutto opposta l'opinione del futurista Filippo Tommaso Marinetti, che nel suo furore iconoclasta contro il passato vagheggiava un mondo senza Vittoria di Samotracia, senza chiaro di luna veneziano, e senza punteggiatura. E nell'*Aeropoema del golfo della Spezia* scriveva in totale apnea:

Ti riconosco Voluttà dissolvente carezza agonia di lugubri delizie eccitatrice della terra sangue risucchi di baci lagrime desiderio orrore che le ciglia filtrano nell'amore ti riconosco a patto che tu chiarisca qui sotto questo vermiglio raggio appuntito che fa del tramonto un immenso microscopio la mia strapotente immortalità.

Tra i due, meglio attenersi al Leopardi, come non fece quel negoziante, più confusionario che futurista, che espose il cartello: «Qui si vendono impermeabili per bambini di gomma». Per evitare dubbi sulla consistenza muscolare dei piccoli clienti, ba-

documento 5

stava inserire una virgola: «Qui si vendono impermeabili per bambini, di gomma», o meglio ancora: «Impermeabili di gomma per bambini» (ci viene in mente un altro cartello: «Facciamo guanti con la pelle dei clienti», e un altro ancora: «Letti per sposi in ottone»).

La virgola, etimologicamente «piccola verga», è un esile ma indispensabile paletto che sorregge il filo del discorso, e pausa benedetta per il nostro respiro. Rappresenta la pausa più breve, qualche decimo di secondo; la pausa più lunga è affidata al punto fermo; al punto e virgola, una pausa intermedia. La virgola è d'obbligo nei vocativi:

Mario, che cosa hai fatto?

al principio e alla fine d'un inciso, di un'apposizione, di espressioni parentetiche, che si possono chiudere tra parentesi e togliere dal contesto, senza danneggiarne il senso compiuto:

Marconi, genio italico, inventò il radiotelegrafo.
Cesare, varcato il Rubicone, marciò verso Roma.

La virgola si usa anche nelle elencazioni:

Al mercato ho comprato mele, pere, arance, prugne

accostando i vari membri per asindeto (mancanza di legami).

L'esempio più illustre di asindeto l'ha scritto Giulio Cesare:

Veni vidi vici.

Abbiamo invece il polisindeto (pluralità di legami) quando ad ogni membro viene premessa una congiunzione:

documento 5

Gli diede *e* da mangiare *e* da bere *e* da dormire.
O vieni *o* scrivi *o* telefoni.

La virgola ha un'importanza inversamente proporzionale alla sua mole. Un greco emigrato nell'Ohio — riferiscono i giornali — depositò in una banca i suoi risparmi che, grattate tutte le sue tasche, ammontavano a 774,50 dollari, poco più di un milione di lire italiane. Quando andò a fare un prelievo si accorse che il computer gli aveva erroneamente accreditato 774.500 dollari, oltre un miliardo di lire. Reprimendo a stento la gioia, chiuse immediatamente il conto, ritirò la somma fino all'ultimo centesimo, fece un bel sorriso al direttore e sparì dalla circolazione.

Per una virgola sbagliata, c'è chi invece ci ha rimesso la pelle. Anni addietro, nel paese di Rio Bianco (Bolzano) un medico ordinò a una donna 1,5 pastiglie di tranquillante, tre volte al giorno. Ma la virgola sulla ricetta era scritta male, lei lesse 15 pastiglie per tre volte al giorno e in breve morì, per eccesso di farmaci.

Al contrario, qualcuno alla virgola dovette la vita. Presentando al suo re la domanda di grazia d'un condannato a morte, il ministro di giustizia vi aggiunse la postilla: «Grazia impossibile, fucilarlo». Ma il sovrano, clemente, presa la penna cancellò la virgola del ministro e ne aggiunse una sua, dopo la prima parola, sicché risultò la frase: «Grazia, impossibile fucilarlo».

documento 5

CONCLUSIONI

Noi futuristi vogliamo guarire le razze latine, e specialmente la nostra, dal Dolore cosciente, «lue passatista» aggravata dal romanticismo cronico, dall'affettività mostruosa e dal sentimentalismo pietoso che deprimono ogni italiano. Vogliamo perciò sistematicamente:

1. «Distruggere il fantasma» romantico, ossessionante e doloroso «delle cose» dette «gravi», ridicolizzandole.
2. Combattere il dolore fisico colla parodia del dolore morale. Insegnare ai bambini delle boccacce e delle smorfie da opporre ai dolori, ai lamenti e ai pianti.
3. Svalutare tutti i dolori possibili, guardandoli da ogni lato, anatomizzandoli freddamente.
4. «Invece di fermarsi nel buio del dolore, attraversarlo con slancio, per entrare nella luce della risata».
5. Crearsi da giovani il desiderio della vecchiaia, per non avere da vecchi la nostalgia della gioventù.
6. Trarre dai contorcimenti e dai contrasti del dolore gli elementi di una nuova risata.
7. Trasformare gli ospedali in ritrovi divertenti, mediante five o' clock thea esilarantissimi, cafè chantants, clowns. Imporre agli ammalati delle fogge comiche, truccarli come attori, per suscitare fra loro una continua gaiezza. I visitatori non potranno entrare nelle corsie se non dopo esser passati per un apposito istituto di laidezza e di schifo, nel quale si orneranno di enormi nasi foruncolati, di finte bende, ecc.
8. Trasformare i funerali in cortei mascherati, predisposti e guidati da un umorista che sappia sfruttare tutto il grottesco del dolore. Modernizzare e rendere confortables i cimiteri mediante buvettes, bars, skating, montagne russe, bagni turchi, palestre. Organizzare scampagnate diurne e bals masqués notturni nei cimiteri.
9. Non ridere nel vedere uno che ride (plagio inutile), ma ridere nel vedere uno che piange. Sviluppare perciò quell'istinto utile e sano che ci fa ridere di un uomo che cade per terra.
10. Trarre tutto un nuovo comico fecondo da una mescolanza di terremoti, naufragi, incendi, ecc.
11. Trasformare i manicomi in scuole di perfezionamento per i professori che ci disapprovano.

29 dicembre 1913

documento 6
Aldo Palazzeschi,
Il "Controdolore" manifesto futurista

d. **Osservate i titoli di giornale nel documento 7.**
Potete individuare alcune delle regole di punteggiatura applicate dalla stampa?

virgola: ....

....

virgolette: ....

....

a capo: ....

....

Spiegate in quale modo questo uso della punteggiatura orienta la lettura.

e. **Precisate il significato di queste frasi:**

"Questo tema è perfetto: non bisogna cambiare una virgola"
"Con lui è sempre meglio mettere i puntini sulle i"
"Questo lavoro deve essere fatto, punto e basta!"
"Allora, non mi dici niente? Tu e Mario, puntini puntini"
"È un'altra delle sue, tra virgolette, iniziative"

Telefonini, un gettone per 15 anni

Borsa, boom in dollari

Sfilata a Viareggio
precettati i vigili

Via all'alta velocità
Firmato il contratto
per la Roma-Napoli

Sudan, la grande offensiva

L'arcivescovo di Torino Saldarini: "E' un bene donato da Dio"

**"Cattolici badate alla salute
chi non si cura fa peccato"**

Firenze, l'ateneo restituisce 20 miliardi agli studenti

Moser, un tentativo dopo l'altro

Coinvolto da un "pentito"
sarà sentito come teste

**Deraglia un treno
muore il conducente**

Le "cortesie" ai politici costate care a Crt

Moby Prince, non fu avaria
le eliche funzionavano

Ieri la sentenza. Sette anni a Rocco Trane

**Quindici condanne
per le "carceri d'oro"**

Grazie a un minuscolo "chip" l'Fbi potrà entrare in tutti computer

**Un Grande Fratello minaccia
la "privacy" degli americani**

***Deciso il taglio di 180 mila dipendenti
Clinton presenta il piano di austerità***

Israele, ora Priore indaga

Sisde, dal giudice 76 "stipendiati"

La Corea agli Usa
"In guerra con noi
perdereste ancora"

Seleco, i lavoratori occupano ancora

Potenza, il preside del liceo Flacco "punisce" chi aveva preso parte alla protesta

***Sul tavolo del giudice il 'Quinto scenario'
Un testimone parlò di un "aereo con la stella"***

Roma: 'Ho fotografato Gesù Cristo'
Appare a una suora ogni giovedì

documento 7

A mo' di... Cortegiano,

o come formare la donna ideale

5

Rispose il Magnifico: « Poich'io posso formar questa donna a modo mio, non solamente non voglio ch'ella usi questi esercizi virili così robusti[1] ed asperi, ma voglio che quegli ancora che son convenienti a donna faccia con riguardo, e con quella molle delicatura[2] che avemo detto convenirsele; e però nel danzar non vorrei vederla usar movimenti troppo gagliardi[3] e sforzati, né meno nel cantar o sonar quelle diminuzioni[4] forti e replicate, che mostrano più arte che dolcezza; medesimamente gli instrumenti di musica che ella usa, secondo me, debbono esser conformi a questa intenzione. Imaginatevi come disgraziata cosa saria veder una donna sonare tamburri, piffari o trombe, o altri instrumenti; e questo perché la loro asprezza nasconde e leva quella soave mansuetudine, che tanto adorna ogni atto che faccia la donna. Però quando ella viene a danzar o a far musica di che sorte si sia, deve indurvisi con lassarsene alquanto pregare e con una certa timidità, che mostri quella nobile vergogna[5] che è contraria della impudenzia.[6] Deve ancor accommodar gli abiti a questa intenzione e vestirsi di sorte, che non paia vana e leggera. Ma perché alle donne è licito e debito aver più cura della bellezza che agli omini e diverse sorti sono di bellezza, deve questa donna aver iudicio di conoscer quai sono quegli abiti che le accrescon grazia e più accommodati a quelli esercizi ch'ella intende di fare in quel punto,[7] e di quelli servirsi; e conoscendo in sé una bellezza vaga ed allegra, deve aiutarla coi movimenti, con le parole e con gli abiti, che tutti tendano allo allegro; così come un'altra, che si senta aver maniera mansueta e grave, deve ancor accompagnarla con modi di quella sorte, per accrescer quello che è dono della natura. Così, essendo un poco più grassa o più magra del ragionevole, o bianca o bruna, aiutarsi con gli abiti, ma dissimulatamente più che sia possibile; e tenendosi delicata e polita, mostrar sempre di non mettervi studio o diligenza alcuna.

1 *robusti*: vigorosi.
2 *molle delicatura*: dolce delicatezza.
3 *gagliardi*: bruschi, violenti.
4 *diminuzioni*: « Ornamenti d'una melodia mediante note brevi » (cfr. Maier, p. 347).
5 *nobile vergogna*: elegante pudore.
6 *impudenzia*: sfrontatezza.
7 *in quel punto*: in quella occasione.

documento 1
Baldassar Castiglione,
Il libro del Cortegiano

1. ***Leggete il documento 1:***

- di che cosa si tratta?
- chi parla? a chi?
- a proposito di che cosa?
- che impressioni avete della lingua utilizzata?

2. ***Cercate nel testo tutti*** **i sostantivi, *tutti gli* aggettivi *e tutti gli* avverbi *che concorrono alla descrizione della* donna ideale *del* Cortegiano, *e completate questo schema (per ogni riga, mettete solo un sostantivo o un aggettivo o un avverbio):***

Quali virtù deve avere una donna? **(Sostantivi)**	Come deve essere una donna? **(Aggettivi)**	In che modo deve comportarsi? **(Avverbi)**
1) modestia	....	....
2)	allegra	....
3)	....	dissimulatamente
4)	....	....
5)	....	....
6)	....	....
....	....	....
....	....	....
....	....	....

3. **Sottolineate nello schema i termini che vi sembrano desueti o arcaici (per esempio: delicatura) e cercate il loro equivalente nell'italiano contemporaneo (delicatezza).**

4. **Completate lo schema precedente trasformando (dove possibile) gli aggettivi in avverbi, cercando (dove possibile) per ogni nome l'aggettivo corrispondente e viceversa.**

Esempio:

modestia	modesta	modestamente

5. ***Leggete il documento 2. Nei testi proposti, cercate* metafore *e* similitudini *relative alla donna (o ad uno dei suoi aspetti).***

La *similitudine* è una figura retorica che stabilisce una somiglianza, reale o immaginaria, tra due elementi.

Es. di similitudine: Achille combatteva come un leone

Per *metafora* si intende la sostituzione di un termine proprio con una parola il cui significato è in un rapporto di somiglianza con quello della parola sostituita. La metafora può essere considerata una *similitudine* abbreviata (dalla quale viene eliminato il "come").

Es. di metafora: Achille era un leone in battaglia.

documento 2a

Guido Guinizzelli

Io voglio del ver la mia donna laudare
ed asembrarli la rosa e lo giglio:
più che stella dïana splende e pare,
e ciò ch'è lassù bello a lei somiglio.
Verde river' a lei rasembro e l'âre,
tutti color di fior', giano e vermiglio,
oro ed azzurro e ricche gioi per dare:
medesmo Amor per lei rafina meglio.
Passa per via adorna, e sì gentile
ch'abassa orgoglio a cui dona salute,
e fa 'l de nostra fé se non la crede;
e no·lle pò apressare om che sia vile;
ancor ve dirò c'ha maggior vertute:
null' om pò mal pensar fin che la vede.

v · Sonetto. (1) *stella diana*: Lucifero. (13) *servito*: ricompensato. (14) *de' martiri*: delle mie sofferenze.
vi · Sonetto. (2) *asembrarli*: paragonare a lei. (3) *più... pare*: risplende luminosa più di Lucifero. (4) *lassù*: in cielo. (6) *giano*: giallo. (7) *per dare*: degne di esser donate. (8) *rafina meglio*: diviene più perfetto. (10) *dona salute*: offre il suo saluto.

documento 2b

Ferdinando Camon,

Il canto delle balene

Insomma, che potevo fare?

Una moglie che viene da Lettere è più moglie di una che viene da Legge, o da Medicina. Queste ultime sono avvocati o medici, non mogli. La studentessa di Lettere è una figlia-moglie, appena laureata si trasforma in moglie-madre. Moglie, insomma, lo è sempre. Le donne sono di diversi tipi: la moglie, la madre, l'angelo del focolare, la donna, l'essere umano. La laureata in Lettere appartiene al primo tipo, e può sconfinare sul secondo: vivendo con lei puoi fare l'uomo. La laureata in altre facoltà appartiene all'ultimo, e può sconfinare sul penultimo: vivendo con te tende a fare l'uomo, e il tuo matrimonio andrà a rotoli. (...)

Immagino che dirai: ma come, Federico, ancora una donnona, ancora una gigantessa?

È vero, nei miei film è spesso presente un'immagine di donna doviziosa di forme, grande, potente... Ma la Saraghina è una rappresentazione infantile della donna, una delle varie e diverse espressioni delle mille nelle quali una donna si può personificare. È la donna ricca di femminilità animalesca, immensa e inafferrabile e nello stesso tempo nutritizia, cosí come la vede un adolescente affamato di vita e di sesso, un adolescente italiano bloccato e impedito da preti, chiesa, famiglia ed educazione fallimentare. Un adolescente che cercando la donna ne immagina e desidera una che sia «una grande quantità di donna». Come un povero che pensando al denaro ragioni e farnetichi non di migliaia di lire, ma di milioni, di miliardi.

Immagino anche una scenetta con il protagonista bambino, che dopo la sconvolgente rivelazione della Saraghina, torna a trovarla da solo con la sua divisa da collegiale, in una giornata luminosissima col mare calmo e profumato. Non c'è nessuno e in questo silenzio incantato, la voce della Saraghina che canta, come una brava ragazzetta qualunque. Canta e rammenda i suoi calzerotti, seduta su una seggiolina in riva al mare: una misteriosa e paurosa figura di madre. Che c'è di strano se il protagonista bambino la vede cosí, come una madre? Nel nostro paese c'è una vera idolatria di madre; mamme, mammone, grandi madri di tutti i tipi dominano in un'affascinante iconografia, i nostri firmamenti privati e pubblici: madre vergine, madre martire, mamma Roma, madre Lupa, madre Patria, madre Chiesa. Ma tutta questa gran presenza di madre, questa sovrabbondanza di madre, vi convince a voi? Voglio tentare un'interpretazione personale che può irritare qualche dotto psicanalista. Ho l'impressione che tutto questo eccesso di madre, dimostri piuttosto un'assenza di madre. Non ci vengono forse proposte di continuo madri succedanee, madri-feticcio? È ciò che fa l'industria, l'offerta erotica mercenaria, la pornografia. Credo quindi che di «buona madre» non ne abbiamo avuta a sufficienza e per questo ne sentiamo la mancanza e ci sentiamo troppo spesso piccoli bambini incapaci.

La prostituta è il contrappunto essenziale della madre all'italiana. Non si può concepire l'una senza l'altra. E cosí come la madre ci ha nutriti e vestiti, con la stessa inevitabilità, parlo almeno della mia generazione, la puttana ci ha iniziato alla vita sessuale. Noi tutti siamo in obbligo, in debito con quelle donne che si sono sostituite ai nostri desideri, alle nostre speranze, alle nostre fantasie, e le hanno trasformate in una direzione, spesso povera e meschina, ma ugualmente fantastica. Perché la prostituta, creatura d'inferno, conserva però il potere e il fascino di ciò che sembra evocato da un mondo ultraterreno. Non è conoscibile ed è quindi immensa e inafferrabile, onnisciente e ingenua. Proprio come sono le nostre fantasie delle quali si fa non solo ladra ma anche realizzatrice. (...)

documento 2c

Federico Fellini,

Fare un film

Il desiderio di presenze rassicuranti aveva cacciato all'aperto le donne. Si prendevano le occhiate di tutti. Il caporale Filangieri si era incantato per Teresa Addolorata. «Fatta civile e apparecchiata» pensò, «viene proprio bella, una Madonna di Macera, con i boccoli neri e gli occhi scuri come gelsi, la vita stretta nei legacci, una camiciola di tela o di seta e un corpettino ricamato». «Aspettatevi di tutto» disse preoccupato, accarezzando la fronte del cavallo. «Le strade non sono più sicure. Con i francesi alle porte, qualche vigliacco si sbanda. È un miracolo se non vi hanno toccato. Ne avrebbero avuto ragione». Concetta Libera abbassò gli occhi a questi complimenti. Le cicale limavano sugli alberi, incendiando le passioni, era proprio il caso di rientrare, da donne oneste, lei e quest'oca di figlia che nicchiava come imbambolata e che restava a guardare, guardata. Teresa continuò a guardarselo di qua dalla mezzaporta, il caporaletto con la bocca di latte che fingeva di asciugarsi la fronte e si liberava del bel képi rosso per offrirsi al suo giudizio. Poi i soldati ripartirono, tra i cani che ruzzavano sotto le pance dei cavalli e rincorrevano le ruote del calesse, abbaiando contro Perna e don Andrea. Carlantonio e Pasquale Ferdinando cominciarono a canzonare la sorella e le tiravano qualche buffetto di gelosia: «Le ragazze devono chiudersi in casa, come ha fatto Sofronia Maria e non darsi alle occhiate dei maschi, sfacciata!» Fortuna che c'era Concetta Libera a frenare le reazioni di Teresa Addolorata, ora che Raffaele Arcangelo si era lasciato andare al sonno, nella sua canestrella sospesa a mezz'aria in un angolo della casa. Concetta cacciò via i maschi e tirò la figlia verso una panca: «La donna è una lepre» le disse, con dolcezza, sorpresa di trovarsi davanti una donna da marito, «deve fuggire e lasciare le tracce del nascondiglio». Le alzò i capelli, lenta lenta, con un solletico piacevole sul collo e glieli ammorbidì con una goccia d'olio, ma proprio una, giusto per farglieli lucenti. «E devi lavarti collo orecchie braccia. L'Ofanto non si secca se gli prendiamo un secchio in più. E metterti qualche margherita nei capelli. Ricama sul tombolo qualche bella pezza per farti un corredo». Teresa Addolorata era sorpresa. Chi aveva insegnato alla mamma questi segreti? E perché toccavano soltanto a lei le poche gocce di olio e le carezze piacevoli? Sofronia Maria si accostò piena di curiosità alla sorella, armeggiò attorno all'oliera di rame e si guadagnò uno schiaffo. «Sei piccola, tu» le proibì Concetta Libera, che si strofinava le mani e ammorbidiva la voce con Teresa Addolorata per spiegarle che stando in paese si impara a crescere alla maniera dei civili, a civettare. «Ma l'orgoglio viene da dentro, è il desiderio di essere bella per far tremare chi ci guarda».

documento 2d
Raffaele Nigro,
I fuochi del Basento

6. *Fate una lista di quelle che secondo voi sono, oggi, le "virtù" di una donna (poi confrontate la vostra ad altre liste).*

....

....

....

....

....

....

Inventate una *metafora* significativa della vostra maniera di considerare la donna.

....

7. *Osservate il documento 3:*

- di che cosa si tratta?
- chi l'ha patrocinato?
- chi l'ha bandito?
- chi ne è l'autore?
- a chi è destinato?
- qual è il suo scopo?

8. *Cercate nel bando di concorso le istruzioni relative allo svolgimento del tema e alla presentazione dell'elaborato:*

....

....

....

....

....

9. *Svolgete il tema del concorso, inserendo questi elementi nell'ordine proposto:*

a. Poiché posso immaginare la donna a modo mio, ...

b. non solamente ....

c. ma anche ....

d. e perciò ....

e. Immaginatevi che strana cosa sarebbe ....

f. Ma poiché ....

g. Così ....

10. *Con quali immagini di donna potreste illustrare il vostro tema?*

Le foto del documento 4 sono tratte da un concorso fotografico sulla donna italiana di oggi, vista da italiani.

Osservate queste fotografie e cercate di spiegare quali sono, a vostro avviso, i valori che ogni donna "esprime" per chi l'ha fotografata. Per ogni donna precisate perché, secondo voi, è stata scelta come "rappresentativa" della donna italiana.

Se aveste partecipato a questo sondaggio fotografico, che fotografia avreste scattato?

ENEL PROGETTO DONNA · COMMISSIONE NAZIONALE PARI OPPORTUNITÀ

QUALI PREVISIONI PER L'ALTRA METÀ DEL CIELO?

QUALCHE DOMANDA SU COSA SIGNIFICA OGGI ESSERE DONNE. SIGNIFICA COMPORTARSI DA UOMINI, PIÚ DEGLI UOMINI? SIGNIFICA AVERE PARI DIRITTI SULLA CARTA, MA IL TRIPLO DEI DOVERI SULLE SPALLE? SIGNIFICA FAR SALTI MORTALI ALL'INFINITO, PER CONCILIARE L'ESSER MOGLIE, L'ESSER MADRE E LAVORARE? OPPURE SIGNIFICA INVENTARE? INVENTARE UN'ARMONIA CHE CONSENTA A TUTTI, DONNE E UOMINI, DI VIVERE LA VITA CON PIENEZZA? A GRANDI LINEE QUESTO È IL TEMA. A VOI LO SVOLGIMENTO.

CONCORSO PER LE STUDENTESSE E GLI STUDENTI DELL'ULTIMO BIENNIO DELLE SCUOLE MEDIE SUPERIORI, ANNO SCOLASTICO 1990-1991

documento 3

"DONNE E LAVORO: PROCESSI DI CAMBIAMENTO IN ATTO NELLA SOCIETÀ, NELL'ECONOMIA, NEL COSTUME, CHE INVESTONO IL MONDO DEL PENSIERO E LA SCALA DEI VALORI". Questo è il titolo del concorso a premi bandito dall'ENEL, al fine di sollecitare nelle studentesse e negli studenti la riflessione sulle tematiche connesse alla condizione femminile.

Gli elaborati: potranno essere liberamente illustrati e corredati di allegati e potranno essere svolti anche sotto forma di ricerca. Lunghezza massima: 10 cartelle dattiloscritte.

I requisiti: possono partecipare le studentesse e gli studenti iscritti all'ultimo biennio delle scuole medie superiori pubbliche e private.

Le modalità: possono concorrere singoli studenti o gruppi formati da un massimo di tre studenti. Gli elaborati dovranno essere muniti del timbro della scuola e del visto del Capo dell'Istituto o di un insegnante. Inviare i lavori con plico raccomandato senza ricevuta di ritorno a: ENEL - Commissione Nazionale Pari Opportunità, c/o Direzione Centrale del Personale, casella postale n. 386, Centro Corrispondenza 00100 Roma.

La scadenza del concorso: improrogabilmente il 28 febbraio 1991 (farà fede la data del timbro postale).

La preselezione compartimentale: nell'ambito di ciascuno degli otto Compartimenti ENEL sarà costituita una commissione composta dalle coordinatrici delle Delegazioni compartimentali e regionali e da insegnanti donne di scuole medie superiori e presieduta da una componente la Commissione Nazionale Pari Opportunità nell'ENEL. Dette commissioni opereranno, a loro insindacabile giudizio, una preselezione degli elaborati pervenuti.

La giuria nazionale: per la graduatoria finale la giuria sarà composta da giornaliste, rappresentanti femminili dei Ministeri della Pubblica Istruzione e dell'Industria e dalle componenti la Commissione Nazionale Pari Opportunità nell'ENEL.

I premi: L. 2.000.000 (due milioni) a ciascuno degli otto migliori elaborati. I premi saranno consegnati prima della fine dell'anno scolastico a Roma, dove i vincitori, accompagnati dal Capo dell'Istituto o dall'insegnante che li avrà assistiti, saranno ospiti della Direzione Generale dell'ENEL. Oltre ai primi otto premi verranno assegnati tre premi particolari di L. 1.000.000 (un milione) ciascuno nell'ambito territoriale di ognuno degli otto Compartimenti ENEL. Libri e targhe ricordo saranno consegnati agli Istituti scolastici di appartenenza dei premiati e agli insegnanti che li avranno assistiti nel loro lavoro.

PER MAGGIORI INFORMAZIONI
TEL. 06 85095938 - 02 88477244

ENEL PROGETTO DONNA

ENEL

COMMISSIONE NAZIONALE
PARI OPPORTUNITÀ

CON IL PATROCINIO DEL MINISTERO DELLA PUBBLICA ISTRUZIONE E DELLA COMMISSIONE PARITÀ UOMO-DONNA PRESSO LA PRESIDENZA DEL CONSIGLIO

documento 3

Paolo Suriano/Agf

Franco Fiori

Alberto Cristofari

Valfredo Paggi

documento 4
Venerdì di Repubblica,
21 luglio 1989

ESERCIZI

a. **Con l'aiuto del dizionario, cercate *sinonimi* dei sostantivi usati nella descrizione della donna ideale del cortegiano.**
Scegliete tra i sinonimi possibili quelli che potrebbero essere utilizzati in questo contesto e spiegate perché ne scartate altri.

Esempio:

		sinonimi possibili:		
Per il cortegiano				
modestia	è sinonimo di:	riservatezza	☒ sì	☐ no
		semplicità?	☐ sì	☐ no
		sobrietà?	☐ sì	☐ no
		mediocrità?	☐ sì	☐ no
		.......................?	☐ sì	☐ no
–	è sinonimo di:	.......................?	☐ sì	☐ no
		.......................?	☐ sì	☐ no
–	è sinonimo di:	.......................?	☐ sì	☐ no
		.......................?	☐ sì	☐ no

b. **In molti casi, usando un prefisso, potete trovare *un antonimo* (o contrario). Seguendo gli esempi, trasformate i vocaboli nel loro contrario, poi cercate altri esempi analoghi:**

morale	/ **a**morale	attenzione	/ **in**attenzione
sociale	/	comprensione	/ ....
normale	/	fedeltà	/ ....
....	/	....	/ ....
cortese	/ **s**cortese	amore	/ **dis**amore
garbato	/	incanto	/ ....
contento	/	illusione	/ ....
....	/	....	/ ....

c. In certi casi, per evitare di esprimere un difetto in maniera troppo chiara, si può negare la qualità corrispondente, facendo così ricorso ad una *litote*.

Esempio:

Le tue mani sono sporche	Le tue mani non sono molto pulite
(difetto)	(negazione della qualità)

Modificate queste frasi cercando delle litoti:

Quella ragazza è antipatica /..

Ho un collega scontroso /..

Quando Maria è in compagnia, non dice nemmeno una parola /..................................

....

Il tuo amico vede sempre tutto nero /..

Fate l'operazione contraria:

..../ Chiara non è una bellezza

..../ Lo sforzo che ha fatto non è indifferente

..../ Tuo cugino non è un'aquila

..../ Non sono un modello di pazienza

d. Molti proverbi italiani riguardano la donna.
Eccone alcuni da ricostruire con l'aiuto della rima:

Chi dice donna...
La donna ride, piange, si duole...
La donna per piccola che sia...
Le donne dicono sempre il vero...
Chi ha moglie...
Donne e buoi...

...ma non lo dicono tutto intero.
...ha doglie.
...è sana e si ammala quando vuole.
...dice danno.
...vince il diavolo in furberia.
...dei paesi tuoi.

Qual è l'immagine di donna predominante?

A mo' di... Ghost Story,

o come spiegare l'apparizione di fantasmi

6

Caccia alla ve

Fanta

Scherzo

GENOVA — Spettr
fine d'anno. «Questi fa
smi» in versione goli
co-esoterica, mentre s
ruota di Genova e
dopo lunga attesa, il
per la cabala, morto
parla.

Il caso, che da ven
appassiona la città, è
to di una decina di tel
nate, con nome e co
me, alla redazione del
tidiano *Il Secolo XIX*.
te segnalano lo stesso
sodio: in centro, vicin
piazza Dante, una vec
na, gonna lunga e sc
ferma i passanti chie
do: «Dov'è Vico dei
brai?». Nessuno però
nosce la strada cancel
dalle ruspe. Tutti, così
contano, non fanno
tempo a rispondere.
sono voltato per dirle
non conosco quella str
ma lei era sparita», ass
rano. «Se è uno sche
dietro c'è un progetto
curato», commenta
cronisti. Si apre la ca
al fantasma.

documento 1
Corriere della sera,
31 dicembre 1989

che alla gente chiede del suo antico quartiere cancellato e regala lire del '43

na cerca il cuore di Genova

ranormale? Al Lotto esce il 47: morto che parla

Come nel racconto di .tale di Dickens, dove tità misteriose insidiano onno del vecchio avaro, esti fantasmi genovesi rbano la coscienza di chi n ha dimenticato via adre di Dio, il quartiere cuore antico di Geno- azzerato a metà degli ni '60 per far posto alla itta copia di un centro ezionale. Tanto cemen- qualche specchio e, in ezzo, una piazza con cce di verde spelacchia- i «giardini di plastica» ve i tossicomani vanno a carsi e, spesso, a morire. a *city* che alle sei del meriggio diventa deser- l'ideale per uno spettro e decida di materializ- rsi.

Jna goliardata, all'om- a di «*Glostbuster II*»? ache se fosse, l'autore llo scherzo vi ha messo nta cura da trasformarlo una dichiarazione d'a- re per la città che, ri- iovendo la ferita di via adre di Dio, ha cancellato anche un po' delle sue radici.

La vecchina alfiere della memoria? Si mobilitano i cronisti, e anche uno storico. I primi vanno a cercare Marco Pepe, in arte Alex, titolare di una premiata ditta acchiappafantasmi, la «Tappeto volante», presente sulle pagine gialle e consultata, pare, da un numero crescente di genovesi afflitti dal problema della cacciata dei fantasmi, concentrati, così racconta Alex, nelle case disabitate della città vecchia e sulle colline.

Quando il cronista gli racconta delle telefonate, Alex, sorpreso, estrae da un cassetto cento lire di carta (data di emissione 7 agosto 1943) e racconta: «Questa mattina mi ha telefonato un ragazzo. Ha detto che stava facendo una colletta nei "giardini di plastica". Chiedeva le cento lire, come fanno in molti, da quelle parti, e si è avvicinato anche a una signora anziana. Lei ha aperto la borsa e gli ha dato un biglietto di carta. Lui l'ha preso, pensando che fossero mille lire. Quando ha scoperto che erano vecchie di oltre quarant'anni, mi ha chiamato, stupefatto. E mi ha portato il biglietto». Il «Tappeto volante» è a due passi dai giardini, a due passi dalla vecchia via Madre di Dio.

Un altro tassello di uno scherzo magnificamente costruito? O la tessera di un mistero di fine d'anno? Consultato anche Luca Borzani, storico e ricercatore universitario; trova la questione intrigante: «Via Madre di Dio è il quartiere che ha guidato la resistenza armata contro gli squadristi, nel '22. Il regime decise di cancellarlo, la Raf lo bombardò, negli anni '60 il Comune trasferì sulle colline le cento famiglie che lo abitavano e realizzò al suo posto un contesto abitativo totalmente diverso. Oggi, nel momento in cui Genova si ripensa e cerca nuove forme d'identità, compare una vecchina che sollecita il ricordo. Vero o falso che sia, bisogna solo essergliene grati».

E' notte inoltrata quando, come in tutte le sedute spiritiche che si rispettino, una medium, tre habitué, Alex e uno scettico cronista siedono attorno al tavolino a tre gambe.

S'indaga sulla vecchina che cerca Vico dei Librai. Evocata, la signora che va in giro distribuendo cento lire del 1943 assicura di avere un'identità. La dichiara in un genovese antico e un po' indistricabile. Tra un lamento e un gorgoglio, vengono fuori un nome e una storia: Maria Benedetta, 77 anni, un figlio disperso in Russia, una casa: all'ultimo piano del secondo palazzo di quello che, più di vent'anni fa, si chiamava Vico dei Librai.

Maria Latella

1. Osservate il documento 1.

- di che cosa si tratta?
- quali personaggi appaiono nei titoli?
- a che cosa si riferiscono nel titolo i numeri '43 e 47?
- quali sono nel titolo le indicazioni di luogo?
- come interpretate l'illustrazione?

Leggete il testo dell'articolo.

2. Precisate il significato di queste parole:

paranormale: ....

spettri: ....

entità misteriose: ....

materializzarsi: ....

ditta acchiappafantasmi: ....

"Tappeto volante": ....

mistero: ....

sedute spiritiche: ....

medium: ....

tavolino a tre gambe: ....

3. Cercate in questo articolo di cronaca gli elementi relativi a:

- il *fantasma*: chi è? com'è? come parla? che cosa cerca?
  ....
  ....
  ....

- *il tempo:* quando è accaduto il fatto? a quale momento dell'anno? quale giorno della settimana? quale momento della giornata?
  ....
  ....
  ....

- *lo spazio:* dove è accaduto il fatto? in quale quartiere? che tipo di quartiere è oggi? qual è la sua storia?
  ....
  ....
  ....

4. Cercate nell'articolo le ipotesi formulate dalla giornalista in forma di domanda (quattro frasi interrogative):

a) ....
b) ....
c) ....
d) ....

A che tipo di spiegazione si rifanno?

5. *Spiegate il significato di:*

Lotto
esce il 47
sulla ruota di Genova
cabala
morto che parla

A che pratiche fanno riferimento queste parole? A che cosa servono?
Come si collegano al fatto descritto nell'articolo?
Quale delle ipotesi formulate sembrano avallare?

6. *Leggete il documento 2.*

- chi scrive?
- di che cosa parla?
- che tipo di testo è?

7. *Sottolineate nel testo i riferimenti relativi ad ognuno di questi tre elementi:*

l'autore
il narratore
il lettore

8. *Identificate nel testo tutte le parole e le frasi che esprimono un consiglio o una raccomandazione.*

Esempio: È fondamentale...

....
....
....
....
....
....
....
....

Il decalogo della "ghost story"

di Malcom Skey

Verso il 1930 monsignor Ronald Knox, ottimo traduttore della Bibbia e giallista insigne, si mise a redigere un "Decalogo per Aspiranti Scrittori di Romanzi Gialli". Suonava più o meno così: «Il colpevole dovrà essere menzionato nella parte iniziale del racconto... E' vietato l'impiego di veleni sconosciuti alla scienza ufficiale... E' consentito l'uso di un solo passaggio segreto... Sono vietate le soluzioni di tipo soprannaturale...». E' possibile fare qualcosa di simile per il racconto di fantasmi?

Certo, ma a una condizione: che il discorso sia limitato alla "ghost-story" classica, quella di lingua inglese (tanto per non adoperare il termine becero "anglosassone") in auge tra il 1870 e gli anni Trenta.

1) E' fondamentale la brevità. Come dice Sir Walter Scott (in questo campo è insolitamente poco prolisso), «vale il detto che una piccola parte è meglio del tutto». Ciò vale per tutti: esordienti, rampanti, echeggianti, e non.

2) Curare molto la cornice narrativa. I racconti più convincenti mettono uno, due, tre diaframmi tra il lettore, il narratore, e la persona oggetto della manifestazione spettrale. A tale scopo sono raccomandabili ambienti quali i pubs, i circoli privati, e anche - Dickens insegna - i treni (Graham Greene si divertì molto a enumerare tutti i racconti di Walter de la Mare con cornice ferroviaria).

3) E' consigliabile una certa distanza nel tempo, ma non esagerare. Come scrive Montague Rhodes James, «"Trent'anni fa...", oppure "Poco prima della Guerra..." sono ottime frasi di apertura». I bei racconti ambientati nel Duecento o durante il Rinascimento si possono contare sulle dita di un monco.

4) «Il fantasma dev'essere malevolo, e odioso» (di nuovo M.R. James).

5) Bando alle spiegazioni di tipo razionale. Vanno bene magari in un romanzo gotico; ma mica siamo nel Settecento.

6) L'occultismo, con il suo gergo, stanca rapidamente. Osservò H.P. Lovecraft che «coloro i quali credono nell'occulto sono meno abili dei materialisti nel proporre temi spettrali, poiché per loro il mondo dei fantasmi costituisce una realtà». Se lo dice lui...

7) L'apparizione deve durare poco. Al limite può anche non essere vista.

8) La descrizione della medesima dev'essere laconica. Nel cestino gli «orrori indefinibili» e le cose «orrende ma indescrivibili».

9) Un po' di humour (nero o non) è un ottimo ingrediente. Dosare con cura. Attenzione, all'umorismo involontario.

10) Infine, come dovrebbe essere l'autore, per avere il successo garantito? Ecco in anteprima i risultati di un sondaggio effettuato su un campione di oltre settanta autori. Innanzitutto, è consigliabile nascere maschio; possibilmente figlio di un parroco di campagna, di un canonico, decano, arcidiacono, o vescovo. Circa il 70 per cento dgli intervistati, infatti, lo sono: Sheridan Le Fanu, M.R. James, Arthur Machen, E.F. Benson (il cui padre, Primate d'Inghilterra, regalò a Henry James la trama del "Giro di vite"). Se non si ha la fortuna di venire al mondo in vicinanza del camposanto, si può sempre diventare prete in età matura (E. G. Swain, R.H. Malden); o fingere di esserlo (come Alphonse Joseph-Marc Augustus Montague Summers); o diventare camerlengo del Papa (R.H. Benson). Altre carriere consigliabili sono quelle di bibliotecario o bibliografo, del medico (W.F. Harvey, autore de "La zampa di scimmia"), dell'accademico (Oxford o Cambridge, però). La misoginia non è d'obbligo; ma certamente aiuta. Se non si può nascere in Inghilterra, sono accettabili Dublino (Le Fanu, Bram Stoker), Edimburgo (Scott, Stevenson, Conan Doyle), o la campagna gallese (Machen). L'America non va bene; occorre spostarsi (Henry James), o vivere da solitari in un Settecento immaginario (Lovecraft).

E le femmine? «Nil disperandum»: però ad aver maggior successo sono le più sciagurate. Vedi per esempio la proto-socialista Edith Nesbit, la quale teneva sotto il proprio tetto non solo il coniuge donnaiolo, ma anche la di lui amante e la di lei prole: il risultato è che le sue "ghost-stories" pullulano di mariti morti e di incontri fugaci al cimitero.

documento 2

fonte non rinvenuta

9. Riformulate le dieci regole da seguire per scrivere un buon racconto di fantasmi.

Sintetizzate in una frase le raccomandazioni relative ad ognuno dei dieci elementi indicati (riutilizzando eventualmente il lessico identificato nell'attività 2):

	Cosa si deve fare	Cosa non si deve fare
1. spiegazioni razionali:	....	....
2. cornice narrativa:	....	....
3. umorismo:	....	....
4. ambiente:	....	....
5. fantasma:	....	....
6. apparizione:	....	....
7. orrore:	....	....
8. frase di apertura:	....	....
9. tempo (distanza nel tempo):	....	....
10. descrizione dell'apparizione:	....	....

10. A questo punto potete trasformare il fatto di cronaca genovese in romanzo di fantasmi, applicando le regole del decalogo:

- che cosa dovete eliminare?
- che cosa dovete modificare? come?
- quali tempi verbali utilizzate?
- con quale pseudonimo firmate?

11. L'inizio, come sapete, è molto importante.

Sfogliando il libro di Fruttero & Lucentini (1ª unità: A mo' di... ìncipit), troviamo questi due esempi di ìncipit:

> 175 *Il fantasma che entrò a casa nostra la notte del 17 novembre 1915 provocò tanti e tali imbrogli, che avrei fatto molto meglio a lasciarlo passeggiare a suo piacimento e andarmene a letto.*
>
> JAMES THURBER, Thurber's Carnival ("La notte degli spiriti"), 1945.

> 177: *La signorina Lally s'interruppe e restò a guardare, oltre la lunga vetrina della sala da tè, i fanali a gas che s'andavano accendendo in Leicester Square. " E naturalmente, "disse all'improvviso, "anche lei crede che il professor Gregg sia morto, no?"*
>
> ARTHUR MACHEN, Storia del sigillo nero.

Scrivete la frase di apertura del vostro racconto di fantasmi:

....

....

....

....

e continuate il racconto.

ESERCIZI

a. **Spiegate la scelta del nome e dell'illustrazione del prodotto che vedete a pag. 99.**

b. **Fantasmi o fantasia?**

Cercate in un dizionario il significato di:

fantacronaca
fantascienza
fantapolitica

Che modificazione produce l'elemento "fanta-" (abbreviazione di "fantasia") sulla seconda parte della parola?
Spiegate da soli il significato di:

fantastoria: ....
fantafinanza: ....
fantacalcio: ....
fantascenario: ....

c. **Leggete il documento 3.**

Quali, fra le venti ipotesi sulla fine del mondo, vi sembrano più vicine alla realtà e quali alla fantasia?

Scrivete un fantascenario per la fine del mondo in cinque ipotesi.

d. **Cercate nei ritagli di giornale (documento 4) parole o espressioni che rimandino ad un'interpretazione "magica" e superstiziosa degli avvenimenti:**

Esempio: "Al Lotto esce il 47: morto che parla"

....
....
....
....
....
....
....

A quali particolari avvenimenti vengono frequentemente associati questi vocaboli? Per quale ragione, secondo voi? Esistono nel vostro paese pratiche analoghe? A quali avvenimenti vengono associate? Come vengono considerate? Vengono utilizzate dalla stampa?

esercizio a.

LE PROFEZIE DELLO SCRITTORE AMERICANO

Scenari per la fine del mondo

Venti ipotesi: dallo spegnimento delle stelle alla glaciazione

Nel 1977 Isaac Asimov teorizzò venti ipotesi sulla fine del mondo (che furono regolarmente discusse dal mondo scientifico). Eccone alcune:

☐ Esaurimento dell'idrogeno cosmico, per la continua espansione dell'Universo. Privati di questo carburante le stelle di spegneranno.

☐ Aumento del moto dell'Universo con aumento della forza di gravità. La Luna cadrebbe sulla Terra e la Terra sul Sole.

☐ Urto della terra con un meteorite gigante e conseguenti terremoti e maremoti.

☐ Collisione della Terra con un blocco di antimateria.

☐ Rallentamento della rotazione terrestre con alterazione dei ritmi del giorno e delle stagioni.

☐ Una nuova glaciazione a causa del cambiamento dell'orbita terrestre.

☐ Mutazioni genetiche di tutte le specie per effetto dei raggi cosmici.

☐ Fusione dei poli con una gigantesca inondazione.

☐ Inquinamento con effetto-serra e distruzione della barriera di ozono.

☐ Impiego di armi totali (atomiche, batteriologiche e gas tossici).

☐ Degenerazione dell'umanità per «impoverimento del capitale genetico totale».

☐ Comparsa di malattie incurabili per effetto di errori derivati dalle manipolazioni genetiche.

☐ Impossibilità di nutrire gli otto miliardi di abitanti che la Terra conterrà intorno all'anno 2010.

documento 3
Resto del Carlino,
7 aprile 1992

Venezia, a 28 anni è straricco ma lava i pavimenti come prima

Rifiuta i miliardi della lotteria 'Portano jella'

nostro servizio

VENEZIA *(r.b.)* – **Ha vinto due miliardi alla lotteria. Ma quei soldi non li vuole. E' convinto che siano maledetti, che portino sfortuna. Perché da quando è diventato miliardario dalla sera alla mattina, non gliene è andata più bene una. Sua madre è morta e lui si è ammalato gravemente alle gambe. Rischia di non poter più camminare. Così quei soldi che il ministero delle Finanze gli ha versato su un conto corrente della Cassa di Risparmio di Venezia, non li tocca. E continua a lavorare come prima, come se non fosse successo nulla. Continua a fare l'uomo delle pulizie e a spazzare, per un milione al mese, gli uffici giudiziari. Ricco e disperato.**

(...)

Ladri pentiti hanno inviato per posta reperti archeologici

'Il malocchio difende Pompei' restituiscono i pezzi rubati

NAPOLI – Cinque anonimi «cacciatori di souvenir artistici» nell'ultima settimana hanno inviato al soprintendente archeologico di Pompei, professor Baldassarre Conticello, altrettanti plichi contenenti reperti di diverso tipo trafugati nella zona negli ultimi anni.

Secondo i mittenti l'appropriarsi di reperti archeologici in maniera illecita procura una sorta di maledizione. I plichi, spediti dalla Spagna, dalla Finlandia e da tre località italiane erano infatti accompagnati da una breve lettera: «Dopo aver a lungo riflettuto sul gesto compiuto ho deciso di restituire il pezzo rubato: dal momento dell'ingresso dei frammenti archeologici nella mia abitazione per i componenti della mia famiglia sono cominciati i guai». L'anonimo spagnolo segnala che un pezzo di intonaco decorato, staccato da una casa pompeiana ha scatenato la «malasuerte», mentre un ignoto italiano parla addirittura di malocchio.

(...)

Vincita miliardaria a Pontremoli

Sbanca il lotto con Mani Pulite

di CLAUDIA FUSANI

PONTREMOLI (Massa Carrara) – Tangentopoli ha sbancato anche con la *smorfia*. Qualcuno ci ha provato, male male ci avrebbe rimesso diecimila lire e buttato via un pizzico di ingegno. Ma anziché giocare al lotto i soliti numeri dell'inchiesta sulle tangenti – ad esempio la serie 633369, la sigla del conto Protezione – ha interpretato le «situazioni». E allora, manuale della *smorfia* alla mano, ha deciso di tradurre in numeri la Paura (di politici e imprenditori), gli Occhialoni Rossi di Bettino Craxi, l'Occhio Vigile del giudice Di Pietro, la Catastrofe (socialista?), il Carcere. Insomma, le prime immagini che possono venire in mente leggendo i giornali e guardando i tiggì. Risultato: 90-88-8-13-87. La sequenza di numeri è stata giocata venerdì pomeriggio nella ricevitoria del Bar Emma di Pontremoli: 9200 lire sulla quaterna e altre 800 lire sulla cinquina. Ruota di Napoli. Sabato, il miracolo: le ottocento lire della cinquina sono diventate 800 milioni e le 9200 lire della cinquina 154 milioni e spiccioli. Il banco del lotto è saltato, impazzito, e il «signor Qualcuno» ha intascato quasi un miliardo. Una vincita mai vista prima a Pontremoli, appendice della Lunigiana al confine con la Liguria, e figurarsi poi con metodi così decisamente partenopei: là la *smorfia* è un'arte antica, da queste parti una specie di boccaccia.

L'identità del vincitore è sconosciuta. C'è chi dice si tratti di un operaio edile del sud arrivato a Pontremoli con un'impresa appaltatrice. Altri sospettano invece che dietro la trovata ci sia un'anziana signora assai esperta nell'arte di interpretare la *smorfia*, il manuale usato nel gioco del lotto contenente appunto il valore numerico da uno a novanta di immagini ricavate da sogni o altri avvenimenti. Operaio o esperta smorfiologa che sia, le situazioni sono state tradotte in numeri e giocate al lotto: la paura che fa novanta; gli occhialoni un ottantotto; lo stile Di Pietro assimilato al numero otto; il senso di tragedia corrispondente al tredici e il carcere all'ottantasette.

Cabala sopraffina, trovata goliardica o leggenda metropolitana? I maghi napoletani, veri e unici intenditori, non se ne curano. E continuano a interpretare temi ben più tradizionali. Nessun numero che ammicchi a Di Pietro, piuttosto cifre che rispecchiano eventi vicini o i classici sogni portafortuna. Proprio sabato scorso è uscito sulla ruota di Napoli un celebre ambo invocato in una canzone di Libero Bovio e atteso per 10 anni dalle famiglie dei quartieri popolari della città: l'8 e il 90, rispettivamente la Madonna e la Paura. Per il misterioso vincitore di Pontremoli il numero 8 è diventato invece «l'occhio vigile del giudice Di Pietro»

(...)

documento 4

A mo' di... Giallo,

o come farsi un po' di pubblicità

7

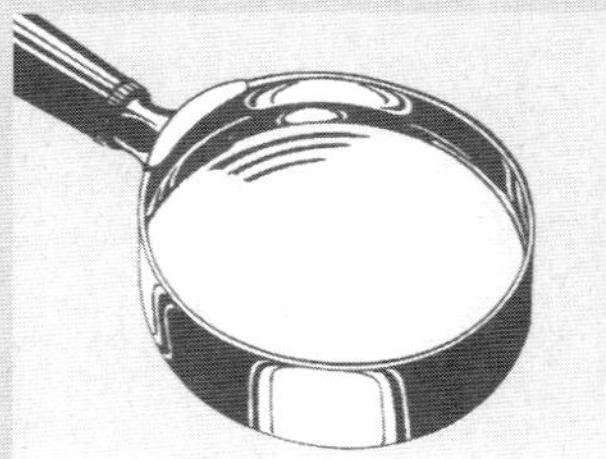

Il Mistero

Un racconto giallo per esorcizzare il solleone. Leggetelo al fresco.

Il Commissario Fortunato Di Venerdì arrivò in ufficio tardi, quella mattina.
Si era arrovellato tutta la notte su un problemino.
Aveva le palpebre gonfie per il poco sonno e la gola secca.
A differenza di quanto avviene in tanti giallacci americani però non si buttò giù un whisky.
Al contrario si versò un buon bicchiere di acqua minerale S. Antonio, fresca e pura.

Si rianimò quasi subito.
E poté chiamare Betty, la sua fedele segretaria.
Betty era un po' avanti con gli anni ma aveva ancora una carnagione bellissima.
Probabilmente a causa di una sana abitudine che coltivava da anni.
Alla mattina faceva colazione immancabilmente con yogurt Carnini.

- Hello Forty, fatto tardi ieri vero?
Esordì la segretaria con sguardo leggermente canzonario.
- Sì, Betty ma non è come pensi tu, sto conducendo un'indagine particolarmente aggrovigliata.
Ma lasciamo perdere, mi aspetta qualcuno?
- Qualcuno no, ma qualcuna sì - ridacchiò Betty.
E ridendo appiccicò una strisciolina di Memograph sulla scrivania del capo.
Sulla strisciolina c'era disegnato un cuoricino.
- Ah! - pensò Fortunato - ecco a dar troppa confidenza alle segretarie.
Betty fece entrare la visitatrice.
Davvero una bella donna, alta bionda, quasi monumentale.
Ma con un'espressione spaventata dipinta sul volto.
Di Venerdì cercò di metterla a suo agio.
- Si sieda prego e mi esponga il suo caso. Si metta comoda e indicò il sedile da stadio Sistema Sedute 90 Venelli.
A lui piacevano così tanto che li usava anche in ufficio.

La donna si accomodò, parve rassicurata e incominciò a raccontare la sua storia.
- Signor Commissario, hanno rapito la mia creatura, Peggy.

Di Venerdì

- Dove è successo? Chiese il commissario.
Mi racconti tutto dall'inizio.
Tra una lacrimuccia e l'altra la donna iniziò il racconto.
- Ieri sera ero in casa.
Avevo appena finito di cucinare con la mia nuova cucina Nardi e andava tutto benissimo
- Sfido sono modelli eccezionali - osservò Di Venerdì.
- Avevo pronta una sfoglia di spinaci e un tagliere di formaggi Mauri.
Continuò la donna.
- Sa, io acquisto solo formaggi Mauri.
- Mi sembra giusto - osservò il commissario
- Ma veniamo al sodo.
La donna si interruppe con un singhiozzo.
Poi riprese.
- Ad un certo punto con la mia Peggy mi ero ritirata in salotto a sentire un po' di musica.
Vede, ho un ottimo impianto YAMAHA HI-FI NATURAL SOUND.
- Lei è un'intenditrice - osservò il commissario.
- Ero rapita dalla musica e così quando mi voltai la mia Peggy non c'era più.
Altre lacrime.
Il commissario si intenerì.
- Su non pianga.
Assaggi questo ottimo cioccolato ICAM, le addolcirà il dolore.

La donna gustò il cioccolato e si riprese.
E il commissario tornò alla carica.
- Ma avrà qualche indizio, o almeno qualche sospetto.
-Ecco, qualcosa avrei - disse la donna ed estrasse dalla borsetta una crosta di formaggio.
Di Venerdì la osservò con grande competenza.
- E' di un taleggio CTT - sentenziò.
- Vede, c'è ancora impresso il marchio CTT.
- Formaggio eccezionale! - annuì la bionda
- Presumo che qualcuno abbia usato questo formaggio per irretire la sua Peggy - incalzò il commissario

È un formaggio così buono che nessuno sa resistergli.
Me la ritrovi, commissario. Ecco una sua foto.
La donna depose la fotografia sulla scrivania del commissario e se ne andò tristemente.
Di Venerdì la prese e rimase di sasso.
Perbacco: Peggy era un cane.
Di una razza stranissima. Sembrava uno Yeti.

documento 1

(continua)

Il Mistero Di Venerdì

Insomma era una calda estate: molti padroni scellerati abbandonano i cani e invece quella signora se lo era visto rapire.
Prima o poi sarebbe arrivata una richiesta di riscatto.
E infatti Di Venerdì non si sbagliava.
Il giorno dopo la bionda si presentò con un foglietto scritto a ritagli di giornali.
Diceva:

se non mi regalate mille catene KÖNIG
non rivedrete più la vostra Peggy.
Firmato l'acchiappabotoli

Questa poi era bella! Chi poteva richiedere delle catene da neve, seppure eccezionali come le KÖNIG, in piena estate?
A meno che non fosse Cantiani...

Quella sera il commissario andò a casa meditabondo ma passò a prendersi una videocassetta sulle razze dei cani.
Pensò tra sé:
- Vediamo di che razza è Peggy: a me sembra un bastardino.

Di Venerdì aveva una plancia portavideoregistratore Marsupio TV.
Seguì quindi con interesse la cassetta e scoprì che Peggy era di una razza ormai estinta. Originaria delle Montagne del Tibet.
- Questa è bella. Cosa c'entra una cagnetta quasi estinta con delle catene da neve?
Aveva la testa piena di questi pensieri e si addormentò sfogliando un annuario della Publi's sul Tessile lariano, una vera miniera di dati .

L'indomani si svegliò di buon'ora.
Suo figlio lo salutò allegramente come sempre quando andava a scuola.
Frequentava l'ISCO, il noto istituto di comunicazione che gli avrebbe dato un buon lavoro.
-Meglio del mio - amava dire il commissario.

Lungo la strada al commissario venne una folgorazione e disse alla Betty
- Ho scoperto chi ha rapito la cagnetta.

A pagina 96 la soluzione ...

1. *Osservate il documento 1:*

- quali significati può avere la parola "giallo"?
- che rapporto c'è tra il titolo del testo ed il colore giallo?
- quali significati può avere la parola "venerdì"?
- quali elementi aggiunge il sottotitolo?
- quali significati può avere l'espressione "al fresco"?

Che illustrazioni trovate sfogliando il testo?

....

2. *Che ipotesi potete fare sul contenuto di questo testo?*

- di che cosa potrebbe parlare?
- di quali avvenimenti?
- di quali personaggi?

3. *Leggete il testo e identificate tutti gli elementi relativi a:*

il *protagonista*
i *personaggi secondari*
la *vittima*
la *trama*
l'*esito* della vicenda

Fate tutte le ipotesi possibili su:

la *soluzione* del mistero

4. *In questo testo quali sono gli elementi tipici di un* giallo?

- caratteristiche del protagonista: ....
- relazione con gli altri personaggi: ....
- luoghi: ....
- oggetti: ....

Quali sono i tempi verbali usati

- nella descrizione (per esempio, nella descrizione di Betty)?:..
- nella narrazione degli avvenimenti?: ....
- nei dialoghi?: ....

Cercate i verbi che introducono o accompagnano le repliche dei personaggi.

Esempio: *esordì* la segretaria...

....
....
....
....
....
....
....

In alcuni momenti il racconto rivela al lettore i pensieri e il punto di vista del protagonista (anche senza far ricorso al discorso diretto). Quando?

Esempio: "Betty fece entrare la visitatrice.
Davvero una bella donna, alta, bionda, quasi monumentale."

Che effetto provoca questo procedimento?
In che modo può influenzare il rapporto tra protagonista e lettore?

5. ***Passate alla quarta pagina del documento, a pag 126.***

Che cosa appare a *destra*?

- perché questa lista di personaggi è diversa dalla vostra?
- avete già incontrato questi "personaggi principali"?
- in che cosa questi "personaggi principali" modificano il senso del racconto giallo?

Che cosa appare a *sinistra*?

- di che tipo di informazioni si tratta?
- queste informazioni modificano il significato della parola "venerdì"?

6. ***Potete dare una nuova definizione de* "Il mistero di Venerdì"** ***che tenga conto delle ultime informazioni trovate?***

"Il mistero di Venerdì":

La conclusione:
....
....
....

7. **Passate alle ultime pagine del documento a pag. 127 - 128 e confrontate la vostra soluzione e la vostra conclusione con quelle che vi sono rivelate.**

8. **Identificate nel giallo "Il Mistero di Venerdì" tutti gli interventi pubblicitari degli autori attraverso l'intrigo**

Esempio: "...*A differenza di quanto avviene in tanti giallacci americani* però non si buttò giù un whisky. Al contrario si versò un *buon* bicchiere di acqua minerale S.Antonio, *fresca e pura.*":

e spiegate la strategia pubblicitaria:

- *buon... fresca e pura*: aggettivi a connotazione positiva attribuiti al prodotto pubblicizzato
- prodotto contrapposto a quelli esaltati nei *giallacci* (peggiorativo) americani
- *a differenza di ...tanti*: prodotto unico, diverso

9. ***Immaginate di lavorare per la Cantiani P & M.***

Trasformate il giallo "La ragazza dello studio 4" (documento 2) in *iniziativa pubbligiocosa*.

ESTATE IN GIALLO

Il professor Giandomenico Ascari sedeva con perfetto agio, i piedi sulla scrivania, osservando compiaciuto l'ovale perfetto delle unghie. Bella scrivania, bei piedi. Bell'uomo: capelli chiari e lisci, abito di buon taglio, scarpe leggere, affusolate, cravatta spiritosa - forse un po' troppo spiritosa - che dava a Emanuele, per motivi che non riusciva per il momento a capire, un senso di disagio.

«Lei capisce che Vuccillo ci assicura già in prima edizione più di centomila pezzi», stava dicendo il professore mentre, dalle unghie, passava a fissare un punto imprecisato del soffitto.

«Centomila pezzi... cioè copie?», provò a chiedere Emanuele vagamente intimidito.

Lo sguardo del professore abbandonò il soffitto, percorse l'intero semicerchio e s'arrestò, sbalordito, sul volto di Emanuele.

«Lei parla ancora di copie? Noi siamo la maggiore industria editoriale del paese. Assicuriamo il 38 per cento del fatturato totale dell'intera editoria italiana. Stampiamo testi per tutti i gusti, tutte le età, tutti i bisogni. Ci avete rimproverato per anni di non essere all'altezza, di non essere ancora diventati una vera industria. Adesso lo siamo».

Il professor Ascari si tirò su, fronteggiò Emanuele, fissandolo duro negli occhi.

«Quell'epoca, dottor Paris, è finita per sempre. Oggi contano i pezzi, non le copie».

Entrando negli spaziosi uffici della Globus - ampi divani in pelle, segretarie in minigonna, profusione di computer su ogni tavolo - Emanuele non aveva potuto fare a meno di paragonare quel lusso con la miseria dei suoi uffici: sedie e tavoli d'economato, vecchie macchine da scrivere, piantoni con seri problemi di peso. Adesso però, con la storia dei "pezzi", la cosa cambiava aspetto. Perché Emanuele conservava una visione dell'editoria non aggiornata ma più rassicurante: quella dove si parlava ancora di libri, non di pezzi.

«Venga, venga con me».

Il professore s'era alzato con un movimento dinamico che denunciava una colazione mattutina a base di cereali, fibre, latte magro, vitamine. Prendendolo sottobraccio con familiarità cameratesca, lo stava trascinando verso un lungo scaffale in legno di rovere dov'erano esposte le ultime uscite.

«Il meraviglioso mondo degli ex voto», enunciava indicando le copertine, «ottantamila pezzi. Guardi questo "La gioia dei cruciverba", cinquantamila per cominciare, stiamo ristampando. E questo qui...».

Afferrò il volume a due mani mostrandolo a Emanuele.

«Un vero gioiello: "La dieta per diventare belli". Copertina del più grande illustratore americano...».

A Emanuele cominciavano a cadere lentamente le braccia.

«E Vuccillo?», domandò per avvicinarsi alla ragione della sua visita.

Il professor Ascari indicò la copertina dell'ultimo romanzo "La prima notte di Pasifae".

«Di Vuccillo stampiamo in prima edizione centoventi, centocinquantamila pezzi. Poi lui comincia il giro degli spettacoli televisivi e dei supermercati vestito da pazzariello, da Pulcinella, da vu' cumprà e in genere raddoppiamo la prima tiratura. Si tratta non tanto di attività promozionale ma di autentici spettacoli...».

«Come fate a legare gli spettacoli al contenuto del libro?».

Il professor Ascari lo guardò con autentica curiosità.

«Che c'entra, scusi?».

«Dal momento che si tratta di un libro, mi chiedevo in che modo lo spettacolo e le pagine...».

«Ha mai sentito parlare di product-manager? di attività profittoriented? di storyboard? di copy?...».

Seguitava a inondarlo con quei termini incomprensibili. L'unico senso che Emanuele riusciva a cavare era che legare le esibizioni del pazzariello a ciò che il libro raccontava era diventato provinciale, superato e in definitiva cretino.

«"Pasifae" sta andando così bene che gli abbiamo già commissionato il seguito».

«Come si chiamerà?».

«"Toro toro!"».

Il professore adesso lo stava guardando con un'aria vagamente derisoria. Forse non era quell'invasato che voleva sembrare. Forse il suo era puro cinismo: lui, i pezzi, Pasifae, i tori e Vuccillo vestito da vu' cumprà che ballava la tarantella nei supermercati. Tutto freddamente calcolato nella lucida mente del professor Ascari. La cui cravatta, comunque, continuava a incuriosire Emanuele.

«E' curiosa la sua cravatta», osservò.

«Bella, non crede? Ripete il motivo di un castello scozzese dal quale sta uscendo un fantasma. Sono le ultime creazioni della Ballantine's».

Fu il nome del famoso whisky a far scattare l'associazione mentale. Emanuele rivide lo spot pubblicitario che aveva osservato distrattamente in tv la sera in cui Franco Forti era stato assassinato. La sua espressione dovette mutare in modo repentino. Il professore lo guardò incuriosito.

«A proposito commissario, ma lei perché mi fa tutte queste domande sul nostro Vuccillo?».

«Oh, niente», cercò di mentire Emanuele. «Questione di routine».

«Questione di routine», ripeté Ascari assaporando quelle parole. «Che magnifico titolo per un giallo. Lo vorrebbe scrivere? Vuole che le faccia preparare un contratto? Cinquemila copie garantite per cominciare. Vendita a un club per corrispondenza, probabile sceneggiatura per una riduzione televisiva, tra annessi e connessi può calcolare...».

Emanuele non lo ascoltava più. La strana cravatta gli aveva dato un'idea che poteva anche essere giusta, in fin dei conti.

(4. Continua)

AVVERTENZA - I personaggi e i fatti raccontati in questo romanzo, anche se verosimili e intonati all'attuale realtà del paese, sono frutto esclusivo di fantasia. Ogni riferimento a fatti realmente accaduti o a persone esistenti deve pertanto intendersi del tutto casuale.

documento 2

ESERCIZI

a. **Cercate tutte le informazioni necessarie (anche utilizzando gli estratti del documento 3) per costituire il:**

Dossier: la pubblicità in Italia

- **Trovate una definizione per ognuna di queste parole:**
  réclame, propaganda, spot pubblicitario, cartellone pubblicitario, inserto pubblicitario, avviso pubblicitario, telepromozione, messaggio pubblicitario, slogan, pubblicità diretta, piccola pubblicità, sponsorizzare, testimonial
- **Quali sono i supporti più utilizzati dalla pubblicità in Italia? Con quali conseguenze?**
- **Cercate (chiedendo a italiani, per esempio) due slogan diventati celebri.**
- **Cercate (chiedendo a italiani, per esempio) un "eroe" della pubblicità.**
- **Cercate il nome di almeno un pubblicitario celebre.**
- **Esistono in Italia leggi sulla pubblicità? Che cosa vietano?**
- **Avete sentito parlare di scandali dovuti a pubblicità in Italia? A che cosa era dovuto lo scandalo?**
- **Avete avuto l'occasione di vedere pubblicità politica italiana? Dove? In quale occasione?**
- **Avete avuto l'occasione di vedere pubblicità educativa italiana? A proposito di che cosa? Con quali mezzi e supporti? Che cos'è la "Pubblicità progresso"?**

b. **A proposito dello spot girato da Woody Allen (doc. 3d) si parla di "italianizzazione". Nel vostro paese, nella pubblicità di prodotti italiani, o venduti come tali, quali sono gli elementi che permettono di identificare la loro provenienza?**

Osservate per esempio la pubblicità di una marca di pasta in Francia (documento 4):

- luoghi: ....
- oggetti: ....
- personaggi: ....
- slogan: ....

Secondo voi, si usano dei cliché? Quali?
Nel vostro paese, quale immagine dell'Italia predomina nella pubblicità di un prodotto italiano? Verrebbero usati gli stessi simboli o gli stessi cliché che appaiono nella pubblicità precedente?

- quali sono i luoghi più frequentemente citati?
- quali sono i periodi storici più ricorrenti?
- quali sono gli oggetti che vengono più spesso associati ad un prodotto per farlo identificare come italiano?
- quali caratteristiche vengono attribuite ai personaggi italiani?

la Repubblica
venerdì 15 gennaio 1993 **cronaca**

E grazie a Sofia Loren il prosciutto batte il record

MILANO – Sofia Loren fa vendere più prosciutto. Lo garantiscono i responsabili dell'azienda che l'ha ingaggiata come donna immagine in tv, molto soddisfatti perché, grazie alla diva, il fatturato è aumentato di 14 miliardi.

Parmacotto, che produce e commercializza "prosciutto cotto di alta qualità", crudo e preaffettati, ha registrato nel 1992 un fatturato di 75 miliardi di lire, contro 61 miliardi nel 1991, con un incremento del 23 per cento.

L'utile operativo è salito a 3,5 miliardi, con un aumento del 38 per cento rispetto all'esercizio precedente.

«L'incremento più significativo delle vendite – si legge in una nota dell'azienda – si è verificato nel secondo trimestre 1992, in coincidenza con il lancio della campagna pubblicitaria televisiva, che ha presentato Sofia Loren come testimonial». Il Parmacotto che ha sede e direzione a Parma, prevede per il 1993 un fatturato di 100 miliardi e l'avvio di un programma di espansione all'estero, soprattutto in Francia.

L'azienda ha nominato direttore generale Stefano Ballabeni, che si occuperà in particolare dell'organizzazione commerciale.

Il manifesto con cui furono pubblicizzati i jeans Jesus. L'audacia dell'immagine provocò all'epoca polemiche molto vivaci

La campagna

L'ultima campagna scandalo del gruppo Benetton, che compare su 150 quotidiani e mille periodici di 80 Paesi, è realizzata in collaborazione con la Caritas svizzera e la Croce rossa internazionale. Mira a rastrellare abiti usati in 5.500 negozi Benetton e 012, nei quali saranno a disposizione dal 2 febbraio al 13 marzo circa 80 mila sacchi per la raccolta. I vestiti consegnati verranno distribuiti in diversi Paesi, dal Brasile all'India, all'Egitto.

L'Espresso 28 MARZO 1993

LA CAMPAGNA

Per una buona causa

■ Anche quest'anno la Coop ha sponsorizzato la campagna d'informazione per l'Associazione italiana sclerosi multipla (Aism). E anche quest'anno **Armando Testa** e la **New Partners** hanno lavorato insieme per dar vita a uno spot di 30" che non descrive una realtà già esistente, ma il processo stesso di realizzarla, il gesto di una mano, un occhio, dei muri, un mondo in costruzione. L'argomento infatti, è la nascita di un Centro di riabilitazione per malati che deriva dai contributi volontari di privati e della Coop. Non tutti pensano a Tangentopoli in Italia, evidentemente. Lo sappiamo, ma ci piace averne ripetuta conferma. Testimonial d'eccezione la professoressa Rita Levi Montalcini, presidente dell'Aism, mai stanca di prodigarsi per le buone cause.

La regia, come per la campagna dell'anno scorso, è di Giovanni Bedeschi. Per l'Armando Testa, sotto la direzione creativa di Silvano Guidone, ha lavorato la stessa coppia: l'art Roberto Fiore e il copy Guido Avigdor. In 30" si possono raccontare tante cose, gli autori di questo spot hanno fatto una scelta audace. Dicono: «questo è uno dei dieci centri che stiamo costruendo in Italia». «Stiamo costruendo», dicono, ma paiono quasi esser loro stessi colpiti dalla sclerosi multipla, una malattia di cui non si muore, ma di cui, senza assistenza, non si può vivere. C'è il senso di una grande fatica, di una grande pena e di una grande necessità in questo spot di gesti, di occhi, di muri da tirar su. Uno spot sociale piuttosto riuscito.

O.d.B.

Rita Levi Montalcini nello spot per la lotta alla sclerosi multipla

documento 3a

Le aziende ne sono entusiaste e le difendono dalle critiche, avanzate dagli editori, per il mancato rispetto delle normative Cee. Basta una settimana di lancio in tivù per veder moltiplicate le vendite

Mike Bongiorno, re indiscusso delle telepromozioni sulle reti Fininvest

di ANTONIO DIPOLLINA

Milano

PER UNA Telepromozione in più si fanno follie. Per un messaggio in più si è disposti a tutto. L'estate scorsa, preso dal panico perché ormai non aveva più slogan o parole nuove da spendere, Mike Bongiorno si inventò che con il dado Knorr si potevano fare anche efficacissimi cocktails per combattere il caldo. Alla Knorr fecero un salto sulla sedia, e finita la trasmissione chiamarono Mike chiedendogli se fosse ammattito. Quasi in contemporanea, però, cominciarono ad arrivare ricette di cocktails da molti barman, più o meno improvvisati, a base di dado. E alla puntata successiva, Bongiorno ne fece preparare uno e se lo scolò. Probabilmente era disgustoso, ma Mike non è tipo che si lascia impressionare da una difficoltà di così poco conto: disse che raramente aveva bevuto qualcosa di così buono in vita sua. Alla Knorr furono felicissimi, al punto che quando a Mike nacque il terzo figlio gli fecero gli auguri comprando un'intera pagina del *Corriere della Sera*.

Molte aziende, insomma, delle Telepromozioni sono contentissime. E parecchie hanno sottoscritto nei giorni scorsi un manifesto, pubblicato sui giornali a cura di Publitalia (Finivest, cioè) in cui difendono le telepromozioni stesse dalle critiche sul mancato rispetto delle discipline della Cee, avanzate dagli editori e su cui c'è in corso una vivacissima polemica politica e imprenditoriale.

Chi se le può permettere, chi ha in budget il necessario per inondare i canali tv dei messaggi ossessivi sul proprio prodotto non ci pensa due volte e bussa alla porta di Bongiorno, o di Corrado, o della nuova stella Patrizia Rossetti che imperversa giorno e notte su Retequattro. E anche, s'intende, della Parietti, di Frizzi o di Baudo alla Rai.

Cinquecento miliardi all'anno, o meglio a stagione televisiva. Tanto valgono le Telepromozioni, ed è la cifra che le aziende hanno versato finora ai due colossi televisivi. In questo caso il colosso vero è la Fininvest, che di quei cinquecento ne rivendica quattrocento. Come a dire che la relativa crescita dei fatturati, della tanto famigerata «immagine» delle aziende diventa incalcolabile. Non solo: uno spot normale che vuole lanciare un nuovo prodotto ha una penetrazione nettamente inferiore. Per i prodotti nuovi e per quelli che vengono riciclati come nuovi, non c'è niente di meglio dei teatrini promozionali in tv. Nei programmi comici della Fininvest è cocessa ormai ai conduttori più sbarazzini anche la libertà di prendere un po' in giro il prodotto. Come a dire che la nuova frontiera della pubblicità si richiama al suo slogan più vecchio: purché se ne parli.

documento 3b

PERCHÉ LA PUBBLICITÀ IN TV CRESCE ANCORA

"Compro solo quello che video"

Milano

ALLA Mercedes la loro scelta l'hanno fatta già da anni: dei 18 miliardi che spendono in spazi pubblicitari, l'80% viene destinato alla stampa, solo il 20% alla tv. E' innegabile che la televisione aumenti le vendite dei prodotti di largo consumo (bevande, food, detergenti) ma è vero che per le marche di un certo prestigio può creare un effetto negativo sull'immagine. Rischia cioè con la sua irruenza, coi suoi spot-zanzara che ronzano nei film di smitizzare decenni di lustro e di know-how tecnologico.

«Per la prima volta, nel 1992, abbiamo mandato in onda uno spot televisivo. Ma il suo fine non era la vendita bensì l'ecologia della vettura», spiegano alla Lintas, agenzia della Mercedes. Un altro grande cliente che della tv non sa che farsene, almeno in Italia, è Benetton. Affidandosi ai poster di Oliviero Toscani (discussi ma anche per questo efficaci) e ai quotidiani con Luciano in nude-look, l'azienda veneta ha raggiunto una notorietà clamorosa.

Ecco due casi, fra i tanti, in cui la stampa primeggia. A questi si aggiungerà una campagna Canguro che Gavino Sanna, con la sua Young & Rubicam, pianificherà sulla stampa. Gli editori però non si facciano troppe illusioni, nel mese di gennaio la tv ha fagocitato il 62% degli investimenti, una vetta mai toccata. Questa analisi, severa, arriva dai recenti dati Nielsen, l'istituto che rileva mensilmente la spesa pubblicitaria. Né l'indroduzione del colore su alcuni quotidiani, né la nascita di nuove testate periodiche, né le strategie messe in atto dagli editori hanno contributo a cambiare il trend. C'è la crisi, d'accordo, ma non dovrebbe colpire anche la tv?

«Purtroppo è vero il contrario», spiega alla J. Walter Thompson la signora Merlo, responsabile delle ricerche sui media: «Gli investimenti non vengono aumentati da diversi mesi, per contro i costi degli spazi salgono. Presi in questa forbice gli utenti si trovano a dover tagliare proprio la stampa che è considerata strategica e non tattica come la tv, capace cioè di offrire risultati di vendita immediati».

AFFARI & FINANZA PAGINA 13

pagina a fianco
documento 3c
L'Espresso,
27 dicembre 1993

A tutto video

In quasi tutti i paesi europei, come si vede dal grafico qui accanto, gli investimenti pubblicitari nella tivù stanno crescendo a ritmi più elevati che sulla carta stampata. Ma solo in Italia e Portogallo, come mostrano i grafici in basso e nelle pagine seguenti, la televisione ha una posizione di marcato predominio nella spartizione della torta pubblicitaria

GLI INVESTIMENTI PUBBLICITARI NEL 1993 (variazioni percentuali sul 1992)

	TELEVISIONE	STAMPA
FRANCIA	+5,5	-2,0
GRAN BRETAGNA	+5,0	+2,3
ITALIA	+10,0	+4,0
PORTOGALLO	+18,3	+12,1
LUSSEMBURGO	+7,9	+7,4
OLANDA	+10,3	+1,0
GERMANIA	+15,0	+1,2
BELGIO	+1,7	+3,9
SVIZZERA	+4,3	-3,2

FONTE: INFORMATION ET PUBBLICITE'

COME NOI SOLO IL PORTOGALLO

GLI INVESTIMENTI PUBBLICITARI NEL 1992 (ripartizioni per mezzi, in percentuale)

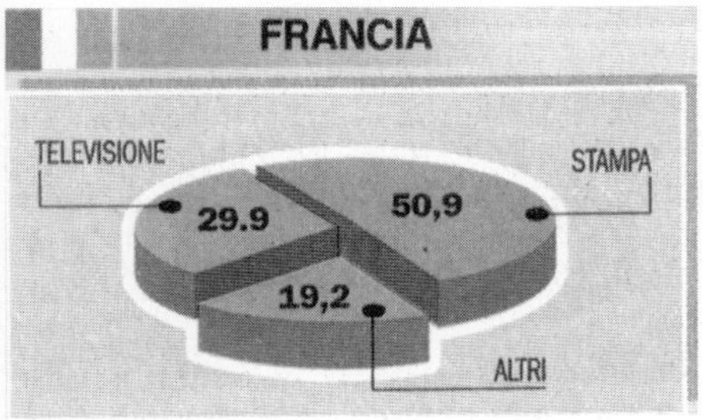

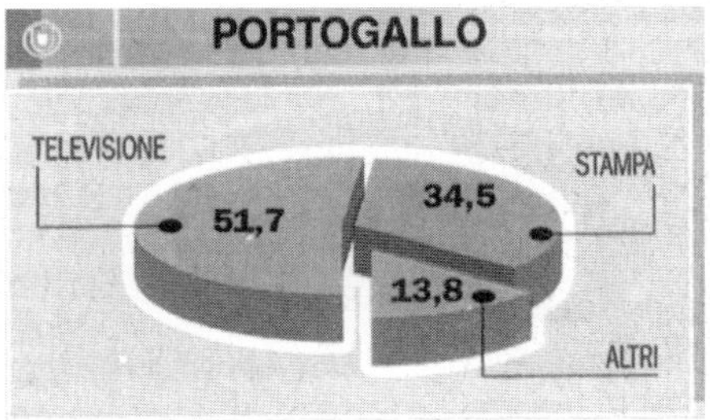

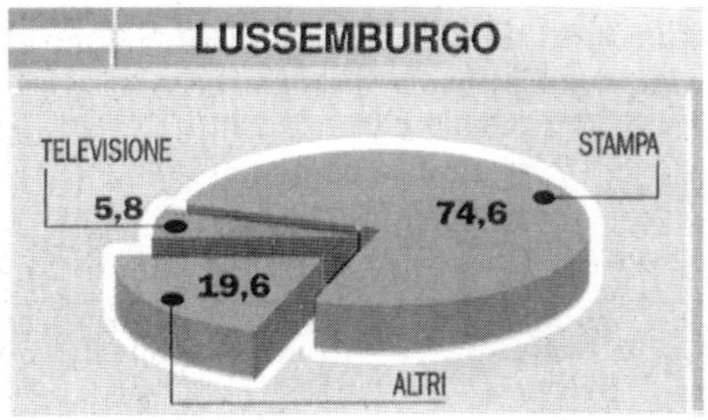

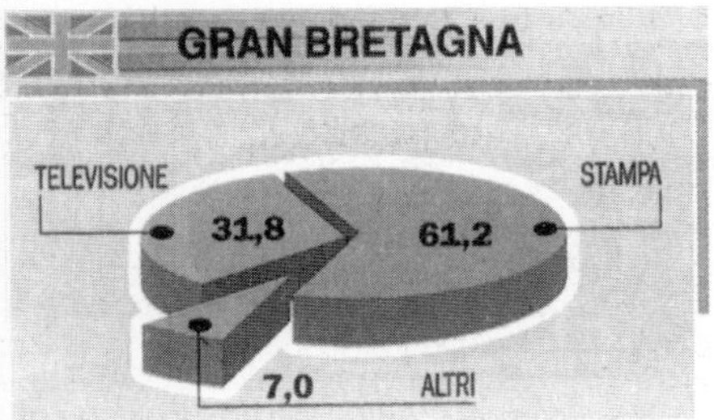

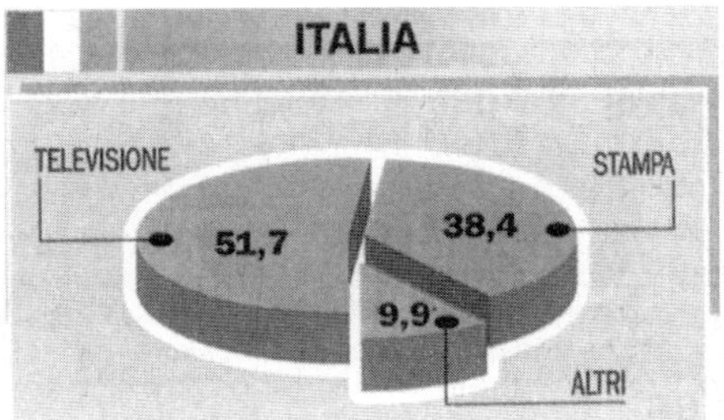

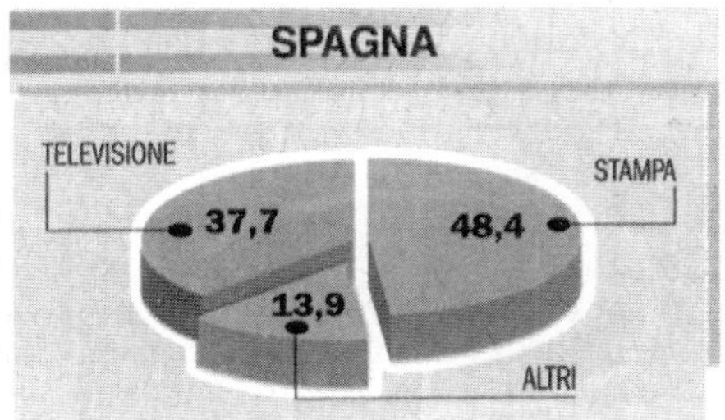

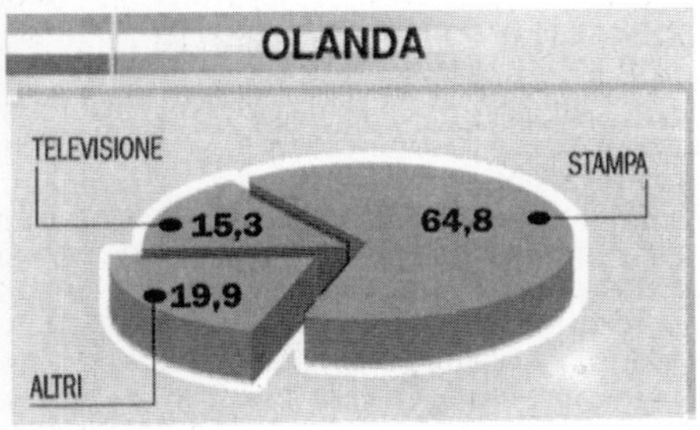

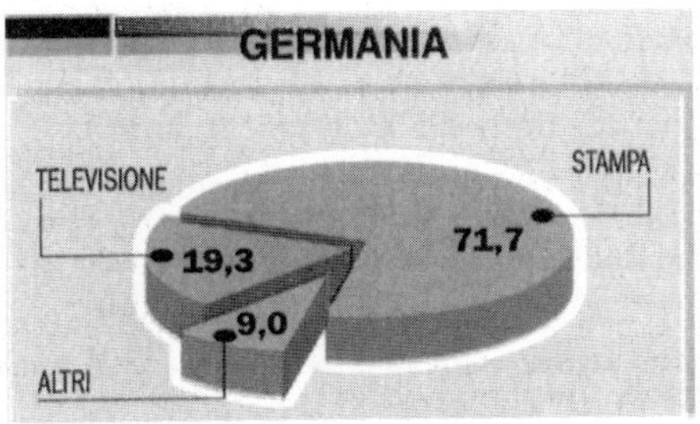

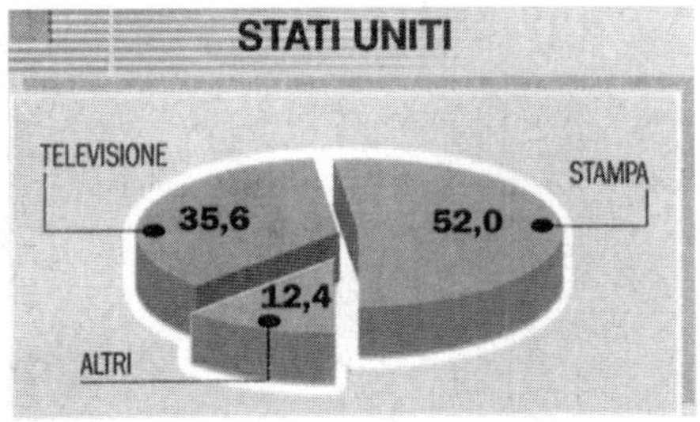

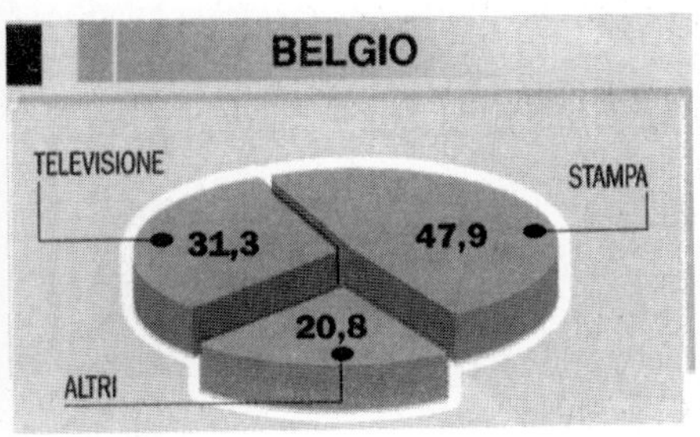

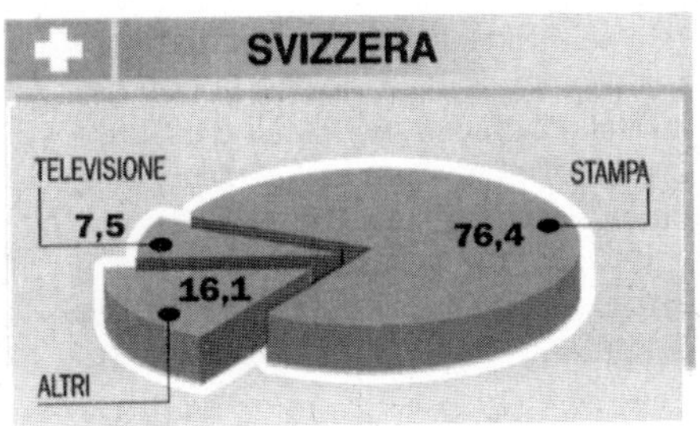

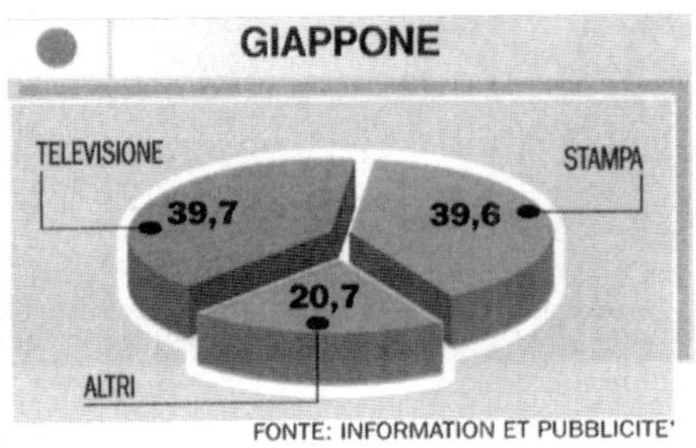

FONTE: INFORMATION ET PUBBLICITE'

SAATCHI & SAATCHI

Ma cosa c'entra Woody Allen con la Coop?

• New York - giugno '91 - Woody Allen sul set degli spot Coop. •

Da sempre, la Coop propone valori e comportamenti di consumo più attenti e consapevoli, prodotti più vicini ai desideri dei consumatori, più rispettosi dell'uomo e dell'ambiente. Oggi, un consumatore fuori del comune come Woody Allen, è stato invitato ad interpretare con il suo umorismo e stile inconfondibili i temi dell'alimentazione, della salute e dell'ambiente. Il risultato è nello stesso tempo sorprendente e divertente. Una serie di quattro mini film in onda a partire dalla fine di settembre.

LA COOP SEI TU.

Cinque ore di viaggio in pullman per raggiungere i magazzini vicino Buffalo dove il regista gira il nuovo spot commissionato dalla Coop

Due notti sul set tra triglie e polpi

NEW YORK – **Cinque ore di autobus sull' autostrada di notte, in direzione nord, verso Buffalo, e, finalmente, al centro di una piccola vallata compaiono improvvise le luci di un edificio basso ed esteso, *Wegmans*, il grande supermercato alimentare di Johnson City, aperto 24 ore su 24. All'esterno un grande parcheggio sorprendentemente occupato (sono quasi le due del mattino), un treno di carrelli, movimento di clienti. All'interno, una parte del supermercato è stata delimitata da nastri colorati, dietro ai quali donne di colore e bianche, ragazze in shorts, tipi solitari, nuclei familiari completi di bambini assonnati guardano stupiti e attoniti il meticoloso lavoro di un gruppo di operai che sostituiscono scritte e cartelli, *Pesce* invece di *Fish*, *Cocomeri* invece di *Watermelons*, *Mele* invece di *Apples*, *Pomodori* invece di *Tomatos*, prezzi in lire invece che in dollari, *Affare* invece di *Bargain*. Così il *Wegmans* di Johnson City viene truccato da Coop di Modena o di Ravenna e diventa il set dell' ultimo dei cinque spot che la catena italiana ha commissionato a Woody Allen.**

Il regista, in pantaloni leggeri e camicia a righe un po' tanto larga per il suo fisico di ragazzino esile e pallido, assiste alla preparazione della sequenza, a contatto di gomito con Carlo Di Palma. Che è un matrimonio, con la sposa in bianco lungo e lo sposo in nero regolamentare, ma in uno stravagante contesto, non i banchi e l'altare bensì pesciolini azzurri, triglie, polpi, gamberetti, insomma un mare di pesci che trionfano su grandi banchi refrigerati. Ad officiare è uno strano prete impacciato e scarsamente professionale, che guarda intimidito e confuso Allen che gli parla. La sequenza si ripete più volte e, finalmente, all'ok del regista, il prete si libera felice dei paramenti e raggiunge una piccola folla eccitata di ragazze e ragazzi. Qualcuno lo sfotte, lui reagisce: «Non capita tutti i giorni di recitare con Woody Allen! E poi io mica faccio l'attore!». Ridono, scherzano, in un intreccio di dialetti emiliano, toscano, ligure, lombardo, romano: sono i quaranta dipendenti dei negozi Coop, selezionati su un totale di 32mila in tutta Italia per partecipare allo spot (viaggio–premio–lavoro) garantendo un contorno di facce, almeno quelle, italiane autentiche.

Ma poiché alla Coop non si vendono solo alimentari, il lavoro di "italianizzazione" di scritte e cartelli si ripete due notti dopo in un negozio della catena *Bradlees*, abbigliamento, libri, videocassette. Durante le riprese, nel corso delle due nottate, Woody Allen è disponibile ad un dialogo, continuamente interrotto, durante il quale la diffidenza iniziale sfuma fino alla cordialità. *(m.p.f.)*

documento 3d
La Repubblica,
31 luglio 1993

DÉCOUVREZ
L'ITALIE
PASSION
4 FIAT Cinquecento
515 CADEAUX
à gagner
Barilla

– DANS CE LIVRET ON
VOUS DIT TOUT POUR FAIRE
DES BONNES PATES,
SAUF LA MARQUE DE
MES BOUCLES D'OREILLES.
Barilla
LA COLLECTION PRÉFÉRÉE
DES ITALIENNES

documento 4

c. **In Italia vengono commercializzati prodotti provenienti dal vostro paese? Come si può identificare la loro provenienza? Si usano dei cliché? Di che tipo? Fate degli esempi.**

Osservate il documento 5.
Identificate gli elementi che permettono di attribuire "una nazionalità" ad ognuno dei prodotti pubblicizzati: in quali casi, secondo voi, sono dei cliché?

Sfogliando giornali italiani, cercate esempi di cliché usati dalla pubblicità, e distinguete:

ciò che gli italiani attribuiscono ad altri	ciò che gli italiani attribuiscono a se stessi
....	....
....	....
....	....
....	....

d. **Leggete il documento 6.**
In una lettera al giornale, prendendo nettamente posizione pro o contro l'iniziativa pubblicitaria, esprimete il vostro giudizio su questo fatto di cronaca:
- che cosa pensate della reazione del paese siciliano?
- che cosa pensate della reazione degli italoamericani?
- come giudicate l'agenzia pubblicitaria?
- come giudicate l'idea del cartellone pubblicitario? su quale cliché si basa?

e. **Un istituto culturale italiano vi ha incaricati di organizzare una campagna pubblicitaria per incrementare le iscrizioni ai corsi di italiano rinforzando l'immagine dell'italiano lingua straniera nel vostro paese.**

Indicate:
- i supporti pubblicitari di cui vorreste servirvi
- i circuiti di distribuzione privilegiati
- il pubblico a cui destinate la vostra campagna

Definite:
- le caratteristiche positive del vostro prodotto e i vantaggi che presenta rispetto ad altri prodotti analoghi
- i sogni che vorreste suscitare o evocare nel pubblico a cui è destinata la vostra campagna

Cercate:
- un testimonial
- un' immagine (foto, illustrazione, disegno, ecc.)
- uno slogan *

documento 5a

documento 5b

TECNOLOGIA TEDESCA E CREATIVITA' ITALIANA.
PAGANDO SOLO LA TECNOLOGIA TEDESCA.

Acquistando un rasoio Grundig Roltronic* (rasoio dalle prestazioni eccezionali, all'altezza della più avanzata tecnologia tedesca) avrete senza alcun aumento di prezzo l'elegante e raffinato after shave di Ferré da 75 ml.

Danke Grundig.

GRUNDIG
RASOI

* ROLTRONIC TOP • ROLTRONIC ECI • ROLTRONIC EC • ROLTRONIC E • ROLTRONIC NETZ.

MOLINARI ROSSI / 3

"Trasformare il portatile OKI in un potente veicolare?"

"Elementare, per uno come Martin Dawes."

Per chi ha la necessità professionale di comunicare sempre e dovunque, quello delle zone a copertura marginale è tutt'altro che un problema marginale.

Per questo Martin Dawes, il "service provider" che amministra in Europa l'esperienza di 12 milioni di ore di conversazione all'anno, per primo vi offre la possibilità di fornire il vostro apparecchio, non solo di un kit che ne consente il collegamento alla vostra vettura,ma anche di un formidabile booster che ne amplifica la potenza irradiata da 0,6 a 4,0 watt.

Questo, per consentirvi di disporre di un potente veicolare di classe 2 ogni volta che salite sulla vostra auto, senza rinunciare al vostro comodissimo portatile, ogni volta che ne scendete.

Il portatile OKI in auto

- Portatile 900 MHz ad alta affidabilità
- Massima autonomia: 18 ore in attesa e 100 minuti in conversazione
- 200 numeri di memoria
- Carica batterie rapido
- Menu con vastissima gamma di funzioni
- Kit per installazione in auto con microtelefono aggiuntivo e funzione viva-voce
- Booster di potenza per conversione da portatile a veicolare di classe 2

2 ANNI DI GARANZIA*
ASSICURAZIONE GRATUITA
12 MESI KASKO E FURTO.

MARTIN DAWES
COMMUNICATIONS
Contact with tomorrow

L'alternativa professionale.

* Per informazioni rivolgersi ai Rivenditori/Installatori Autorizzati o alla Martin Dawes Communications S.p.A.
Centro Direzionale Colleoni - Via Paracelso, 12
20041 Agrate Brianza - Milano

Tel. (039) 63.23.51

Martin R. Dawes presidente della Martin Dawes Communications Europe.

documento 5c

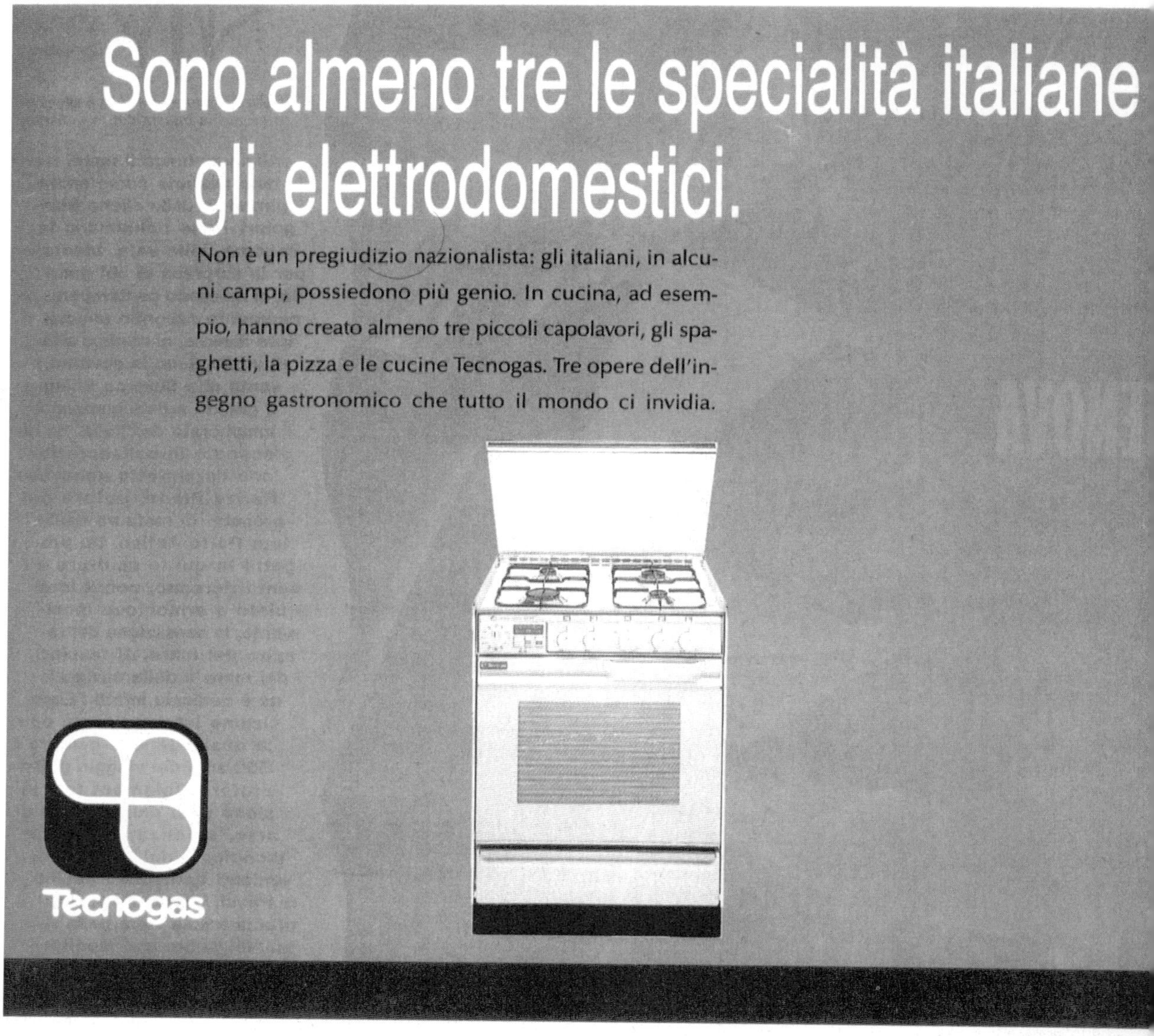

1952

I N D U S T R I E E L

documento 5d

ogas 1992

TRODOMESTICI

Messina, ritratte sui manifesti in Usa accanto alla famosa top model

La rivolta delle sette donne in nero 'Paghino per quel poster offensivo'

L'avvocato: "Le hanno truffate, chiederemo alla multinazionale almeno mezzo miliardo"
Il Comune di Savoca parte civile

di UMBERTO ROSSO

SAVOCA – Sette vecchiette contro la top model più pagata degli Stati Uniti. Una pattuglia di donne messinesi che vuol trascinare in giudizio una multinazionale dell'abbigliamento. Fanno sul serio le anziane signore di Savoca finite sui muri di New York a far da sfondo alla bellezza lunare di Linda Evangelista, in quella gigantografia pubblicitaria che invece gli avevano presentato come lodevole e innocente campagna anti-Aids. Si sono sentite umiliate, prima ancora che truffate: «Si è parlato, e riso, fin troppo di questa nostra storia. Adesso è arrivato il momento di far intervenire il giudice...».

E così, è partita la querela nei confronti della «Kenar», alla ditta che le ha «usate e raggirate» chiedono i danni morali e materiali. Nell'esposto indirizzato alla procura della Repubblica di Messina c'è una lunga lista di reati da contestare: dalla truffa aggravata alla violenza privata, diffamazione aggravata e altri capi di imputazione «minori». Ma quanto vale, in denaro, il torto subito? Risponde il loro legale, l'avvocato Antonio Marrone: «Difficile quantificare economicamente, qui è in gioco la dignità e l'onore stesso di queste donne. Sono state strumentalizzate nel peggiore dei modi, e non mi riferisco soltanto a quelle 20 mila lire di "premio" che hanno ricevuto. Noi, in ogni caso, non chiederemo meno di mezzo miliardo...». E anche il Comune, con il sindaco Giovanni Trimarchi, si prepara a scendere in campo come parte civile.

Non immaginavano certo che sarebbe finita così né la bella Linda né la troupe di 15 «creativi» sbarcata a Savoca alla fine dello scorso settembre. Nel paesino, a due passi da Taormina cercavano «l'effettaccio» per lanciare abiti e jeans. Una bella foto di gruppo, nella piazza della Chiesa Madre, con al centro l'elegante e sinuosa modella e attorno sette donne sicule vestite di nero e con la faccia stanca. La bella e le bestie. Vecchia, brutta, immobile Sicilia.

Lo scandalo scoppia quando un paio di italo-americani protestano per quel cartellone incollato ai grattacieli che diffama la comunità in Usa, e salta fuori tutta la vicenda. Esplode il caso, ne parlano giornali e tivù, e ora le ignare «modelle» di Savoca vogliono giustizia. A guidare la battaglia ci sono Antonella Savoca, la nipote della più anziana «mannequin» (Natalia Forri, 90 anni) e Annamaria Cisto, la figlia di Maria, 61 anni, altro personaggio del poster. Raccontano: «Che rabbia, che delusione. Quella fotomodella e tutti gli altri hanno approfittato della buona fede dei nostri familiari. Non si sono più fatti vivi, nemmeno le scuse».

Un tentativo di chiudere la vicenda comunque ci sarebbe stato, dietro le quinte di un programma tv: come gesto di «buona volontà» gli americani hanno offerto un pacchetto di dollari per il restauro di una chiesa del paese.

Ora nel mirino non ci saranno soltanto gli industriali americani. Sarà citata per danni anche Linda Evangelista, indossatrice al top della carriera, modella preferita di Versace, ma che per l'avvocato è stata «il mezzo, il tramite» che ha fatto scattare la trappola «pubblicitaria» in Sicilia. E anche tutti gli altri componenti del team dovranno «rispondere» della spedizione siciliana: dagli uomini dell'agenzia ai fotografi che, per primi, avvicinarono le donne all'uscita dalla messa: «Si presentarono come turisti – ricostruisce l'esposto – fingendosi interessati ai monumenti e al paesaggio di Savoca. Con questa scusa chiesero di essere accompagnati a fare un giro nel paese...».

Antonio Marrone non ha alcun dubbio: «La troupe aveva preparato tutto con cura, in maniera dolosa, il che rappresenta certo un'aggravante. Avevano persino pronti i vestiti neri da fare indossare». Sì, perché che immagine sarebbe quella di una donna siciliana con un bell'abito vivace? Così, alle ignare vittime dello spot, gli americani fanno indossare in fretta e furia camicioni e abiti «a lutto». In qualche caso, poi, la foto finale sarà ritoccata, non tutte le donne saranno «in nero». Ma non cambia certo il senso del messaggio che «passa»: «La foto è stata strumentalizzata per fini pubblicitari, in modo oltraggioso e diffamatorio».

La top model Linda Evangelista nella pubblicità contestata

documento 6
La Repubblica, 6 febbraio 1992

* Per esercitarvi nella ricerca dello slogan, cercate altri esempi di:

- **Esclamazione, affermazione:**
  Krizia Uomo. Accentratore (profumo)
  ....
- **Frase interrogativa:**
  Chi ha detto che cedere alle tentazioni costa caro? (Volkswagen)
  ....
- **Rima:**
  Sì alla giusta stampante no alla lira pesante (stampanti Fujitsu)
  ....
- **Doppi sensi e giochi di parole:**
  Chi ha detto che solo i bianchi sono giovani, frizzanti, leggeri? (Lambrusco D.O.C. Rosso spumeggiante)
  ....
  Fate autocritica (Subaru, marca di automobili)
  ....
- **Giochi sul suono delle parole** (consonanze, allitterazioni, paronomasie)**:**
  Cipro, un amore reciproco (Ente Nazionale Turismo Cipro)
  ....
- **Paradossi:**
  Philips presenta la quadratura del cerchio: il Compact Disc a forma di cassetta
  ....
- **Deformazioni di formule celebri:**
  Volvo 850 GLT. La rivoluzione svedese.
  ....
- **Deformazioni di proverbi:**
  Non dire, ma fare. C'è di mezzo il mare. (Ace e Lega per l'ambiente: operazione coste pulite)
  ....
- ....

f. **Cercate e spiegate doppi sensi e giochi di parole nelle pubblicità del documento 7.**

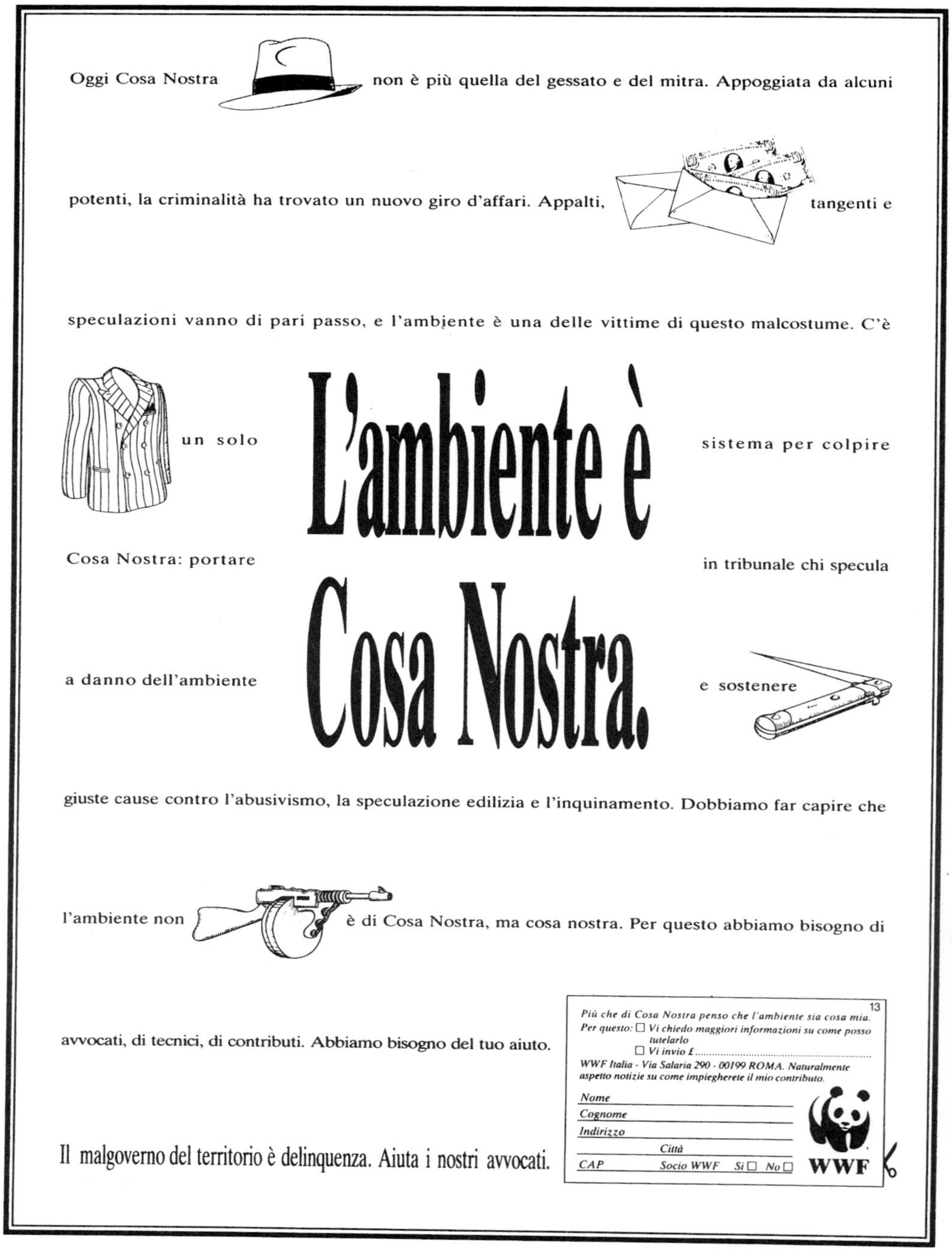

documento 7a

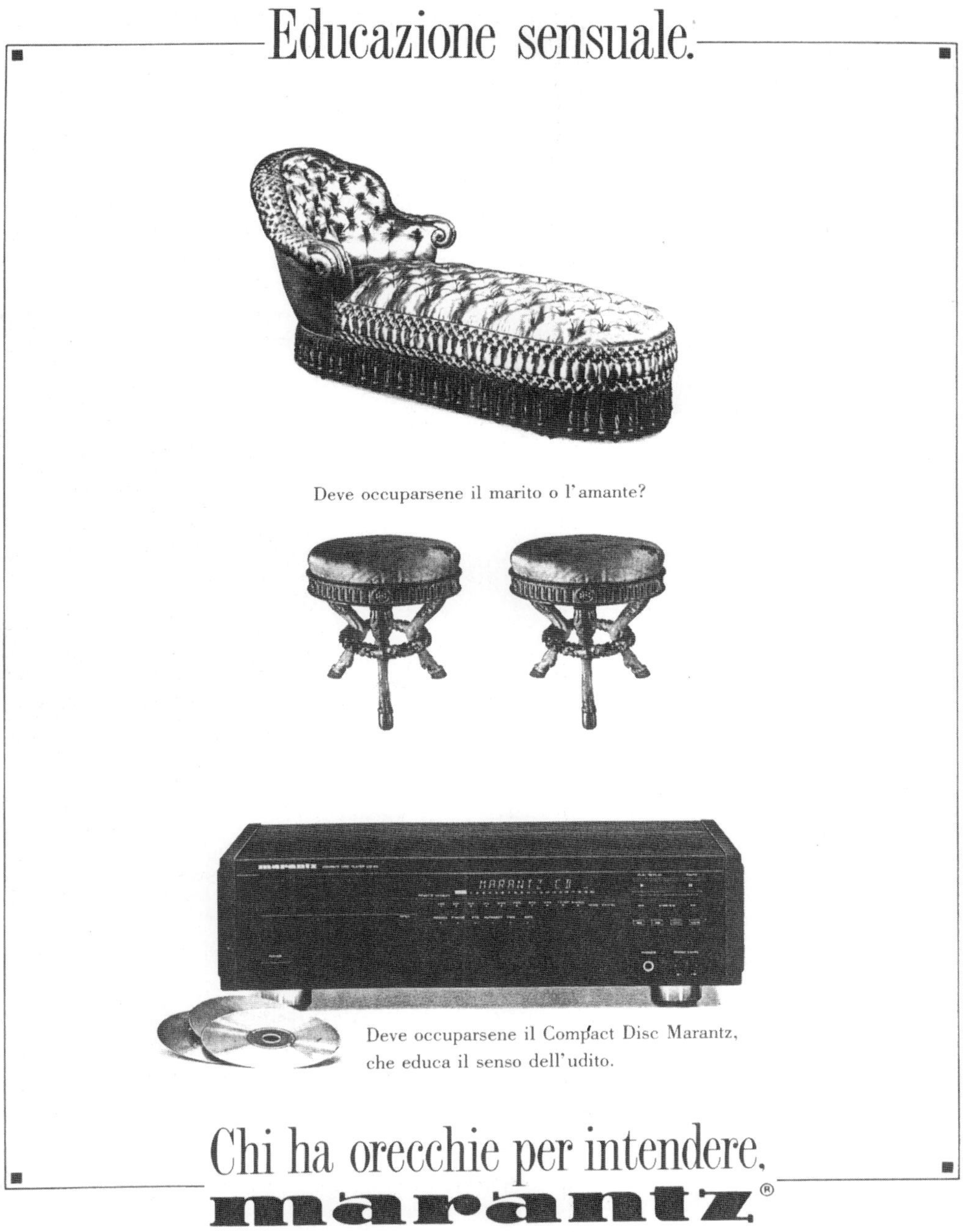

documento 7b

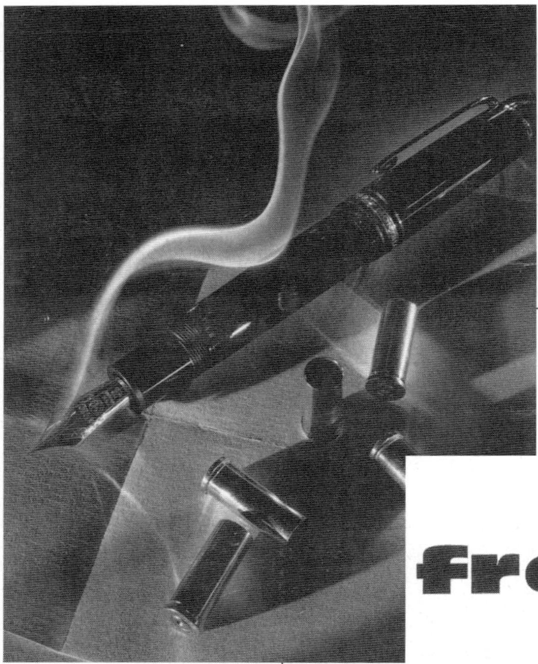

Augias fredda l'estate.

Il nuovo giallo di Corrado Augias. 5 puntate settimanali da staccare e conservare. Un regalo dell'Espresso e Ballantine's dal 24 luglio al 21 agosto.

Diciamolo subito: il colpevole è Corrado Augias. La noia dell'estate è caduta per mano sua. Cinque puntate sicure, nell'infallibile stile del perfetto autore di delitti. Non c'è dubbio: è lettura a mano armata con l'aggravante del racconto premeditato. Un regalo dell'Espresso con la complicità di Ballantine's che condanna tutti i lettori a cinque settimane di isolamento e sudori forzati.

Nel prossimo numero dell'Espresso, la seconda delle 5 puntate.

L'Espresso

Ballantine's
SETA SCOZZESE

documento 7c

Da sinistra a destra: Alberto Alessi, Achille Castiglioni, Enzo Mari, Aldo Rossi, Alessandro Mendini. Foto di Berengo Gardin.

Gli uomini oggetto.

Alessi Carlo, Asti Sergio, Botta Mario, Branzi Andrea, Buti Remo, Caccia Dominioni Luigi, Caramia Pierangelo, Castiglioni Achille, Coppola Silvio, Dalisi Riccardo, Dresser Christopher, Gehry Frank, Giovannoni Stefano, Graves Michael, Mari Enzo, Massoni Luigi, Mazzeri Carlo, Mendini Alessandro, Morozzi Massimo, Portoghesi Paolo, Rossi Aldo, Ruiz Alejandro, Sapper Richard, Sargiani Franco, Sottsass Ettore, Starck Philippe, Tusquets Oscar, Venturi Robert, Venturini Guido... **ALESSI FABBRICA DEL DESIGN ITALIANO**

documento 7d

Il Venerdì di Repubblica, supplemento a
la Repubblica
Direttore responsabile
Eugenio Scalfari
Vice direttore esecutivo
Gianni Rocca
Vice direttore
Giampaolo Pansa
Caporedattore centrale
Franco Magagnini
IL VENERDI di Repubblica

Il Mistero Di Venerdì

Personaggi Principali

FORTUNATO DI VENERDÌ
il commissario

S. ANTONIO
acqua minerale (replica a pag. 12-13)

BETTY
la segretaria

CARNINI
lo yogurt (replica a pag. 11)

MEMOGRAPH
il nastro adesivo scrivibile removibile (replica a pag. 8)

LA VISITATRICE
la bionda monumentale

SISTEMA SEDUTE 90 VENELLI
il sedile da stadio (replica a pag. 84-85)

PEGGY
la rapita

NARDI
la cucina (replica a pag. 18-20-22)

MAURI FORMAGGI
i formaggi del tagliere (replica a pag. 26-28)

YAMAHA HI-FI
l'ottimo impianto hi-fi (replica a pag. 6-7)

ICAM
il cioccolato (replica a pag. 16)

CTT
il taleggio (replica a pag. 14)

KÖNIG
le catene da neve (replica a pag. 24)

MARSUPIO TV
la plancia portavideoregistratore (replica a pag. 86)

GUIDA TESSILE COMO
l'ultima pubblicazione Publi's (replica a pag. 56)

IL FIGLIO DI VENERDÌ
l'allievo dell'ISCO

ISCO
l'istituto di comunicazione (replica a pag. 73)

Soluzione del documento 1

Il Mistero Di Venerdì

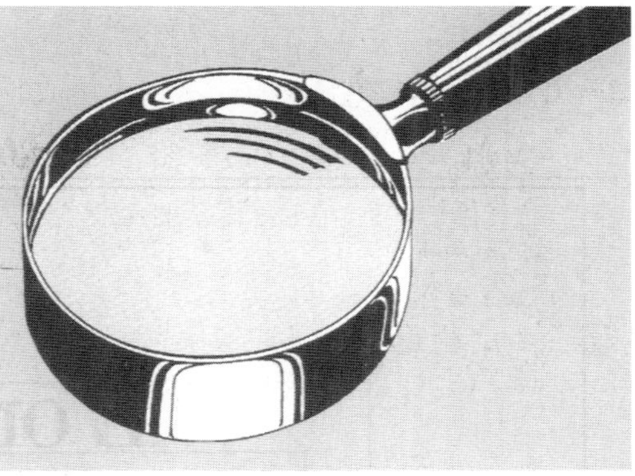

La soluzione

La padrona del cane era una simulatrice.
Amava non solo la sua cagnetta ma anche le sue poche compagne.
Che tiravano slitte nel Tibet.
Pertanto voleva inviare a quei popoli delle catene che avrebbero evitato l'impiego delle cagnette in quei duri lavori.
Vedendo il commissario così buono e gentile pensava che avrebbe pagato lui.
Che tempi!

Come ha fatto a capire il commissario?
Dal biglietto del presunto ricattatore.
Nessun ricattatore avrebbe scritto 'regalare'

La conclusione

Il Mistero Di Venerdì è giunto ormai alla conclusione. La Cantiani Pubblicità & Marketing è la promotrice di questa singolare iniziativa pubbligiocosa. Un' iniziativa in sintonia con il clima vacanziero che fa da sfondo alla lettura di questo numero di "Il Venerdì".
La Cantiani P&M ringrazia i seguenti Clienti che ne hanno resa possibile la realizzazione:

CARNINI S.p.A.
CONSORZIO TUTELA TALEGGIO
F.LLI LATINO s.n.c.
E. MAURI S.p.A.
ICAM S.p.A.
ISCO - ISTITUTO SUPERIORE COMUNICAZIONE
ITALAUDIO S.p.A.
KÖNIG S.p.A.
LA METALTECNICA F.LLI VENELLI s.r.l.
NARDI ELETTRODOMESTICI S.p.A.
PUBLI'S s.a.s.
SICAD S.p.A.
VERGA - SPUMADOR FONTE S. ANTONIO S.p.A.

Soluzione del documento 1

L'agenzia

Ogni problema di comunicazione
per la Cantiani Pubblicità & Marketing è un caso.
Da risolvere. Nell'interesse del cliente.
Per farlo conoscere meglio, per farlo vendere di più.

Sapete?
Per la Cantiani P&M non risolvere i problemi
del cliente è un delitto!

IL MISTERO DI VENERDÌ

L'autore

L'autore non è - come potreste pensare - un tardo
epigono di Dashiell Hammet.

Più italianamente è un'agenzia di pubblicità:
la Cantiani Pubblicità & Marketing.

Soluzione del documento 1

A mo' di... Romanzo Rosa,

o come parlare d'amore

8

I ROMANZI DI
GIOIA

I SOGNI NON BASTANO

Si avvicina il momento della verità: Hap divorzia dalla moglie, lascia il film non finito, e parte per un centro medico nello Zaire: il suo è un fatale appuntamento col destino

DI JACQUELINE BRISKIN

RIASSUNTO

Alyssia Del Mar, una diva hollywoodiana, ha riunito tutti i parenti dell'ex marito Barry Cordiner. E si rievoca il suo passato: prima di diventare Alyssia Del Mar, è Alice Hollister, figlia di padre ignoto. Poverissima, a 15 anni per trovare lavoro si fa passare per messicana, si fa chiamare Alicia Lopez. Sposa Barry Cordiner, parente povero di una ricca famiglia di produttori cinematografici. Alicia trova lavoro come comparsa cinematografica e diventa l'amante di Hap Cordiner, cugino del marito. Il padre di Hap, il potente Desmond Cordiner, le impone di lasciarlo e la manda a lavorare in Francia con Barry. Alyssia si ammala gravemente. Il marito la lascia e lei riprende, convalescente, i rapporti con Hap. Barry, ubriaco, viene arrestato dopo una rissa. Alyssia lo fa rilasciare e poi gli resta accanto anche se il suo cuore è tutto per Hap che però ha sposato Madeleine. Robert Lang, un mafioso, finanzia il film che Alyssia, incinta di Barry, gira con Hap in Africa. Con lei c'è la cognata Beth, che per stare con lei ha lasciato a Los Angeles la figlia subnormale Clarrie.

Alyssia era nel bagno della suite del *Norfolk* che divideva con Beth. Il dottor Josef Kazimir, avvertito da Derek, il cacciatore bianco, aveva appena finito di visitarla. «Cara Miss del Mar», aveva sentenziato, «sono felice di assicurarle che il piccolino è sano e salvo.»

Alyssia diffidava dei medici; ma restava il fatto che l'emorragia era cessata.

Si girò verso il grande specchio e si strinse nella vestaglia di seta per evidenziare la curva del ventre.

La porta della suite si aprì e si chiuse. «Sono io», disse Beth. Aveva accompagnato il dottore fino alla veranda dell'albergo nella speranza di avere qualche notizia più dettagliata.

Alyssia andò in soggiorno. «Che altro ti ha detto?»

«Niente. Ha ripetuto che va tutto bene, ma che devi essere prudente.»

«Questo è certo. Niente più busto. Hap e io dovremo trovare una soluzione.» Alyssia notò un lampo negli occhi della cognata e soggiunse: «Ma prima voglio sentire che progressi ha fatto Barry».

«Devi dirglielo», sentenziò Beth con affettuosa fermezza. «Il bambino è più importante di tutti i romanzi del mondo».

«Sst!» Alyssia si accostò l'indice alle labbra. «Non dirlo mai a uno scrittore... o a sua moglie.»

«Perché non ti sdrai di nuovo? Dirò al centralino di fare la chiamata.» Beth aveva già prenotato la comunicazione con Irving.

Arrivò prima la chiamata da Belleville-sur-Loire. Alyssia, che stava prendendo il tè con Beth, si alzò per andare a parlare dalla camera da letto.

«Tesoro, che coincidenza!» esclamò Barry in tono esultante. «Stavo per mandarti un cablo. Undici minuti fa ho scritto la parola FINE.»

«Barry! È fantastico!»

«Naturalmente dovrò rivedere il testo e poi le bozze.»

«Ho una notizia da darti», disse lei.

«Come va il film?»

«Si tratta di noi.» Alyssia degluti.

1. Osservate il documento 1:

- di che cosa si tratta?
- chi è l'autore?
- qual è il titolo?
- da chi viene pubblicato? come?
- a che tipo di pubblico è destinato? quali elementi lo provano?
- che cosa appare a sinistra? che funzione ha?
- qual è la risposta alla domanda?
- che cosa appare sotto il titolo? che funzione ha?
- che cosa rappresenta la fotografia?

2. Fate il ritratto fisico e psicologico della protagonista a partire dalla sua foto (età, portamento, vestiti, occhi, sguardo, capelli, trucco, dettagli, probabile temperamento, probabili aspirazioni e desideri).

Giustificate la scelta del suo nome.

3. Leggete *"I sogni non bastano"*:

- qual è l'atmosfera che predomina nelle vicende narrate (vita ordinaria o straordinaria? vita raffinata, "normale", comune, vita elegante, ...)?
- qual è l'ambiente in cui si svolgono le vicende (luoghi di vita quotidiana, luoghi esotici, luoghi di lavoro, ...)?
- a quale ambiente sociale appartengono i personaggi e la protagonista?
- le vicende narrate hanno uno svolgimento lineare o sono ricche di colpi di scena, di drammi e imprevisti?
  (cercate almeno due esempi di colpi di scena nel riassunto del romanzo)
- qual è la situazione della protagonista femminile all'inizio del romanzo? che cosa le manca?
- fate l'elenco degli uomini con cui la protagonista ha a che fare e, accanto al loro nome, indicatene la caratteristica principale:

Esempio:

suo padre	=	ignoto
Barry Cordiner	=	parente povero di una ricca famiglia, ...
....	=	....
....	=	....
....	=	....
....	=	....

- con quale fra questi uomini la protagonista forma la coppia centrale attorno alla quale si intreccia la storia?

documento 1
Gioia,
data non rinvenuta

....

- fate l'elenco degli ostacoli che impediscono alla protagonista di realizzare il suo sogno d'amore:

Esempio:

il padre di Hap

....

....

....

....

4. A partire dalle osservazioni fatte, inventate

- il nome di un'eroina da romanzo rosa: ....
- il titolo del romanzo rosa: ....

5. **Scrivete la prima frase del romanzo della sua vita (naturalmente deve già essere una sintesi promettente dell'atmosfera e dell'intreccio del romanzo)**

....

....

6. Redigete il riassunto* della* decima puntata *di questo nuovo romanzo seguendo questo schema:

- un inizio difficile
- incontro determinante
- la scoperta dell'amore
- ostacoli e primi conflitti
- la disillusione
- il vuoto, il distacco dall'amore
- viaggio meraviglioso
- nuova passione
- prime tensioni
- dramma, rivelazioni

* **Quale tempo verbale scegliete per la redazione?**

Riassunto:

....

....

....

....

....

....

....

....

7. **Seguendo l'esempio di "I sogni non bastano", redigete il sottotitolo del vostro romanzo in forma di domanda (35 parole): lasciate presagire il seguito della vicenda, a partire dal punto in cui l'ha lasciata il vostro riassunto.**

....

....

8. **Descrivete in alcune righe la situazione iniziale dell'undicesima puntata.**

....

....

9. ***Il vostro romanzo ha un titolo, un sottotitolo, un riassunto delle puntate precedenti, l'inizio della puntata seguente: manca la fotografia della protagonista.***

Descrivetela:

- che cosa deve apparire di questa donna?
- quali sono le caratteristiche fisiche da mettere in evidenza?
- quali tratti di temperamento devono trasparire?

10. ***Il vostro romanzo sarà pubblicato integralmente.***

Create la copertina del libro (potete ispirarvi al documento 2):

- colore della copertina
- nome dell'autore (uomo o donna? pseudonimo? italiano, straniero? precede o segue il titolo del romanzo nella copertina? perché?)
- titolo del romanzo (quali caratteri tipografici?)
- illustrazione (disegno? fotografia? di che cosa? in primo piano? sullo sfondo? a colori? in bianco e nero? in che rapporto sta con il titolo?)
- nome della collezione, simbolo grafico

e la quarta di copertina:

- titolo del romanzo
- riassunto della storia con suspence
- slogan pubblicitario della collana (frase significativa dei temi toccati nei libri di questa collana) o dell'autore del romanzo

COLLEZIONE HARMONY
IL GIARDINO D'INVERNO
ROSALIND COWDRAY
L'arrivo di Jennifer getta lo scompiglio nell'austera e antica dimora di Winslow. Come un caldo e profumato vento d'estate, la ragazza, bellissima e provetta giardiniera, provoca un autentico rigoglio non solo floreale ma anche sentimentale, fatto di sfide amorose nei cuori del severissimo Dale e del biondo, intraprendente Rick, suo fratello. Le cose si complicano ulteriormente quando Delia, affascinante ex fidanzata di Dale, decide di riconquistare il suo perduto amore mettendo così in serio pericolo il posto di lavoro di Jennifer. Ma Rick...
ROSALIND COWDRAY, scrittrice d'indubbia vena narrativa, sa alternare momenti lirici a situazioni realistiche mantenendo costantemente vivo l'interesse del lettore.
Lire 3.100
Prezzo di vendita in Svizzera Frs. 4.30
Prezzo di vendita in Canton Ticino Frs. 3.90
0056471–6
Sped. in Abb. Post. T.R.E. Aut. n. 21470/2LL del 30-10-1981 DIRPOSTEL VERONA
IL GIARDINO D'INVERNO
R. COWDRAY
881
COLLEZIONE HARMONY
IL GIARDINO D'INVERNO
ROSALIND COWDRAY

documento 2

ESERCIZI

a. **Osservate il documento 3.**

- di che cosa si tratta?
- che rapporto esiste tra parole e immagine?
- c'è uno slogan?

Definite il tipo di uomo evocato

- età e statuto sociale
- abitudini, tipo di vita, ambienti frequentati
- valori

Qual è il tempo verbale utilizzato? Perché?

b. **Immaginate l'incontro di questo uomo con la protagonista femminile della pubblicità.**
Alla narrazione del loro incontro, dovrete assolutamente integrare, nell'ordine di vostro gradimento, queste frasi:

- *Alle sei di sera la città cadeva in mano dei consumatori.*
- *Fu allora che vide un coniglio in una gabbia.*
- – *Niente a che fare con i tram* – *spiegò M.* – *Vanno in montagna.*
- – *È il trecentododicesimo regalo che arriva,* – *disse la governante.*
- *C'era, in un angolo della piazza, sotto una cupola d'ippocastani, una panchina appartata e semideserta.*

(da I.Calvino, Marcovaldo)

c. **Trasformate l'incontro d'amore che avete descritto in una puntata di fotoromanzo:**

- in quante foto la suddividete?
- quali elementi entrano nella scenografia?
- descrivete i personaggi;
- alcune didascalie possono essere utili per commentare la situazione o per elidere parti lunghe della narrazione riassumendone l'essenziale: prevedetene una all'inizio e una alla fine della puntata;
- scegliete i dialoghi da trascrivere in fumetti e i brevissimi commenti da mettere in alto, in ogni immagine.

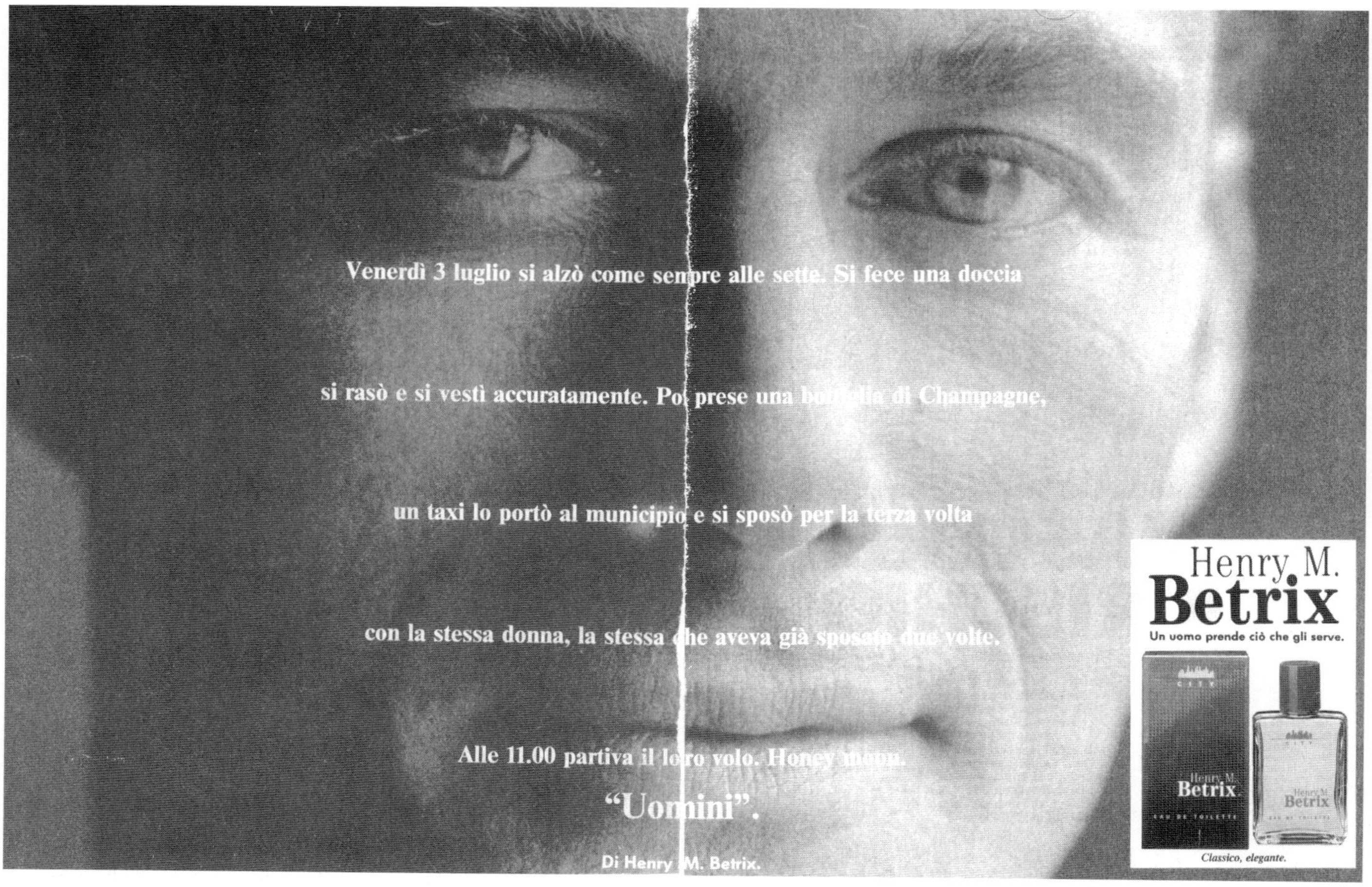

documento 3

Venerdì 3 luglio si alzò come sempre alle sette. Si fece una doccia
si rasò e si vestì accuratamente. Poi prese una bottiglia di Champagne,
un taxi lo portò al municipio e si sposò per la terza volta
con la stessa donna, la stessa che aveva già sposato due volte.
Alle 11.00 partiva il loro volo. Honey moon.
"Uomini".
di Henry M. Betrix

d. **Nel documento 4 trovate la pagina di un quotidiano consacrata ai programmi radiotelevisivi della giornata.**

Come si chiamano, in televisione, i programmi "rosa" che raccontano a puntate le avventure e disavventure amorose di una protagonista femminile?

Cercatene degli esempi nei programmi dei canali della Rai e delle televisioni private:

- a che ora vengono trasmessi generalmente questi programmi? a chi sono destinati?
- qual è il canale specializzato in questo tipo di programmi?

Trascrivete tutti i titoli di *telenovela* che trovate:

....
....
....
....
....
....
....
....
....
....
....
....
....

Per una di queste *telenovela*, immaginate un possibile *canovaccio* di romanzo rosa a partire dalle situazioni suggerite dal titolo.

....
....
....
....
....
....
....
....
....
....

e. **Leggete il documento 5: qual è il peso dei romanzi rosa nelle vendite di pubblicazioni in edicola?**

PAGINA **34** □ la Repubblica venerdì 11 febbraio 1994 **i programmi radiotelevisivi di oggi**

RAIUNO

6.00	**UNA BELLA DOMENICA DI SETTEMBRE A CAVIRAGO AL LAMBRO**
6.45	**UNOMATTINA TG 1 - FLASH (7.30-8.30)**
7-8-9	**TG 1 - MATTINA**
7.35	**TG R - ECONOMIA**
9.30	**TG 1 - FLASH**
9.35	**CUORI SENZA ETA'** - Telefilm
10.00	**TG 1 - FLASH**
10.05	**LA LEGGE DELLA PISTOLA** - Film (1959). Regia di Christian Nyby. Con Robert Loggia, James Dunn, James Drury, Lynn Bari
11.00	**DA MILANO TG 1**
11.05	**LA LEGGE DELLA PISTOLA** - Film (2° tempo)
11.30	**CALIMERO** - Cartoni animati
12.00	**BLUE JEANS** - Telefilm
12.25	**CHE TEMPO FA**
12.30	**TG 1 - FLASH**
12.35	**LA SIGNORA IN GIALLO** - Telefilm
13.30	**TELEGIORNALE**
14.00	**WEEK END** - Cronache italiane
14.20	**IL MONDO DI QUARK** - A cura di Piero Angela
15.00	**UNO PER TUTTI**
–	**SARANNO FAMOSI - Telefilm**
16.00	**DELFY E I SUOI AMICI** - Cartoni animati
16.25	**LASSIE** - Telefilm
17.00	**BIG! NEWS**
17.10	**ZORRO** - Telefilm
17.30	**UNO PER TUTTI** - Studio
–	**APPUNTAMENTO AL CINEMA**
17.55	**OGGI AL PARLAMENTO**
18.00	**TG 1**
–	**Previsioni sulla viabilità**
18.15	**A GRANDI CIFRE** - Speciale sulla privatizzazione della Comit
19.10	**FORTUNATAMENTE INSIEME**
19.40	**ALMANACCO DEL GIORNO DOPO**
19.50	**CHE TEMPO FA**
20.00	**TELEGIORNALE**
20.30	**TG 1 SPORT**
20.40	**AL VOTO AL VOTO** - Conduce Lilli Gruber
22.30	**TG 1**
22.35	**DELITTO IN PIENO SOLE** - Film (1959). Regia di René Clément. Con Alain Delon, Marie Laforêt, Maurice Ronet

0.20 **Tg 1 Notte - Che tempo fa**; 0.50 **Oggi al Parlamento;** 0.55 **Dse** - Sapere **- I segreti del bel canto;** 1.25 **Patente da campioni;** 2.15 **Carny, un corpo per due uomini** - Film. Regia di Robert Kaylor. Con Gary Busey, Jodie Foster; 3.55 **Tg 1** (replica); 4.00 **Che bel regalo** - (Film). Regia di Norman Z. McLeod. Con W.C. Fields, Baby Leroy; 5.05 **Divertimenti**

RAIDUE

6.35	**CONOSCERE LA BIBBIA**
6.40	**NEL REGNO DELLA NATURA** - Documentario
7.05	**PICCOLE E GRANDI STORIE: TIC TAC SVEGLIA** - Cartoni
7.25	**L'APEMAIA** - Cartoni
7.50	**L'ALBERO AZZURRO**
8.20	**I DINOSAURI** - Cartoni
8.45	**TG 2 - Mattina**
9.05	**LASSIE** - Telefilm
9.30	**QUANDO SI AMA** - Serie televisiva
10.50	**DETTO TRA NOI MATTINA** - Conduce Mita Medici
11.45	**Da Napoli TG 2 - Telegiornale**
12.00	**I FATTI VOSTRI** - Conduce Giancarlo Magalli
13.00	**TG 2 - ORE TREDICI**
13.25	**TG 2 - Economia**
13.35	**METEO 2**
13.40	**SUPERSOAP**
–	**BEAUTIFUL**
14.00	**I SUOI PRIMI 40 ANNI** - Conduce Enza Sampò
14.20	**SANTA BARBARA**
15.10	**DETTO TRA NOI - Quotidiano di cronaca e costume**
16.50	**SPAZIOLIBERO**
17.15	**Da Milano TG 2 - Telegiornale**
17.20	**DAL PARLAMENTO**
17.25	**IL CORAGGIO DI VIVERE** - In studio Riccardo Bonacina e Giovanni Anversa
18.20	**TGS Sportsera**
18.30	**IN VIAGGIO CON SERENO VARIABILE** - Un programma di Osvaldo Bevilacqua
18.45	**HUNTER** - Telefilm
19.35	**METEO 2**
19.45	**TG 2 - TELEGIORNALE**
20.15	**TG 2 - LO SPORT**
20.40	**I FATTI VOSTRI** - Conduce Giancarlo Magalli
23.00	**HO BISOGNO DI TE** - Un programma di Giovanni Anversa e Pierguido Cavallina
23.15	**TG 2 NOTTE**
23.30	**METEO 2**
23.35	**INDIETRO TUTTA!** - Presenta Nino Frassica. Regia di Renzo Arbore
0.35	**Appuntamento al cinema;** 0.40 Milano: **Tennis ATP Tour;** 2.00 **Tg 2 Notte** (replica); 2.15 **Videocomic;** 3-6.40 **Università**

RAITRE

6.25	**TG 3 - Edicola**
6.45	**LALTRARETE DSE - Passaporto**
7.00	**DSE - Scuola aperta**
7.30	**DSE - Tortuga**
8.30	**DSE - Tortuga Doc**
9.15	**Da Milano: PROCESSO CUSANI** - Telecronaca diretta
14.00	**TGR** - Telegiornali regionali
14.20	**TG 3 - Pomeriggio**
14.50	**FIGARO QUA, FIGARO LÀ** - Un programma di Paolo Gazzarra e Rosaria Bronzetti
15.15	**DSE - L'occhio del faraone** - Di Luigi Necco
15.45	**Pallacanestro femminile:** Campionato italiano **TGS andiamo a canestro**
16.50	**Norvegia: Lillehammer** - Olimpiadi invernali: Speciale TGS Tutti i colori del bianco
17.15	**Milano: Tennis ATP Tour**
18.00	**GEO**
18.35	**TG3 SPORT**
18.40	**INSIEME**
	METEO 3
19.00	**TG 3**
19.30	**TGR** - Telegiornali regionali
19.50	**Blob Cartoon**
20.05	**Blob. Di tutto di più**
20.25	**Una Cartolina spedita da Andrea Barbato**
20.30	**Un giorno in Pretura**
22.30	**TG 3 Ventidue e trenta - Meteo**
22.45	**MILANO, ITALIA** - Un programma di Enrico Deaglio
23.45	**IL CUORE DI PULCINELLA** - Un film di Leonid e Larissa Alekseychuk. Coreografia di Leonid Yakbson
0.45	**TG 3 nuovo giorno - L'edicola - TG Terza - Meteo**
1.15	**Fuori orario. Cose (mai) viste**: **The Last Command** - Film (1928). 1ª visione tv. Regia di Josef Von Sternberg. Con Emil Janings, William Powell; 2.45 **Blob. Di tutto di più**, replica; 3.00 **Una Cartolina**. Replica; 3.05 **Milano, Italia**. Replica; 4.00 **TG 3 Nuovo giorno**. Replica; 4.30 **Amazzoni bianche** (1936). Film. Regia di Gennaro Righelli. Con Paola Barbara, Sandro Ruffini, Luisa Ferida; 5.45 **Videobox**; 6.10 **Schegge**.

documento 4

Circuiti Nazionali

RETEQUATTRO

6.30 **UNA FAMIGLIA AMERICANA** - Telefilm
7.15 **I JEFFERSON** - Telefilm
8.00 **QUI ITALIA**
8.10 **PICCOLA CENERENTOLA** - Telenovela
8.35 **ANIMA PERSA** - Telenovela
9.00 **BUONA GIORNATA** - Conduce Patrizia Rossetti. Comprende:
9.30 **TG 4**
9.45 **SGARBI QUOTIDIANI**
10.00 **SOLEDAD** - Telenovela
10.45 **FEBBRE D'AMORE** - Telenovela
11.15 **LUOGO COMUNE**
11.30 **MADDALENA** - Telenovela
11.55 **TG 4** - Con interprete linguaggio dei segni
12.30 **CELESTE** - Telenovela
13.30 **TG 4**
14.00 **SENTIERI** - Teleromanzo
15.00 **SPECIALE FILM MALICE**
15.30 **PRINCIPESSA** - Telenovela
16.00 **CAMILLA... PARLAMI D'AMORE** - Telenovela
17.00 **LA VERITÀ** - Conduce Marco Balestri
17.30 **TG 4** - (con interprete linguaggio segni)
17.35 **LA VERITA'** - Conduce Marco Balestri
18.00 **FUNARI NEWS**
19.00 **TG 4**
19.30 **PUNTO DI SVOLTA** - Conduce G. Funari
20.30 ♦ **TI AMERO' FINO AD AMMAZZARTI** - Film. Con Kevin Kline, Tracey Ullman. Regia di Lawernce Kasdan
22.45 **ESSI VIVONO** - Film (1972). Con Roddy Piper, Keith David. Regia di John Carpenter
23.30 **Tg4 Notte** - Interprete linguaggio segni; 0.20 **Radio Londra**; 0.30 **Rassegna Stampa**; 0.40 **Speciale film Malice**; 1.15 **Funari News**; 2.00 **TG4 rassegna stampa**; 2.10 **Punto di svolta**; 3.00 **Lou Grant** - Telefilm; 4.00 **Lucrezia Borgia** - Film. Regia di C. Jacque; 5.30 **Dragnet** - Telefilm; 6.00 **Murphy Brown** - Telefilm

canale 5

6.30 **TG 5 PRIMA PAGINA**
9.00 **MAURIZIO COSTANZO SHOW** - Replica
11.45 **FORUM** - Condotto da Rita Dalla Chiesa
13.00 **TG 5**
13.25 **SGARBI QUOTIDIANI**
13.40 **LASCIATE UN MESSAGGIO** - Con Alberto Castagna
14.00 **SARÀ VERO?** - Condotto da Alberto Castagna
15.00 **AGENZIA MATRIMONIALE** - Conduce Marta Flavi
16.00 **A TUTTO DISNEY** - Cartoni
17.59 **FLASH TG5**
18.00 **OK IL PREZZO E' GIUSTO** - Condotto da Iva Zanicchi
19.00 **LA RUOTA DELLA FORTUNA** - Conduce Mike Bongiorno
20.00 **TG 5**
20.25 **STRISCIA LA NOTIZIA**
20.40 **AMARE VUOL DIRE...** - Conduce Mike Bongiorno
22.45 **PROSCIUTTI DA HOLLYWOOD**
23.15 **MAURIZIO COSTANZO SHOW**
24.00 **Tg5**; 1.30 **Sgarbi quotidiani**; 1.45 **Striscia la notizia**; 2.00 **Tg5 Edicola**; 2.30 **Zanzibar** Telefilm; 3.00 **Tg5 Edicola**; 3.30 **A tutto volume**; 4.00 **Tg5 Edicola**; 4.30 **I cinque del quinto piano** - Telefilm; 5.00 **Tg5 Edicola**; 5.30 **I documentari**; 6.00 **Tg5 Edicola**

ITALIA 1

6.30 **CIAO CIAO MATTINA** - Cartoni
9.15 **LUOGO COMUNE** - Replica
9.30 **O DI QUA O DI LA'** - Replica
11.30 **A-TEAM** - Telefilm
12.00 **ADAM 12** - (telefilm)
12.30 **STUDIO APERTO**
12.35 **QUI ITALIA**
12.50 **CIAO CIAO E CARTONI ANIMATI**
14.00 **STUDIO APERTO**
14.20 **LUOGOCOMUNE** - Conduce Davide Mengaggi
14.30 **NON E' LA RAI** - Di Gianni Boncompagni
16.00 **SMILE** - Con F. Panicucci, T. Schiavo, S. Gallarini
16.02 **I RAGAZZI DELLA PRATERIA** - Telefilm
17.05 **AGLI ORDINI PAPA'** - Telefilm
17.40 **STUDIO SPORT**
17.54 **SUPERVICKY** - Telefilm
18.30 **BAYSIDE SCHOOL** - Telefilm
19.00 **WILLY, IL PRINCIPE DI BEL AIR** - Telefilm
19.30 **STUDIO APERTO**
19.50 **RADIO LONDRA**
20.00 **KARAOKE**
20.35 **FILM da definire**
22.30 **O DI QUA O DI LA'** - Programma di informazione
0.10 **Luogocomune**; 0.20 **Sgarbi quotidiani**; 0.30 **Qui Italia**; 0.45 **Studio sport**; 1.15 **Radio Londra**; 1.40 **Starsky e Hutch** - Telefilm; 2.30 **A-Team** - Telefilm; 3.30 **Segni particolari genio** - Telefilm; 4.00 **I ragazzi della prateria** - Telefilm; 5.00 **Baby sitter** - Telefilm; 5.30 **Willy, il principe di Bel Air** - Telefilm; 6.00 **Bayside School** - Telefilm

documento 4

Dossier

Alfabeto, lettura, *media*

Tab. 3 - Classifica dei libri di narrativa più adottati nella scuola media (anno scolastico 1988-89)

1ª media

(1) Calvino, *Marcovaldo*, Einaudi
(2) Savino, *Il ragazzo con la cetra*, Mursia
(3) Orvieto, *Storia delle storie del mondo*, Giunti
(4) Botto, *Nettare per gli dei, spade per gli eroi*, Capitello
(5) *Racconti mitici*, Fabbri
(6) D'Aniello, *Lascia che ti racconti*, Derva
(7) Chiara, *L'avventura di Pierino*, Arnoldo Mondadori
(8) Terribili, *Favole e fantasia*, Mursia
(9) Burnett, *Il giardino segreto*, De Agostini
(10) Ragozzino, *Storie d'oro*, Ferraro

2ª media

(1) Basso, *Il coraggio di parlare*, Fabbri
(2) Boccaccio, *Il Decamerone* (a c. di Piero Chiara), Arnoldo Mondadori
(3) Righini-Ricci, *I giorni della luna crescente*, Bruno Mondadori
(4) Calvino, *Marcovaldo*, Einaudi
(5) Fabretti, *I ragazzi del condominio*, Le Monnier
(6) Bruschi, *La zappa, la croce, la spada*, Il Capitello
(7) Hende, *Momo*, SEI
(8) Guerra, *Storie dell'anno Mille*, Fabbri
(9) Guidi, *Affresco*, Fabbri
(10) Chesterton, *Padre Brown, il prete poliziotto*, Mursia

3ª media

(1) Righini-Ricci, *I giorni della luna crescente*, Bruno Mondadori
(2) Raia, *Dal Novecento a oggi*, Mursia
(3) Lee, *Il buio oltre la siepe*, Loescher
(4) Benazzo, *Problemi d'oggi*, Petrini
(5) Verga, *Jeli il pastore e altre novelle*, Bruno Mondadori
(6) Manzoni, *I promessi sposi* (a c. di Garavaglia), Mursia (a)
(7) " " " (a c. di Ghilardi), Derva (a)
(8) " " " (a c. di Bertocchi), Bruno Mondadori (a)
(9) La Magna, *Dossier: aspetti del mondo contemporaneo*, Ferraro
(10) Silone, *Fontamara*, Arnoldo Mondadori

(a) I *Promessi sposi* occupano il 6°, 7° e 8° posto nelle varie edizioni, ma come opera singola sono, per il numero delle adozioni, al 1° posto

Fonte: Elaborazione su dati forniti dalle case editrici

5. Le letture d'evasione e l'edicola

I dati sulla produzione per l'edicola e sulle vendite relative sono difficilmente reperibili e spesso approssimativi. Tuttavia le tabelle che seguono, sebbene riguardino solo alcuni settori, offrono un'idea generale della notevole quantità di pubblicazioni che passano attraverso l'edicola. Così, se da una parte c'è da non essere soddisfatti della lettura e delle vendite dei libri in libreria, occorre tenere maggior conto del canale dell'edicola, alla quale quotidianamente si avvicinano milioni di individui. Ci siamo limitati a riportare i dati riguardanti le letture d'evasione, perché esse occupano uno spazio privilegiato dell'edicola e perché appaiono tanto apprezzate dagli italiani: una tendenza davvero opposta a quella della scuola che, invece, come si è visto dalla Tab. 3, è più preoccupata di istruire che di formare il gusto della lettura.
Rispetto ai libri presenti in edicola, balzano agli occhi le cifre relative ai romanzi rosa: la sola Mondadori immette nel mercato ben 34 titoli ogni mese (cfr. Tab. 5). Va aggiunto che, se consideriamo anche le altre case editrici (fra cui va ricordata la Curcio), i titoli raggiungono circa le 60 unità, il che significa che nelle nostre edicole entrano circa due nuovi titoli di romanzi rosa al giorno. Un ulteriore dato: nel 1987 la Mondadori ha venduto circa 15 milioni di copie dei romanzi rosa "Harmony".

Tab. 4 - Principali pubblicazioni periodiche Mondadori per l'edicola

Collana	Periodicità	Prezzo	Copie distribuite in edicola
Il giallo Mondadori	settimanale	3.500	30.000
I classici del giallo	quattordicinale	4.500	35.000
Estate gialla (antologia)	annuale	8.000	43.000
Inverno giallo (antologia)	annuale	8.000	43.000
Segretissimo (spionaggio)	quattordicinale	3.500	26.000
Sas Giro del mondo con Malko Linge	mensile	4.500	17.500
Inverno spia	annuale	8.000	23.000
Estate spia	annuale	8.000	23.000
Urania (fantascienza)	quattordicinale	3.500	33.000
I classici di Urania	mensile	4.500	19.000
Millemondi Estate	annuale	8.000	45.000
Millemondi Inverno	annuale	8.000	45.000
Fantasy (novità 1988)	mensile	4.000	49.000
I romanzi (genere rosa)	mensile	5.000	14.000

Fonte: Dati forniti dall'Ufficio stampa della casa editrice Mondadori, riferiti all'anno 1989

Tab. 5 - Libri Harmony immessi nel mercato ogni mese (a)

Titoli della serie	Numero dei titoli
Collezione Harmony	6
Harmony Destiny	6
Harmony Jolly	6
Harmony Bianca	4
Harmony Oro	3
Romanzi Americani	2
Harmony Intrigue	2
Serie Zodiaco	1
Harmony Teen Ager	4
Totale	34

(a) va aggiunta la serie Harmony Bestseller, che esce ogni due mesi, ha un numero doppio di pagine e costa £ 4900. Le altre serie hanno circa 150 pagine (con l'eccezione della Serie Oro che ne ha 300) e un costo medio di £ 2100

documento 5 "Alfabeto, lettura, media. Dati statistici e commenti" a cura di Ermanno Detti, in Lettera dall'Italia, data non rinvenuta.

A mo' di... Alfabeto,

o come comporre un abbecedario

9

LA BUSTINA DI MINERVA

di Umberto Eco

Personaggi tocca a voi

Ed ecco l'alfabeto dei personaggi, già annunciato nella scorsa bustina. Lo spazio mi consente di proporre solo tredici lettere. Mi scuso.

Athos. Appaio amaro? Aramis, Artagnan, ascoltate. Amavo appassionatamente. Assistendo amata avvertii algido avviso. Avevo adorato adultera acclarata. Abbandonai avito albergo, andai ad armarmi, arso assaporai assenzio, alcoolizzandomi. Adesso avvedomi: astuta avventuriera ancora aggirasi attorno. Ammaliando ardente assistente, assassinò aristocratico anglosassone, addolorando Anna Austriaca. Aprendo anello, avvelenò angelica ancella. Aspide! Assez. All'alba, avviamoci all'acqua: artigiano atroce, arma alzata, asportale altero aspetto, ammutoliscila.

Bovary. Beata badavo bambina bastandomi babbione bioclinico. Banale. Beffata balordi bouquins, bellimbusti birbanti, bevetti brividi, barcollai bruciata. Borghese bas-bleu.

Cyrano. 1: Critico cardinali, colpisco commediografi cadenti. **2**: Cadetti, Carbonello ci chiama! Cuciniere, cuoci chicche, che cuccagna! Che ciangotta costui? Camuso? Celiando, consiglierei "cilindrico, corposo, cheratinoso, cuneiforme, collodiano!". Comunque, chi cachinna crepa. Credevo che concupita creatura concedessemi cuore. Col cavolo. Cade cotta Cristiano. **3**: Collaboro. Chi compone, chi coglie. Colombi convolano, congiacciono. **4**: Conquistando collina, concorrente cade. Candida cocotte crede corrispondenza. Contestare? Che cale? **5**: Cugino costante, continuo canovaccio. Colei cuce, chiusa convento, curvata cocente condoglianza. Cotidianamente commemoro compianto congiunto. Cademi cornicione capo. Cerebralmente colpito, canto canute chimere, commosso confesso. Colei chinasi carezzevole, capisce, colmandomi celeste calore. Chiudo cavallerescamente crudele commedia.

Des Esseintes. Dandy, divorato dal demone del decadentismo, dilapido danari dimorando dentro deliranti diorami. Drappeggio damaschi, dispongo dalmatiche diaboliche; dipsomane, delibo dolciastri deliquii, degusto debilitanti decotti. Decifro dorsi dorati, decorati di diaspro, diademi di diamanti, dimenticati digesti, desueti dettagli, depravate delizie. Donde discernerà, discepolo devoto, D'Annunzio.

Edipo. Ellenico erede esiliato, esule errando erroneamente elimino Egli. Efferata ecatombe! Esplico enigmi egizi, eleggonomi esarca, eccito eroticamente Ella. Empio epitalamio, esecrabile equivoco! Eros esprime esiziale Es! Esplosa epidemia, ebete eludo esatta epitome. Eppure era esplicito! Esodo: Essa esulcerata esala estrema espirazione. Espiando, emulo eclissi. Entro epopea eterna, emblema esistenza.

Faust. Fermati! Fantastico!

Giovanni (Don). Gonze gentili, gineceo galiziano giunge grandezze galattiche! Godo. Gulp! Gelido, glauco gigantesco gentiluomo gettami gheenna. Giustamente.

Marcel. Mamma, mi molce miscela melliflua. Masticando madeleines memoro momenti magici. Morire, mescolando moti miocardici, motivi mnestici, mormorando memorie minime, massima meta.

Raskolnikov. Rinnegando regole, ritenendo realizzare retta rivendicazione, randello repellente rugosa russa. Raccatto rado rififi. Retroattivamente recrimino, raccapriccio. Ricerco redenzione.

Sorel, Julien. Sfumate speranze Sant'Elena, seduco signora sindaco, sfiniscomi seminario, sogno sposare sublime signorina, sfioro soglia sistemazione sociale. Strafaccio. Sparo. Scarlatto, scuro, si sbaglia sempre.

Tristano. Thomas trouveur tramanda tenero tragico tandem. Tentati tradire, trascinati tentazione, tratteniamoci, temperanti, tremebondi tempesta. Tormentasi tiranno turbato: tollera. Troppo tremore. Tracollo. Thanatos tesse tela tremenda.

Ulisse. Ustionai un uniciglio, udii umide ululanti umanoidi, uomini urlarono, ungulati umiliati. Un uscio, un uggiolio... Unico unigenito, uniamoci. Uccido usurpatori. Uniscomi uxorio. Ulteriormente, urgemi ultima uscita ultramarina, universale utopia. (Un undergraduate Ulsterofobo utilizzerà uguale Urform).

Valmont. Visconte vizioso, vellicato viscida vedova vergante velenose veline, vagheggiai vergine Volanges, vidi vacillare virtù venusta vicepresidentessa. Violate, vestiranno velo. Vile vipera va, vittima vaiuolo. Vengo vulnerato: vince verità.

1. Osservate il documento 1

- che cos'è?
- chi scrive? dove? quando?
- a chi scrive?
- che cosa rappresenta l'illustrazione?

2. Osservate il testo:

- in quante parti può essere suddiviso?
- che cosa distingue ogni parte dall'altra?
- in quale ordine sono disposte?

3. Identificate i personaggi in grassetto:

- chi sono: Athos, Bovary, Cyrano, ecc.?

4. Raggruppate i personaggi dell'alfabeto di U.Eco.

- per epoca
- per paese
- per genere (romanzo d'amore? epistolare? poema epico? giallo? ...)

In questa Bustina di Minerva, quali letture hanno costituito la "biblioteca" di U. Eco?

5. Leggete le presentazioni dei tredici personaggi (eventualmente, con l'aiuto di un dizionario).

6. Identificate il "funzionamento" dell'alfabeto:

- com'è stata scritta questa bustina di Minerva? quale condizione rispettano questi diversi elementi?
- quali elementi linguistici sono stati utilizzati?
  verbi?
  sostantivi?
  preposizioni?
  aggettivi?
  articoli?
  avverbi?
  ....?
  E la punteggiatura?
  Ci sono parole straniere?
- a quale persona sono coniugati i verbi?

pagina precedente
documento 1
l'Espresso,
22 gennaio 1989

7. Compilate un nuovo alfabeto dei personaggi.

- **Scegliete i vostri personaggi tra quelli:**

dell'opera	**della letteratura**	**del cinema**
Es. Aida	A	A...
B	Beatrice	B...
C	C	C...
D	D	D ....
E....................................	E..................................	E ....
F....................................	F..................................	F ....
G	G	Gelsomina
H	H	H ....
I......................................	I....................................	I..
L	L..................................	L ....
M....................................	M..................................	M ....
N	N	N ....
O....................................	O..................................	O ....
P.....................................	P...................................	P...
Q....................................	Q..................................	Q ....
R.....................................	R..................................	R...
S	S	S ....
T......................................	T....................................	T ....
U	U	U ....
V	V	V...
Z.....................................	Z...................................	Z...

8. **Descrivete un personaggio alla maniera di U. Eco:**

....

....

....

....

9. **Riunite i personaggi di tutta la classe:**

- **a che tipo di "biblioteca" appartengono?**
- **ci sono nomi, autori o opere ricorrenti?**

ESERCIZI

a. **Partecipate all'inchiesta delle librerie Feltrinelli riempiendo la scheda *"Caro lettore, tu cosa leggi?"* (doc.2)**

b. **Cercate queste parole nei documenti 2 e 3, e precisatene il significato:**

saggistica	*opera*	*catalogo*
volume	*annuario*	*romanzo*
corrispondenza	*tipografia*	*diario*
parodia	*poema*	*tascabile*
epigramma	*biografia*	*palindromo*
ex-libris	*raccolta*	*tiratura*
codice miniato	*libreria*	*casa editrice*
stampa	*grammatica*	*biblioteca*

c. **Leggete il documento 4 e fate la vostra offerta.**
Che cosa hanno in comune le parole in corsivo?

Quanto *valgono*
Morite dalla voglia di pubblicare?
Racconti, romanzi interi, capitoli di romanzi, novelle, *fiumi* di poesie.
Continua ad arrivarci *un sacco* di roba.
Paola Sansone *sprona* i lettori di Wimbledon

In certi casi il significato originario delle parole viene modificato dal contesto in cui si trovano.

Esempio:
Se usi la farina, devi *setacciarla* (**uso proprio** di "setacciare" = passare la farina al setaccio)
La polizia *ha setacciato* tutto il quartiere (**senso trasferito** ad un altro contesto: "setacciare"= ricercare minuziosamente)

Potete spiegare i due significati di "Quanto valgono"?

1. .... 2. ....

Potete distinguere i due significati delle altre parole in corsivo?

uso proprio	significato in questo costesto
....	....
....	....
....	....
....	....

Continua l'inchiesta sulla lettura promossa dalle librerie Feltrinelli e dal "Venerdì". Ecco la scheda da riempire, ritagliare e spedire *

Caro lettore, tu che cosa leggi?

CARO LETTORE, TROVA QUI DI SEGUITO ALCUNE DOMANDE SUL TEMA DELLA LETTURA. LE SUE RISPOSTE POTRANNO AIUTARCI A CAPIRE MEGLIO IL COME E IL PERCHÉ DI QUESTA AFFASCINANTE ATTIVITÀ.

QUANTI LIBRI HA COMPERATO NELL'ULTIMO ANNO?

	nessuno	1-4	4-10	+10	
Saggistica	☐	☐	☐	☐	*5*
Letteratura	☐	☐	☐	☐	*6*
Altro tipo	☐	☐	☐	☐	*7*
	1	*2*	*3*	*4*	

DI QUESTI, QUANTI HA POTUTO LEGGERNE?

	nessuno	1-4	4-10	+10	
Saggistica	☐	☐	☐	☐	*8*
Letteratura	☐	☐	☐	☐	*9*
Altro tipo	☐	☐	☐	☐	*10*
	1	*2*	*3*	*4*	

PERCHÉ LEGGE?

Per studiare	☐	*11*
Per aggiornarsi	☐	*12*
Per divertirsi	☐	*13*
Per cercare se stesso	☐	*14*
Per acquietarsi	☐	*15*

LE CAPITA DI COMPERARE UN LIBRO PIÙ PER POSSEDERLO CHE PER LEGGERLO?

Abbastanza spesso	☐ *1*	*16*
Qualche volta	☐ *2*	
Mai	☐ *3*	

documento 2

* *Da inviare a!* Venerdì *di Repubblica via Magenta 5, 00185 ROMA*

La scheda da ritagliare e spedire

SECONDO LEI PER QUALE MOTIVO PREVALENTE DELLE VOLTE SI COMPRA UN LIBRO ANCHE SOLO PER POSSEDERLO?

Perché è uno status symbol	☐	*1*	*17*
Perché dà sicurezza	☐	*2*	
Perché si pensa di leggerlo in futuro	☐	*3*	

DI SOLITO LEI LEGGE:

Il libro tutto intero	☐	*1*	*18*
Solo all'inizio e poi smette	☐	*2*	
Solo alcune parti del libro	☐	*3*	

SE NON FINISCE IL LIBRO CHE HA INIZIATO A LEGGERE, È PERCHÉ:

Non ha più tempo	☐	*1*	*19*
Non le piace, si annoia	☐	*2*	
Ha trovato un altro libro più interessante	☐	*3*	
Altri motivi	☐	*4*	

DI SOLITO, QUANDO LEGGE? (anche più risposte)

Mattina	☐	*20*
Pomeriggio	☐	*21*
Sera	☐	*22*
Nei week-end	☐	*23*
Nella settimana	☐	*24*
Durante le vacanze	☐	*25*
D'estate	☐	*26*

LE CAPITA DI LEGGERE PIÙ VOLTE LO STESSO LIBRO?

Spesso	☐	*1*	*27*
Qualche volta	☐	*2*	
Quasi mai	☐	*3*	

COME LEGGE SOLITAMENTE? (anche più risposte)

Velocemente	☐	*28*
Lentamente	☐	*29*
Sottolineando	☐	*30*
Prendendo appunti	☐	*31*
Ascoltando musica	☐	*32*

DOVE LEGGE?..

LA RINGRAZIAMO PER LE SUE RISPOSTE. LA PREGHIAMO, PER CONSENTIRCI UNA PIÙ PRECISA ANALISI DELLE STESSE, DI INDICARCI

SESSO

maschio	femmina	
☐	☐	*33*

ETÀ

☐ ☐ *34-35*

PROFESSIONE

Imprenditore/dirigente/libero professionista	☐	*1*	*36*
Impiegato/funzionario/insegnante	☐	*2*	
Commerciante all'ingrosso/rappresentante/esercente al dettaglio/artigiano	☐	*3*	
Operaio/fattorino/commesso/autista/lavoro a domicilio	☐	*4*	
Studente/casalinga/pensionato/disoccupato/altro	☐	*5*	

TITOLO DI STUDIO

Elementare	☐	*1*	*37*
Media inferiore	☐	*2*	
Media superiore	☐	*3*	
Laurea	☐	*4*	

REGIONE DI RESIDENZA:.. 38-39

LETTERATURA COME SPORT/IL GUINNESS DEGLI SCRITTORI

Dio batte Mao 4 a uno

di Adriana Polveroni

LA LETTERATURA CONSIDERATA, PROSAI-camente, come sport? Perché no. L'idea (o la provocazione, se si preferisce) è venuta al mensile francese "Lire", diretto da quel mago di "bouillon de culture" che risponde al nome di Bernard Pivot. E a parte le facili analogie che si possono rintracciare tra atleta e scrittore:

> Qual è l'autore più pagato al mondo? E il più venduto? Il più veloce? E il più tradotto, il più prolifico, il più premiato... Ecco tutti i record da quando un cinese inventò la stampa

documento 3
L'Espresso,
7 marzo 1993

concentrazione, preparazione della condizione fisica, controllo dello sforzo, capacità di superare se stessi, doping, affaticamento muscolare, stress psichico ed altro, c'è poco da scandalizzarsi se le prestazioni più eccelse degli scrittori (ovvero: quanti libri vendono) vengono avvicinate a record di altre merci (detersivi, automobili ecc.) o a primati di altro genere (salti, evasioni, matrimoni, resistenza in apnea e altro).

Certo, bisogna superare un'ostinata convinzione, radicata soprattutto nel mondo letterario europeo, secondo la quale l'autore che più vende è quello che vale di meno. Stranota in Italia è, ad esempio, la lamentela dello scrittore Luciano De Crescenzo: la scarsa considerazione in cui lo tengono i critici sarebbe direttamente proporzionale alle cifre a tanti zeri delle vendite dei suoi libri. Negli Stati Uniti, invece, le cose sono assai diverse. Cifre e trofei si ostentano e il successo non è vissuto come una vergogna.

Potenza del laicismo o mentalità più genuinamente commerciale, fatto è che l'editoria statunitense abbonda di cifre e record. Ma oltre a vincere il complesso da best-seller, bisogna disporre dello strumento adatto, che è il "Guinness dei primati". L'inchiesta di "Lire" e così la nostra si appoggiano su questa autentica bibbia dei record, na-

ta a Londra nel 1955 da un'idea di Sir Hugh Beaver, direttore delle birrerie Guinness. In Italia il "Guinness dei primati" arriva in pieno '68, per le edizioni Mondadori a cura dello Studio editoriale Menabò di Como. Va fatta una precisazione però, poiché gli scrittori italiani (ma anche librerie e biblioteche), in breve tutto ciò che ha a che fare con l'editoria, quasi mai si aggiudicano dei record a livello mondiale, non compaiono nel "Guinness dei primati". Ma per nostra fortuna dal 1974 esiste in Italia un'istituzione: l'Editrice Bibliografica ideata da Giuliano Vigini il quale, oltre ad essere un bibliomane incallito e a curare svariati cataloghi e annuari sull'editoria italiana, dispone di ricchi e preziosissimi archivi. Così, per quanto riguarda le voci italiane, ci siamo affidati alla sua consulenza. Buona lettura.

LA PIÙ GRANDE OPERA MAI COMPLETATA

Il primato va a un'enciclopedia cinese, lo "Yongle dadian". 22.937 capitoli manoscritti (di cui 700 esistono ancora) raccolti in 11.095 volumi. Per redigerla hanno lavorato la bellezza di 2 mila studiosi, tra il 1403 e il 1408.

IL LIBRO PIÙ PICCOLO

E' una storia per bambini intitolata "Old king". Pubblicato nel 1985 a Paisley (Scozia), ha dimensioni di 1 mm per 1 mm. Per voltare pagina è consigliabile servirsi di un ago.

IL ROMANZO PIÙ LUNGO

Fatta eccezione dei moltissimi romanzi fluviali rimasti nel cassetto, la medaglia d'oro spetta a "Les hommes de bonne volonté", di Jules Romains. L'edizione originale era composta di 27 volumi, scritti tra il 1930 e il 1944. Tredici anni di stesura e 14 di pubblicazione per quest'opera che il suo autore non esitava a definire "un'ampia narrazione in prosa". ➤

documento 3

(continua)

LA CORRISPONDENZA PIÙ FITTA

Reca la firma di Uichi Noda, ministro delle Costruzioni ed ex viceministro del Tesoro giapponese. Nel 1961 hanno inizio le sue missioni all'estero ed è allora che comincia a scrivere alla moglie, Mitsu. La donna muore nel 1985. Ma lui nel frattempo è riuscito ad inviarle ben 1307 lettere, oggi raccolte in 25 volumi per un totale di 12.404 pagine.

LA CORRISPONDENZA PIÙ CONCISA

A tutt'oggi risultano imbattibili Victor Hugo e i suoi editori Hurst e Blackett. Lo scrittore francese era in vacanza, ma voleva sapere a tutti i costi come andava la vendita del suo ultimo romanzo "I miserabili". Prese carta e penna per scrivere: "?". La risposta fu: "!".

IL DIARIO PIÙ LUNGO

Ne è autore il colonnello Ernest Loftus. Comincia a scriverlo, nel 1896, all'età di 12 anni, nella sua amata città di Harare mentre i primi coloni britannici si insediano in quella che sarebbe diventata la Rhodesia. Lo termina all'età di 103 anni, il giorno della sua morte (1987), in quello stesso paese diventato nel frattempo indipendente con il nome di Zimbabwe. Una precisazione: l'autore del diario scriveva ogni giorno.

IL POEMA PIÙ LUNGO

Titolo: "Manas", epopea folcloristica kirghiza pubblicata nel 1958 e composta da oltre 500 mila versi.

IL PIÙ BREVE EPIGRAMMA ITALIANO

Titolo: "Carlo Bo", testo: "No". Autore: Franco Fortini.

IL PIÙ LUNGO PALINDROMO

Un palindromo è una parola o una frase che possono essere lette indifferentemente da sinistra a destra o viceversa, conservando lo stesso senso. La palma del vincitore per questa categoria va a "Dr Awkward and Olson in Oslo" dello statunitense Lawrence Levine. L'opera è composta di 31.594 parole.

IL LIBRO PIÙ VENDUTO DEL MONDO

E' la Bibbia (3 miliardi di copie), che risulta essere anche il libro più tradotto al mondo: in più di duemila lingue, un quarto delle quali africane. Primato contestato però: Dio solo sa chi l'ha scritto mentre sono innumerevoli gli editori. Al secondo posto, "Le citazioni del pensiero di Mao Tse-Tung", con ben 800 milioni di copie. Vendute? O distribuite gratuitamente? Neanche il "Guinness dei primati" riesce a stabilirlo. E allora lo stesso Guinness (che nella graduatoria si piazzerebbe al terzo posto) si autoproclama best seller di tutti i tempi: 61 milioni di copie vendute.

documento 3

LA PIÙ ALTA TIRATURA

Infaticabili, onnipresenti e chissà quanti sparsi per il mondo, in 23 anni i testimoni di Geova sono riusciti a distribuire 107.073.279 copie del libro "The truth that leads to eternal life" ("La verità che guida alla vita eterna"), edito dalla Watchtover Bible and Tract society di New York nel 1968 (dati aggiornati fino al 1991).

IL PREZZO PIÙ ALTO

Record imbattuto per un libro di

SYGMA/NERI

LO SCRITTORE PIÙ PAGATO

Sicuramente fino all'anno passato nessuno era mai riuscito a battere Stephen King, maestro della suspense e dell'horror, che nel 1989 era riuscito a strappare 26 milioni di sterline come anticipo sui suoi prossimi quattro libri. Ma si dice che nell'agosto 1992 l'editore Berkeley Putnam abbia accettato di versare 14 milioni di dollari per i diritti nordamericani su "Without remorse" ("Senza pietà") di Tom Clancy. Dunque, l'anticipo più elevato per un solo libro. Ma, nel frattempo, pare che King non sia rimasto con le mani in mano, riuscendo a ottenere compensi ancora maggiori, cui vanno aggiunti gli introiti a tanti zeri per gli adattamenti cinematografici.

preghiere di appena 226 pagine già appartenuto a Enrico il Leone, Duca di Sassonia. E' stato acquistato per 8.140.000 sterline (oltre 18 miliardi di lire) nel 1983 presso la casa d'aste Sotheby's di Londra.

IL LIBRO ITALIANO PIÙ COSTOSO

Attualmente in circolazione è il "Codice Atlantico" di Leonardo, edito da Giunti, 12 volumi in facsimile più 12 volumi di trascrizioni. Totale 28 milioni. Segue la "Cosmografia" di Claudio Tolomeo, codice miniato del prezzo di 14 milioni, edito da Jaca Book (ultima copia venduta nel'92). Infine, il "Clio" (Catalogo libri italiani dell'Ottocento, Editrice bibliografica), costa 8 milioni e mezzo. In 19 volumi (non vendibili separatamente) annovera 42.898 edizioni.

IL PRIMO LIBRO STAMPATO MECCANICAMENTE

Non sarebbe (come si crede) la Bibbia di "zu Gutenberg" (pseudonimo di Johann Henne zum Gensfleisch zur Laden) pubblicata intorno al 1454 a Magonza. Ma un libro di sole 28 pagine contenente poemi della dinastia Tang, attualmente conservato presso l'Università Yonsei (Corea) e stampato intorno al 1160 con caratteri tipografici in metallo. Secondo studi recenti, la Bibbia sarebbe battuta anche da una copia della grammatica latina di Donatus, stampata nel 1450.

IL PRIMO TESTO ITALIANO

Ovvero in volgare. Noto come "Indovinello veronese", risale all'8.-9. secolo.

IL PRIMO LIBRO STAMPATO IN ITALIANO

Non è la Bibbia, ma il "De oratore" di Cicerone, stampato nel 1465 dai due chierici Schweinheim e Pannartz nel monastero di Subiaco, sede della prima stamperia italiana.

LA PIÙ GRANDE CASA EDITRICE DEL MONDO

E' la Time Warner di New York, ha 9.600 dipendenti e entrate per circa 3 miliardi di dollari (settore libri e riviste). Ma la palma per il maggior numero di edizioni va alle Edizioni del progresso di Mosca (fondate nel 1931 in Unione Sovietica come Associazione editoriale dei lavoratori stranieri). Nel fatidico 1989 raggiunse un picco di 750 titoli in 50 lingue diverse.

LA PIÙ ANTICA CASA EDITRICE ITALIANA

E' la Fabbrica del Duomo di Milano. Data di fondazione: il 1387 (un anno dopo la costruzione del Duomo, è anche la più antica azienda italiana). Seguono poi l'Accademia Prop. del Subbasio di Assisi (1516), l'editrice di Bressanone Weger (1550) e l'Accademia della Crusca (1583). Più note, ma meno antiche, sono invece La Nistri-Lischi di Pisa (1780), la milanese Pirola (1781) e la Utet (1791), autentica istituzione torinese.

LA PIÙ GRANDE BIBLIOTECA DEL MONDO

E' la biblioteca del Congresso (parlamento americano) a Washington. Ottantotto milioni di pubblicazioni varie (di cui 26 milioni di volumi stampati) occupano 856 chilometri di scaffali, su un'area di 26 ettari.

LA PIÙ GRANDE LIBRERIA ITALIANA

Un primato milanese, la Hoepli: 1.400 metri quadrati su 5 piani, 30 addetti, fatturato per oltre 13 miliardi. Seguono la Marzocco di Firenze e la Feltrinelli di Piazza Esedra a Roma.

LA PIÙ ALTA DENSITÀ DI LIBRERIE PER METRO QUADRO

E' a Redu, sperduto paesino delle Ardenne belghe. Conta 24 librerie per una popolazione di 300 abitanti. Il fenomeno non è dovuto al caso, ma agli sforzi congiunti di alcuni innamorati dei libri. Ogni anno, a Pasqua, migliaia di visitatori vi si recano per dedicarsi al loro vizio impunito.

CANU/NERI

LA SCRITTRICE ROSA PIÙ PROLIFICA

E' Barbara Cartland, 91 anni, frizzante matrigna di Lady Diana. Con la sua penna all'acqua di rose ha vergato negli ultimi 18 anni mediamente 23 titoli all'anno.

LA PIÙ GRANDE RACCOLTA DI EX-LIBRIS

La vanta il collezionista Mario De Filippis di Arezzo. Rivendica il primato con 130.000 esemplari, di cui 5 mila espressamente dipinti da artisti italiani e stranieri.

BUFFON/GAMMA-VOLPE

IL RECORD DI BIOGRAFIE

La palma dell'autore più narcisista va a Georges Simenon (1903-1989), con 22 libri autobiografici. Ma la biografia più lunga l'ha composta Martin Gilbert in onore di Winston Churchill (19.100 pagine) cui si aggiungono 4.832 pagine redatte dal figlio dello statista inglese, Randolph.

IL PAESE CON PIÙ PREMI NOBEL

In testa c'è la Francia, con dodici premiati: da Sully Prudhomme (1901), primo francese e primo scrittore ad essere insignito dall'Accademia svedese, a Claude Simon (1985), passando per Jean-Paul Sartre (1964) che rifiutò il premio. Gli Stati Uniti occupano la seconda posizione (nove premiati), seguiti da Gran Bretagna, Svezia e Germania.

I NOBEL ITALIANI

L'Italia è al settimo posto della classifica con cinque premi Nobel: Giosué Carducci (1906), Grazia Deledda (1926), Luigi Pirandello (1934), Salvatore Quasimodo (1959), Eugenio Montale (1976).

L'AUTORE ITALIANO PIÙ PREMIATO

E' Primo Levi, con cinque vittorie: Campiello 1963 con "La tregua" ➤

(continua)

documento 3

LO SCRITTORE PIÙ TRADOTTO AL MONDO

E' una donna, Agatha Christie. Un dato per tutti: dall'edizione 1992 dell'Annuario statistico dell'Unesco si apprende che, nel solo 1986, la Christie è stata oggetto di 269 traduzioni in 23 paesi.

(Einaudi), Bagutta 1967 con "Storie naturali" (Einaudi), Strega 1979 con "La chiave a stella" (Einaudi), Campiello 1982 con "Se non ora, quando?" (Einaudi). Romanzo che nello stesso anno riceve anche il premio Viareggio. L'autore che invece ha ricevuto due volte il premio Strega (considerato il più prestigioso) è Paolo Volponi: nel 1965 con "La macchina mondiale" (Garzanti) e nel 1991 con "La strada per Roma" (Einaudi).

L'EDITORE ITALIANO PIÙ PREMIATO

Il primato va a Mondadori, con un totale di 60 premi. Al secondo posto si qualifica Rizzoli (42 premi) e al terzo Einaudi (34 premi). Da notare che Einaudi non ha mai ricevuto il Bancarella, il "premio dei librari" (Premi considerati: Bagutta, Bancarella, Campiello, Grinzane Cavour, Strega e Viareggio).

L'AUTORE PIÙ PUBBLICATO

Altro bel colpo per l'editoria religiosa: S. Agostino. Ogni giorno, al mondo, esce di media più di un libro di o sul grande padre della Chiesa. S. Agostino vanta anche un altro primato: è il più citato tra gli autori ecclesiastici.

LO SCRITTORE PIÙ FECONDO

Non sarebbe il drammaturgo spagnolo Lope De Vega (1562-1635, 1.800 commedie e 400 drammi religiosi), ma Frank Richards, creatore del personaggio di storie per ragazzi Billy Bunter. Produzione globale: 72-75 milioni di parole, con un picco (tra il 1915 e il 1926) di 80 mila parole alla settimana. In Italia, il librettista Felice Romani (1788-1865) con le 726 edizioni delle sue opere deterrebbe ancora il primato.

documento 3

IL ROMANZO ITALIANO PIÙ TRADOTTO

E' "Pinocchio" con oltre 150 traduzioni, per esempio in macedone, lituano, punjahi, afrikans, sardo-campidanese e veneto-padovano.

IL ROMANZO PIÙ VENDUTO AL MONDO

Grande riscatto per le donne. La palma va alla "Valle delle bambole" della statunitense Jacqueline Susan (1921-1974). Questo cocktail di sesso, violenza e droga, pubblicato per la prima volta nel 1966, ha venduto 28.712.000 copie, superando d'un sof-

SURIANO/AGF

IL LIBRO ITALIANO PIÙ DIFFUSO NEL MONDO

A detta degli esperti, "La divina commedia" di Dante è a tutt'oggi il libro che vanta il maggior numero di edizioni (impossibile calcolarlo). Ma attenzione, ciò non significa che sia il più venduto. Negli ultimi dieci anni, per esempio, il libro che ha venduto di più è "Il nome della rosa" di Umberto Eco (2 milioni e mezzo di copie vendute in Italia e quasi 10 milioni all'estero, per un totale di 29 edizioni straniere). Ma quanto a traduzioni, il best seller di Eco è battuto da "La Romana" di Alberto Moravia (30 edizioni straniere). Tutto Moravia però, con i suoi oltre 11 milioni di copie vendute (5 in Italia e più di 6 milioni all'estero), non raggiunge il solo "Nome della rosa".

fio "Via col vento" (1936) di Margaret Mitchell (circa 28 milioni di copie). Dato curioso: in Italia, l'edizione economica di Rizzoli conta, per il '92, una tiratura di sole 10 mila copie.

IL PIÙ PROLIFICO AUTORE DI TASCABILI

Non è Epicuro, edito in Italia da Stampa Alternativa, ma José Carlos Ryoki Inoué, brasiliano di origine nippo-lusitana. E' arrivato alla sua 1004. fatica: "Donde està Pablo Escobar?" (sui capi del cartello della droga di Medellin). Prima si era dedicato alla stesura di 665 romanzi western, 112 spy-story, 73 romanzi di guerra, 70 gialli, 63 romanzi d'avventura, 21 libri di fantascienza. Quanto basta per rifornire il 90 per cento del mercato dei tascabili brasiliano. Ciononostante, Inoué non si è arricchito. Motivo: tirature troppo modeste e altrettanto modesti diritti d'autore.

LO SCRITTORE PIÙ VELOCE

E' lo statunitense Erle Stanley Gardner (1889-1970), specialista di gialli ambientati nel mondo giudiziario, capace di scrivere contemporaneamente sette romanzi e di dettare 10 mila parole al giorno.

L'AUTORE PIÙ USATO DAL CINEMA

Il classico non è acqua, ovvero: William Shakespeare. Si contano 273 versioni delle sue opere teatrali e 31 versioni moderne, senza considerare le parodie.

IL PROTAGONISTA DI ROMANZI PIÙ FILMATO

Primato assoluto per Sherlock Holmes. Il celebre detective creato da Conan Doyle, è stato interpretato 197 volte sullo schermo da 72 attori diversi, tra il 1960 e il 1990.

LA PIÙ ALTA DENSITÀ DI SCRITTORI PER METRO QUADRO

Si registra a Peredelkino, villaggio a una quindicina di chilometri da Mosca, creato per scrittori privilegiati dal regime. Tra gli altri, vi avevano la loro dacia il poeta Evtuchenko, Andrei Voznessenski, il romanziere Anatoli Rybakov, ma anche (uno dei misteri sovietici) Boris Pasternak. Oggi di queste dacie se ne conta un centinaio e sono proprietà del "Fondo per la letteratura" dell'Unione degli scrittori. Al secondo posto Missoula (Montana), località ormai mitica della letteratura americana, dove risiedono permanentemente circa 30 scrittori. Si sono succeduti o vivono fianco a fianco, Raymond Carver, Tom McGuane, Dorothy Johnson, James Crumley. Nell'immaginario dei lettori, Missoula sta sostituendo l'isola di Key West (tra Miami e Cuba), dove hanno vissuto Thomas Sanchez, Jim Harrison, John Leslie, Peter Taylor, Edmund White. Senza dimenticare i gloriosi antenati che lanciarono la località: Tennessee Williams, John Dos Passos e soprattutto Ernest Hemingway, il cui "Avere e non avere" è un dépliant che descrive l'isola. ■

TEAM

L'AUTORE ITALIANO PIÙ VENDUTO IN ITALIA

Chi ci avrebbe mai pensato? E invece è proprio il cardinale Carlo Maria Martini. Dieci milioni di copie di libri in dieci anni (circa 100 titoli disponibili sul mercato tra cui, va precisato, anche libri di preghiera dalla 400 alle 800 lire). L'editoria cattolica si aggiudica un altro bel colpo con "Quando cucinano gli angeli" di Suor Germana (Piemme): circa un milione e 200 mila copie vendute, e con "Ipotesi su Gesù" di Vittorio Messori (Cei) con oltre un milione di copie vendute e 28 traduzioni straniere. E Pirandello? Purtroppo è impossibile avere dati precisi. Paiono essere un mistero anche per il curatore dei suoi diritti d'autore. Un dato però parla per tutti. "Il fu Mattia Pascal", nella sola versione Oscar (edita da Mondadori nel 1965) ha totalizzato fino ad oggi 1.200.000 copie vendute. Di gran lunga il titolo più diffuso dello scrittore siciliano.

Morite dalla voglia di pubblicare?

PAGATE

Racconti, romanzi interi, capitoli di romanzi, novelle, fiumi di poesie. Continua ad arrivarci un sacco di roba. La pubblicazione del libro della giovane poetessa Paola Sansone sprona i lettori di "Wimbledon" a partecipare alla nostra iniziativa "Morite dalla voglia di pubblicare? Pagate".

Queste le regole per partecipare:
A) mandateci una poesia o un racconto o un romanzo o un saggio o qualunque cosa abbiate voglia di veder pubblicata;
B) fate un'offerta, un tanto a parola, adoperando la scheda stampata qui sotto;
C) stamperemo senza discutere le opere di chi ha fatto le offerte più alte;
D) stamperemo pure i lavori che ci sono piaciuti senza far pagare una lira;
E) stamperemo pure qualche scritto scelto a caso, tanto per non fidarci troppo neanche del nostro giudizio;
F) tutte queste poesie o racconti o brani di romanzo saranno pubblicati nella sezione "La gente che scrive", in fondo al giornale;
G) in questa sezione, nella rubrica "Lametta da barba", discuteremo anche un po' intorno ai vostri lavori scegliendoli a caso tra quelli che arrivano e sottoponendoli a un esame severo;
H) non riveleremo mai, tuttavia, quali poesie o racconti o brani di romanzo siano stati pubblicati per merito o per fortuna o perché le offerte erano abbastanza alte;
I) a tutti coloro che si vergognassero di mescolare letteratura e denaro o di pubblicare pagando, ricordiamo che Moravia - tanto per citarne uno - sborsò cinquemila lire per farsi stampare *Gli indifferenti*;
L) infine i soldi raccolti non ce li metteremo in tasca, ma li verseremo in beneficenza. Tre milioni, inviati dalla "Gente che scrive", sono serviti per restaurare tre preziosi codici (Cicerone e Ovidio) conservati nella Biblioteca Ambrosiana di Milano.

Aspettiamo i vostri lavori. SPEDITE, SPEDITE SENZA PIETA'.

SCHEDA

Cognome Nome

Vi mando: ❑ una poesia ❑ un saggio
❑ un romanzo ❑ un racconto

di............... parole (specificare il numero di parole di cui è composto lo scritto o, nel caso dei romanzi, il numero massimo di parole che si è disposti a pubblicare).

Sono pronto a pagare lire.................................. a parola per pubblicare su WIMBLEDON il lavoro qui accluso.

Di mestiere sono età

abito in via

C.A.P. città tel.

Breve descrizione di me stesso :

documento 4
Wimbledon,
ottobre 1991

d. **Cercate e spiegate i "giochi di parole" (doppi sensi, riferimenti ad altri testi) nelle pubblicità del documento 5.**

Per ogni pubblicità, spiegate che rapporto esiste tra parole e immagini:

- chi sono i personaggi fotografati o disegnati?
- che funzione hanno? confermano la parte scritta? la completano? la smentiscono?

e. **Osservate il documento 6.**
Fate il ritratto di uno scrittore italiano che conoscete applicando la regola dell'"Abbecedario". Come dovete procedere?

Per fare un *abbecedario* ....

....

f. **Osservate i documenti 7/a e 7/b: il primo è il *lipogramma* del secondo. Paragonate tra loro i due testi: quali trasformazioni potete rilevare? Potete spiegare come si fa un *lipogramma*?**

Per fare un *lipogramma.* ....

....

g. **Leggete questo testo:**

"Il freddo ha mille forme e mille modi di muoversi nel mondo: sul mare corre come una mandria di cavalli, sulle campagne si getta come uno sciame di locuste, nella città come lama di coltello taglia le vie e infila le fessure delle case non riscaldate. A casa di Marcovaldo quella sera erano finiti gli ultimi stecchi, e la famiglia, tutta incappottata, guardava nella stufa impallidire le braci, e dalle loro bocche le nuvolette salire a ogni respiro. Non dicevano più niente; le nuvolette parlavano per loro: la moglie le cacciava lunghe lunghe come sospiri, i figlioli le soffiavano assorti come bolle di sapone, e Marcovaldo le sbuffava verso l'alto a scatti come lampi di genio che subito svaniscono."

Italo CALVINO, Marcovaldo

Con l'aiuto del dizionario, fatene un lipogramma in "U".

....

....

....

....

....

....

....

....

Se vi sentite ormai forti nei lipogrammi, provate a farne uno in "E".

documento 5a

documento 5b

7 MARZO FESTA DEL LIBRO

In libreria, dal 27 febbraio al 7 marzo, sconto del 25% su tutti i libri Mondadori.

MONDADORI

documento 5c

Abbecedario

Scegli un tema e mettilo come titolo. Poi scrivi le lettere dell'alfabeto verticalmente in stampatello. Ciascuna lettera sarà l'iniziale di una parola o frase che ti verrà in mente pensando al tema; alla fine risulterà un testo nato dalla tua fantasia e per lo stimolo iniziale delle lettere dell'alfabeto. Due* testi scritti dai ragazzi:

ANDREA BRICCHI (autoritratto)

A bile
B ricchi
C alciatore
D isperso
E saltatore
F into di paglia
G iovane
H anno detto
I mbrigliato
L aborioso
M ancato sciatore
N on proprio perfetto
O dioso alle volte
P asta buona.
Q uando gioco
R ischio non troppo
S e potessi guardare dentro il cuore
T roppo bravo sarei
U n
V istoso
Z atterone.

documento 6
Ersilia Zamponi,
I draghi locopei

* Riproduciamo qui il secondo testo

Leopardi senza A

Silvio, rimembri in core
quel tempo che volgevi verso il fine,
in cui splendor rifulse
negli occhi tuoi ridenti e fuggitivi
e tu lieto e pensoso il tuo confine
di gioventù scoprivi?

Che suoni in quei romiti
luoghi, e le vie dintorno,
pei tuoi lunghi sospiri,
come tu, in opre femminili intento,
sedevi, ognor contento
dell'incerto futur che pur volevi.
Verso il giugno odoroso tu solevi
cosi finire il giorno.

(...)

documento 7a
Umberto Eco,
Vocali

XXI

A SILVIA

Silvia, rimembri ancora
quel tempo della tua vita mortale,
quando beltà splendea
negli occhi tuoi ridenti e fuggitivi,
e tu, lieta e pensosa, il limitare
di gioventù salivi?

Sonavan le quiete
stanze, e le vie dintorno,
al tuo perpetuo canto,
allor che all'opre femminili intenta
sedevi, assai contenta
di quel vago avvenir che in mente avevi.
Era il maggio odoroso: e tu solevi
così menare il giorno.

(...)

documento 7b
Giacomo Leopardi,
A Silvia

A mo' di... Dizionario,

o come rifare il mondo cominciando dalle parole

10

PROLOGO

Il 15 giugno del 1906 la nave "Loong", che portava una spedizione scientifica alle isole Juan Fernandez, si trovò a doppiare Capo Horn durante una tempesta senza precedenti. In quelle ore terribili più di trenta navi scomparvero tra le onde. I pochi sopravvissuti parlarono di "cielo nero come l'inchiostro" in cui i fulmini erano "così fitti da disegnare una ragnatela infuocata". La pioggia cadeva "con il fragore di una battaglia" e si videro onde alte quaranta metri tanto che tra i marinai "nessuno più capiva se il mare stava sopra o sotto il cielo".
Anche la "Loong", stritolata dalla bufera, colò a picco. Unici superstiti i professori Achilles Kunbertus e Stephen Lupus, dell'Università di Edimburgo. I due riuscirono ad aggrapparsi a una grossa scrivania di noce che resse alle ondate e restò a galla finché il peggio non fu passato. Navigando su questa scrivania, remando con le righe da disegno, mangiando solo gomma da matita e bevendo acqua piovana raccolta con la carta assorbente, gli scienziati resistettero per tre settimane in mare aperto. La mattina del ventunesimo giorno (come si legge nel diario che i due, seduti alla scrivania galleggiante, compilavano ogni sera) videro "una striscia di terra bianca, circondata da vapori e da un mare di un verde incredibile". Poche ore dopo la raggiunsero: "Un'isola," dice il diario, "così bella che sembrava uscita dal depliant di una pubblicità di Dio." Fu battezzata Stranalandia poiché svelò subito agli studiosi stupiti le piante e gli animali più favolosi che avessero mai visto.

documento 1
Stefano Benni, Stranalandia

1. *Leggete il documento 1:*

- di che documento si tratta?

Che cosa significa *Stranalandia*?
In quale modo è stato formato questo nome?

2. *Osservate i nomi di alcuni dei "meravigliosi animali di Stranalandia":*

il leometra
il cantango
il pappagatto

Spiegate in quale modo è stato inventato il nome di ogni animale:

- identificate i componenti di ogni parola
- trovate l'elemento di contatto e di sovrapposizione tra i componenti:

Esempio: **leometra**
leone + geometra
l **e o** m e t r a

Leggete le descrizioni di questi tre meravigliosi animali (documento 2).
In ogni descrizione, cercate gli elementi relativi ad ognuno dei componenti:

leometra

leone	*geometra*
"animale....	"porta, anche d'estate,
È un feroce predatore e	giacca, pantaloni e cravatta...
attacca tutti gli altri animali...	...per misurarli"
...quando ha catturato una preda"	

cantango

....	....
"...	"..
....	....
....	....
...."	...."

pappagatto

....	....
"...	"..
....	....
....	....
...."	...."

IL LEOMETRA

Nome scientifico: Felis leopoldo

Animale che porta, anche d'estate, giacca, pantaloni e cravatta. Lupus ritiene che possa essere nato dall'incrocio tra un leone e un geometra. È un feroce predatore e attacca tutti gli altri animali, non per mangiarli, bensì per misurarli. Quando infatti ha catturato una preda, con un metro prende le misure delle zampe, della testa, dei cosciotti, della coda, e non la lascia andare finché non ha terminato l'operazione.
Quasi nessun animale, sull'isola, è sfuggito al metro del terribile leometra. Kunbertus stesso, una volta, fu catturato e misurato per due ore e mezza, cavandosela con un grosso spavento.

documento 2a

documento 2b

IL CANTANGO

Fido danceador

Uno degli spettacoli più straordinari di Stranalandia è veder danzare il cantango, il cane ballerino di tango. Agile e fascinoso, con i baffi neri rilucenti di brillantina, il cantango fa sospirare tutte le animalesse dell'isola. Al ritmo di un vecchio giradischi trovato sul relitto di una nave, è capace di danzare il tango intere notti con la partner di turno.
Il cantango è molto romantico e si innamora almeno sei volte per notte, ma ahimè, all'apparire dell'alba sparisce, lasciando la ballerina sola come un'oca. Se la ballerina è appunto un'oca, non c'è problema: ma se è l'elefantessa, la notte dopo il cantango si prende una bella proboscidata. Per questo il cantango ha gli occhi un po' blu e pesti: non già, come dice lui, per una naturale espressione languida, ma per le botte delle ballerine gelose.
Lupus conobbe il più famoso cantango di Stranalandia, Manolete Guillermo Fido de Codalesta y dos Quatros Ossobucos, in arte Manolo. Da lui apprese i passi fondamentali del "Cantangar" ovvero il caratteristico tango di Stranalandia.

I PASSI:

EL CODALÉTE - I due ballerini procedono a testa alta, tenendo le code intrecciate tra loro

LA PULZA RINEGÁDA - I due si grattano freneticamente l'un l'altro con la zampa, come a giustiziare una pulce

LA TARTUFÉRA - Il ballerino prende la ballerina e la tiene a testa in giù, a casqué, oppure ad aspirapolvere, come se dovesse trovare un tartufo. La ballerina sbuffa col naso

EL PASO PISARÓN - I ballerini avanzano alzando ritmicamente la zampa (destra lui e sinistra lei) come se dovessero fare la pipì contro un albero

EL PASO DEL BASOCHO - I ballerini strisciano per terra, imitando due cani bassotti

ARRIBA EL POSTÍN - Passo molto drammatico: i due, guancia a guancia, ringhiano come se vedessero arrivare un postino

EL FREGABISTÉCA - I due ballerini si alzano in piedi, zampa contro zampa, come a salir su un tavolo e rubare un'immaginaria bistecca

EL DOBLE BAÚ - Il ballerino lancia in aria la ballerina e fa bau: la ballerina lancia in aria il ballerino e fa bau. Così per sedici volte. Se la ballerina è l'elefantessa, bastano sei volte.

documento 2c

IL PAPPAGATTO

Cocomicius technicoloris

Animale molto grazioso, dai colori vivacissimi: ricorda un po' il pappagallo e un po' il gatto. È molto socievole, e può essere tenuto in casa su un trespolo (ma senza catena!). A differenza del pappagallo, che ripete meccanicamente quello che sente, il pappagatto (essendo anche gatto e quindi animale libero e indipendente) dice sempre quello che gli pare. Esempio di una conversazione tra Maramito, il pappagatto che Kunbertus tenne con sé in casa tre anni, e il professore:

Kunbertus: Buongiorno Maramito.
Maramito: Maramito è appena uscito.
Kunbertus: Maramito bello mangia brustolino.
Maramito: Il brustolino se lo mangi lei.
Kunbertus: Maramito bello bello bimbo.
Maramito: Maramito ha cinquant'anni e perde le penne.
Kunbertus: Maramito vuole acquettina.
Maramito: Maramito preferisce birrona.
Kunbertus: Co coccó co coccó co maramito cocó.
Maramito: Prego?
Kunbertus: Cocó cocó maramito oggi contento.
Maramito: Maramito poco contento con padrone che parla sempre come uno stupido.

3. *Analizzate adesso i nomi di questi animali:*

la bancaruga: ....

il prontosauro: ....

il gattacielo: ....

A partire dai loro nomi, immaginate e descrivete gli animali.
Alla fine confrontate le vostre descrizioni con quelle dei documenti 2d, 2e, 2f alla fine di questa unità.

4. *Una casa editrice vi ha domandato di inserire in una nuova edizione del "dizionario di italiano" questi tre vocaboli.*

Purtroppo non ne conoscete il significato e tentate allora di dedurlo scomponendo le tre parole:

- *Arringa affumicata:* ....
- *Improboscide:* ....
- *Rigiraffa:* ....

Confrontate il risultato del vostro lavoro con le definizioni del documento 3.
Scomponete e spiegate la parola *Finzionario*.

5. Prendete un foglio. Piegatelo in tre parti (nel senso della larghezza) e numerate ognuna delle tre parti scrivendo un numero da 1 a 3 in un angolo.

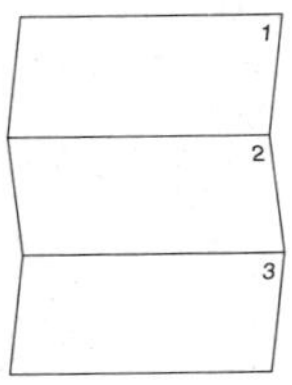

Ogni persona, evitando di comunicare con il proprio vicino, disegna nella parte 1 la testa di un animale.
Alla fine dell'operazione piega la parte 1 verso l'esterno in maniera che la testa sparisca dietro al foglio lasciando solo apparire la base del collo dell'animale.

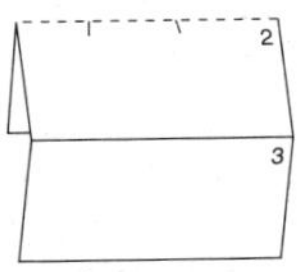

Ogni persona passa così il foglio al proprio vicino.
Nella parte 2 ognuno disegna il corpo di un animale, riprendendo il disegno dalla base del collo lasciata dal vicino e lasciando a sua volta le tracce di due o quattro zampe.

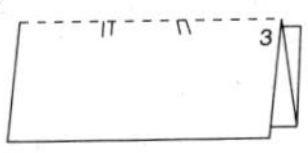

Poi piega il foglio nello stesso modo e così piegato lo passa al vicino.

Nella parte 3 ognuno disegna le zampe di un animale continuando il disegno dell'altro. Poi passa il foglio al suo vicino che lo apre e mostra a tutti l'animale così inventato.

Scegliete gli animali più interessanti e date loro un nome, utilizzando la procedura seguita per gli animali di Stranalandia.

Lin

Si può arricchire il dizionario italiano? Ecc

Nuovo fi illus

Circa otto anni fa Alain F «Petit Fictionnaire illus vocabolario francese cir rigorosamente basta contributo ideologico per società contemporanea. C a un tentativo analogo p a

di GU

ALFIO ROMEO
Carrettiere che ha rinunciato ai cavalli in favore di una spider per amore della sua Giulietta.

ALLETTARE
L'atterraggio di due focosi amanti su un morbido giaciglio.

AMOSFERA
L'aria respirata da due amanti che si immergono nel profondo di lunghissimi baci.

ARRINGA AFFUMICATA
Perorazione di avvocato in aula di tribunale in fiamme.

BACCO
Compositore tedesco in visita in Italia che si ubriaca in tutte le osterie

BALENO
Marito della balena, smilzo di taglia e focoso di temperamento.

BIGAMISTA
Giocatore anglofono capace di fare una partita a scacchi e una a dama simultaneamente. Colui che gioca a biliardo e a ping-pong allo stesso tempo si chiama quadrumane.

BIMBARDA
Bambina le cui urla si apparentano a scoppi di artiglieria.

BIPEDE
Sodomita a cui piacciono ugualmente i bambini e le bambine.

CANGURI
Animali domestici della specie dei canidi che seguono fedelmente i santoni indiani. Se addestrati, possono abbaiare Hare Khrishna.

CIENEMA
Sala di spettacolo abruzzese dove si proiettano documentari sui clisteri.

COCOMORO DI VENEZIA
Anguria follemente gelosa.

CORDONE OMBIBLICALE
Ciò che ci lega alla madre chiesa.

FELINFELICITÀ
1. Felicità dei gatti.
2. Infelicità dei gatti.
3. Felicità per l'infelicità altrui, *Schadenfreude*.
4. Infelicità per la felicità altrui.

FOSCOLLO
Poeta bohèmien che non si lava mai dietro le orecchie.

GORGONZOLA
Romanziere dalla chioma serpentina.

IMPROBOSCIDE
Appendice nasale di elefante disonesto.

LAMPADELLA
Globo luminoso intorno al quale friggono delle zanzare.

LIBRUSCO
Uomo amareggiato dalle troppe letture.

LUNA DI FIELE
Viaggio di nozze ritardato per motivi economici.

LUNA DI MARMELLATA
Vacanza prematrimoniale di adolescenti appiccicaticci.

MAMARE
Distesa d'acqua balbuziente.

MAMAVERO
Pianta oppiacea uberifera.

MAMMIFORA
Ragazza topless.

MAMMOLLE
Tette flaccide.

MANVELOCE

documento 3
La Repubblica,
28 ottobre 1989

ica

a serie di proposte scherzose ma non troppo

zionario
rato

kraut pubblicò a Parigi il a cui l'autore inseriva nel cento parole nuove, tutte he volevano essere un gliore comprensione della ido Almansi sta lavorando nostra lingua. Eccone un o.

MANSI

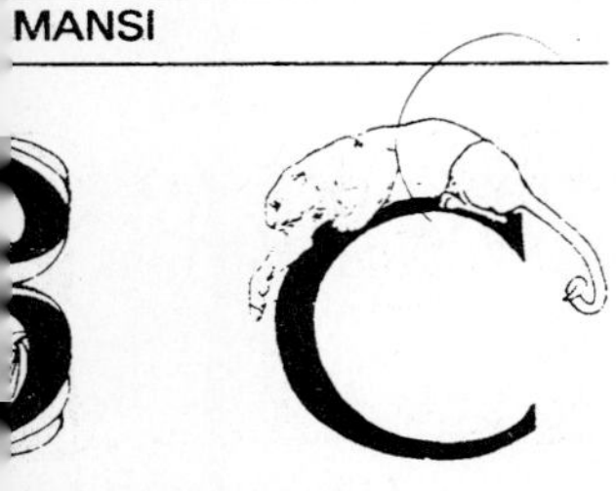

L'Achille dei borsaioli.
Lagnosa tessitrice recanate-.

MANZONE
iovane bovino di grossa taglia e ha scritto un romanzo su un romesso sposo.

MAOSTRO DI SCUOLA
isegnante con due teste.

MARCIAMANO
rottoir speciale per turisti au-raliani.

MERCONTE
Borghese che, a forza di comprare e vendere, si ritrova in possesso di un feudo.

OMBELISCO
Monumento a forma d'ago eretto al centro della pancia.

ONANANISTA
Masturbatore dalle braccia troppo corte.

PAGANONI
Celebre compositore, virtuoso del contrabbasso.

PERROCCHETTO
Parrucca per pappagalli.

PIRANDELLO
Celebre duo di comici siculo-americani, Pir and Ello, capaci di una, nessuna e centomila immedesimazioni drammatiche.

POLITICO
Uomo dai molti tic.

PRINCIPIANTE
Monarca che ha diritto di precedenza su un principe.

QUADRUPEDE
Omosessuale tetravalente.

RABDOAMANTE
Esperto che fa scaturire liquidi sotterranei dal corpo della donna amata.

RECIDIVA
Attrice dello schermo che ti fa recere.

REFICIENTE
Monarca idiota.

RENAULT 25
Spoglio dei voti antimonarchici fatto da uno scrutatore elettorale di scarsa competenza ortografica.

RIGIRAFFA
Giraffa vagabonda e recidiva.

RUBICONTE
Aristocratico rubizzo che gioca a dadi al Circolo della Caccia.

RUMINENTE
Bovino famoso; vacca che eccelle nel suo mestiere.

SCANSAVACANZE
Fannullone che rifiuta gli impegni onerosi della villeggiatura e rimane in città.

SCULTURA
Monumentale mancanza di cultura.

SEMIO-ANALFABETA
Studioso di semiotica che sa leggere i segni ma non le lettere.

SIMIOTICO
Scimmia antropomorfa che segue le lezioni di Umberto Eco.

TAVOGLIA
Copritavola dislexico.

TELEBIDONE
1. Contenitore di carburante per rifornire le stazioni spaziali.
2. Programma televisivo italiano.

TETTARDA
Donna di caparbia e tenace aggressività mammellare.

ZULU
Gabinetto di giardino zoologico inglese.

ESERCIZI

a. **In un dizionario ogni *voce* fornisce le spiegazioni relative ad un vocabolo e comprende vari elementi ricorrenti. Indicate l'ordine in cui appaiono in un dizionario, mettendo un numero accanto ad ogni parola:**

trascrizione fonetica n. ....
origine della parola e etimologia n. ....
lemma n. ....
abbreviazioni (s. = sostantivo, m.= maschile, ecc.) n. ....
significato o accezione del vocabolo n. ....

b. **Nel documento 4, spiegate il significato di *"cliccare"*.**
Come è stata formata questa nuova parola?

Utilizzando la desinenza *-are,* formate verbi italiani a partire dalle parole straniere indicate, poi completate ogni *voce* precisando:
tipo di verbo, eventuale pronuncia, eventuale altra ortografia, definizione, esempio, etimologia.

snob	snobbare	v.tr. Assumere nei confronti di qualcuno un atteggiamento di altezzoso distacco: *ha l'abitudine di snobbarmi* [Dall'ingl. *(to) snub* "trattare con disprezzo"].
sniff	....	....
zoom	....	....
shaker	....	....
shock	....	....

Confrontate le vostre definizioni con quelle di un dizionario.

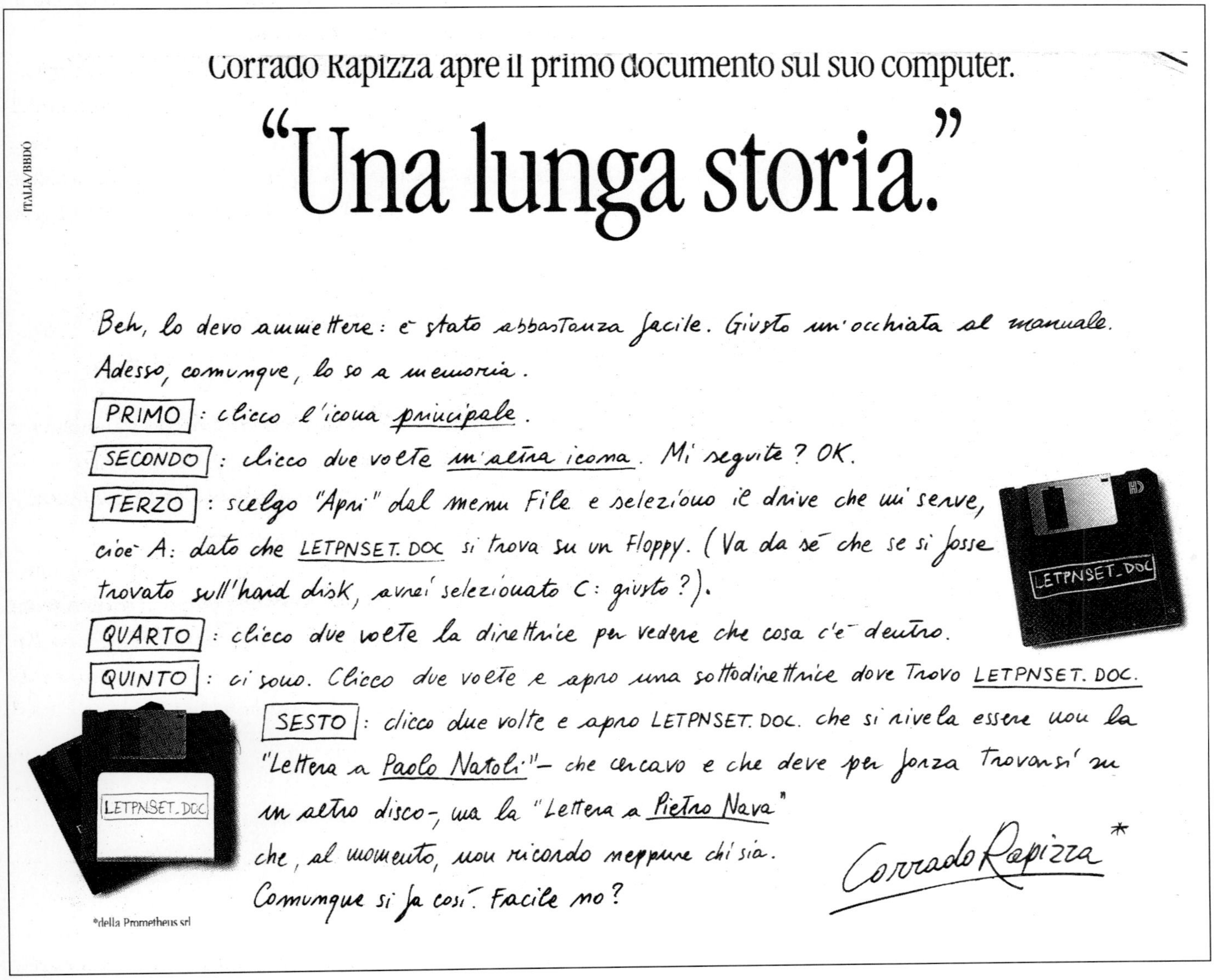

Corrado Rapizza apre il primo documento sul suo computer.
"Una lunga storia."
Beh, lo devo ammettere: è stato abbastanza facile. Giusto un'occhiata al manuale. Adesso, comunque, lo so a memoria.
PRIMO: clicco l'icona principale.
SECONDO: clicco due volte un'altra icona. Mi seguite? OK.
TERZO: scelgo "Apri" dal menu File e seleziono il drive che mi serve, cioè A: dato che LETPNSET.DOC si trova su un Floppy. (Va da sé che se si fosse trovato sull'hard disk, avrei selezionato C: giusto?).
QUARTO: clicco due volte la direttrice per vedere che cosa c'è dentro.
QUINTO: ci sono. Clicco due volte e apro una sottodirettrice dove trovo LETPNSET.DOC.
SESTO: clicco due volte e apro LETPNSET.DOC. che si rivela essere non la "Lettera a Paolo Natoli" – che cercavo e che deve per forza trovarsi su un altro disco –, ma la "Lettera a Pietro Nava" che, al momento, non ricordo neppure chi sia.
Comunque si fa così. Facile no?
Corrado Rapizza*
LETPNSET_DOC
LETPNSET_DOC
*della Prometheus srl
ITALIA/BBDO

documento 4

c. **A partire da ogni definizione, cercate nel dizionario il vocabolo corrispondente:**

.... /ru-/ s.f. Concentramento di roulotte realizzato su vasti spiazzi di terreno per accogliervi le popolazioni sinistrate in conseguenza di calamità naturali (terremoti, alluvioni, ecc.). [Comp. di *roulotte* e *-poli*].

.... s.m. (f.-*a*) Giovane che ostenta atteggiamenti e abbigliamento fuori dalla norma [Der.scherz. di *freak*, sul modello di *capellone*].

.... s.m. (f.-*a*) Giovane artista o fan del rock (con un accento di chiassosa volgarità) .[Der. di *rock*, sul modello di *gruppettaro*].

.... s.f. Negozio dove si vendono blue jeans e altri capi di abbigliamento casual. [Der. di *jeans*].

.... agg. Relativo al budget: *controllo b.; gestione b.* [Der. di *budget*].

.... v.tr. Affidare al computer dati e informazioni su un determinato problema, calcolo o argomento * Organizzare un'attività amministrativa o produttiva mediante l'elettronica: c. *un'azienda* [Der. di *computer*]

.... agg., pop. Di un'eleganza eccentrica e vistosa, con allusione al modo di vestire: *una camicia sc.* [Der.di *scicche* Adatt.pop. del fr. *chic*]

(Dizionario Devoto-Oli, 1990)

d. **Redigete il vostro "dizionario di informatica e telematica".**

- **mettete in ordine alfabetico queste parole (eventualmente aggiungendone altre):**

  cliccare, digitare, faxare, dischetto, programma, utenti, banca dati, messaggeria informatica, modem, computer, computerizzare, elaborazione di testi, virus, video, tastiera, memoria, sistema operativo, ...;

- **sfogliate il documento 5 e cercate l'apparizione delle parole che avete messo in ordine alfabetico: a partire dal contesto attribuite ad ogni parola la definizione esatta;**
- **controllate le vostre definizioni in un dizionario.**

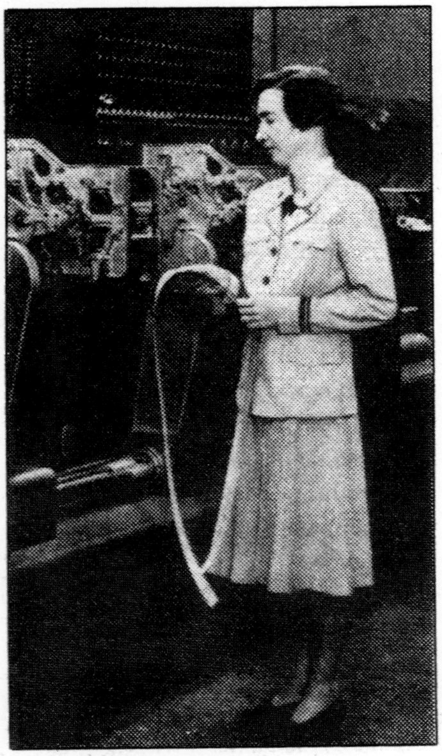

DALLE "FINESTRE" AI "TOPI" ALL'"INTERFACCIA", TUTTE LE PAROLE PIU' USATE DA CHI UTILIZZA I PROGRAMMI

Piccolo glossario elettronico

Cursore : Vedi WIMP.
DataBase : Base di dati, letteralmente, si tratta sia di archivi di dati mantenuti con il computer che, per estensione, dei programmi che li gestiscono.
Finestra : Vedi WIMP.
Interfaccia : E' il protocollo di comunicazione fra due entita', queste possono essere di qualunque tipo, ad esempio due computer, ed allora abbiamo una interfaccia che e' uno spinotto a 25 punte da connettere con un cavo ad uno spinotto simile su un'altro computer e si chiama RS-232, oppure una persona ed un computer ed allora possiamo avere un'interfaccia grafica in stile Windows, in questo caso si parla di interfaccie WIMP, spiegata piu' avanti.
Icona : Vedi WIMP.
Mouse : Vedi WIMP.
Multimedia (Multimediale): la capacità di gestire contemporaneamente piu' media, sfruttando ad esempio l'audio e le animazioni di un computer.
WIMP : E' una categoria d'interfacce con cui una persona impartisce ordini ad un computer, e' l'acronimo degli elementi che la compongono, Window, Icon, Mouse, Pointer. In sistemi di questo tipo, ogni programma gira all'interno della porzione di schermo destinatagli, detta window (finestra), mentre l'utente seleziona fra le finestre presenti quella con cui lavorare tramite un pointer (**cursore**), generalmente a forma di freccia, che viene controllato muovendo sulla scrivania una scatoletta, il **mouse** (topo, ma si usa il termine inglese). Per lanciare un nuovo programma, aprendo quindi una nuova finestra, si seleziona con il cursore un disegnino che lo rappresenta, detto icon (**icona**).

Rete Locale: insieme di computer connessi l'uno con l'altro in modo da condividere risorse di vario tipo: possono essere semplicemente i dati di un archivio, come una stampante o le capacita' di calcolo di una macchina piu' potente delle altre.

SQL: si tratta di un linguaggio particolare, standardizzato, che permette ai programmi di gestione dati di effettuare ricerche su archivi residenti su altre macchine, qualora queste dispongano di un programma capace di rispondere ad ordini dati in SQL.

(r.a.)

documento 5a
La Repubblica, 15 gennaio 1993

Scripta Volant.

"Ciao, ti faxo in un bit". Quanto a messaggi, di questi tempi se ne vedono di tutti i colori. Ma chi li nota? A metterli definitivamente in evidenza ecco la nuc va e indispensabile linea Tratto F· Speciali evidenziatori che vi far soffermare sul concetto di sor

Non digitare, parlagli

L'uomo d'affari è lì che detta la lettera per il cliente. La segretaria, però, non c'è. A raccogliere le parole del capo stavolta ci pensa un computer. Un normalissimo personal computer che si comporta come un assistente

di ENRICO M. FERRARI

La **promessa ISDN** è quella di dotare l'Italia di un'autostrada per la **trasmissione dei dati**. La sigla inglese sta per Integrated Service Digital Network o Rete Digitale di Servizi Integrati.

L'ISDN e' la nuova rete telefonica presentata ufficialmente dalla Sip che si affianca (per sostituirla del tutto in futuro) alla precedente con lo scopo di convogliare su un unico canale ad alta velocita' dati e voce: per inviare un fax in pochi secondi, scambiare dati con un altro computer o usare un videotelefono a colori in tempo reale bastera' usare un solo tipo di collegamento domestico.

L'allaccio alla nuova rete sarà effettuato sull'impianto domestico preesistente e con un solo collegamento l'utente riuscira' ad utilizzare quella **molteplicita' di servizi** che attualmente richiedono diversi accessi; l'utente potra' spedire un fax e contemporaneamente parlare col suo interlocutore, effettuare conversazioni multiple, collegarsi alla rete dati x.25 per computer (attualmente serve un accesso a parte per collegarsi ad Itapac), usare un videotelefono a colori con immagini in movimento.

Sara' possibile **identificare il chiamante**, il cui numero apparira' sul display dell'apparato, avere in tempo reale sullo stesso display il conteggio degli scatti, spedire fax ad alta velocita' del gruppo 4 (una pagina inviata in 3 secondi), sfruttare i servizi di audioconferenza attualmente supportati dalla rete RFD, tutto questo grazie alla possibilita' di far viaggiare i dati sulla nuova rete a 64000 bit/secondo.

Per gli utilizzatori di **personal computer** la nuova rete offre una miriade di possibilita': si va dalla **teleconsultazione** con immagini e suoni di archivi basati su CD-ROM, grazie ai nuovi accessi multimediali, alla connessione di due LAN token-ring (la piu' comune rete locale), tramite ISDN consentendo ad un utente di LAN di poter effettuare trasmissioni a 64 kbit/s verso un utente ISDN o verso un'altra LAN.

Oltre ai nuovi terminali digitali saranno commercializzate **soluzioni («interfacce») per collegare a ISDN gli attuali sistemi**: i normali telefoni analogici, i modem a due fili e i fax in gruppo 3.

La **fase pilota** della rete ISDN e' iniziata il primo giugno 1992 e subira' il definitivo incremento nel 1993 con la commercializzazione di massa. Alla fine del 1993 saranno circa 20 le localita' italiane collegate: la rete sara' connessa con tutti i paesi europei e numerosi di altri continenti.

documento 5b

Allarme da Tokyo a New York all'Australia. Identikit

Michelangelo il killer dei computer

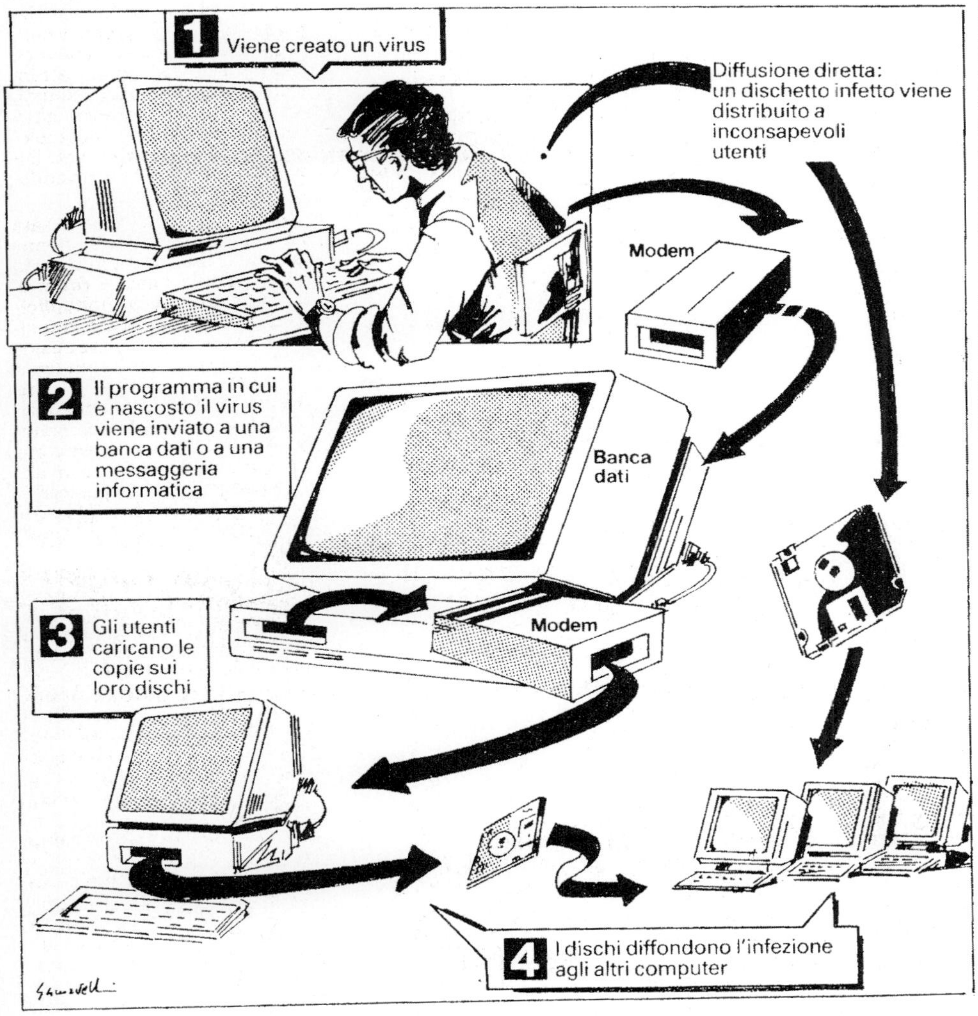

Così un solo dischetto infetto colpisce a morte la "macchina che pensa"

NEL grafico di Paolo Samarelli i metodi di diffusione dei «virus». Il programma-kiler viene inserito, ad insaputa dei gestori (spesso nascosto in un normale programma), nelle banche dati o nelle messaggerie elettroniche e così si diffonde negli elaboratori di chi si collega con essi. Oppure, i dischetti «infetti» passano di mano in mano «contagiando» i computer.

I "virus" sono 1200

ROMA – **Sono almeno 1200 i «virus» dei computer in circolazione nel mondo, ma secondo gli esperti di sicurezza informatica, entro la fine del '92 si arriverà ad oltre 3000 programmi «killer». La maggior parte si limitano a far apparire sui video scritte o immagini grafiche di vario genere o a far scomparire le parole digitate dalla tastiera. Ma ce ne sono altri, i più micidiali e «nascosti», che provocano la distruzione dei dati conservati nelle memorie e gli stessi sistemi operativi.**

documento 5c
La Repubblica,
6 marzo 1992

e. **Osservate il documento 6.**

In che rapporto stanno titolo, nome dell'autore e slogan?

Come è stato formato il vocabolo "*stupidario*"? Qual è in questo caso il significato del suffisso - *ario*?

Riutilizzando questo suffisso potete trovare come si chiama:

- una raccolta di *schede:* ....
- una raccolta di prescrizioni terapeutiche *(ricette):* ....
- un elenco di *tariffe:* ....

Cercate in un un dizionario il significato e l'etimologia delle parole:

abbecedario: ....
breviario: ....
bestiario: ....
calendario: ....
diario: ....
glossario: ....
inventario: ....
prontuario: ....
sillabario: ....
rimario: ....

f. **Seguendo l'esempio dello "*stupidario*", inventate il titolo di tre nuovi libri dello stesso genere.**

1 ....
2 ....
3 ....

MASSIMO DELLA PENA
STUPIDARIO GIURIDICO
La risata è uguale per tutti.
MONDADORI

documento 6

LA BANCARUGA

Tortuga popolare

A Stranalandia esiste un tipo di tartaruga, la bancaruga, che vive fino a quattrocento anni perfettamente lucida. Per questo tutti, sull'isola, le raccontano debiti, crediti e affari, che lei registra, proprio come una banca. Esempio: il topo deve avere cinquanta conchiglie dal gufo, e quest'ultimo fa finta di non ricordarsene. Allora si va dalla bancaruga che dice: "Nel 1864 il topo prestò settanta conchiglie al gufo, che gliene restituì solo venti nel 1871. Il gufo deve pagarne ancora 50!"

Tutti si fidano della bancaruga perché è disinteressata, non chiede tangenti né presta a usura (se no si chiamerebbe tartaruba). Ogni tanto, però, succede che i nomi e i numeri siano tanti che una bancaruga, invecchiando, si confonda e combini pasticci. Allora gli altri animali chiudono la bancaruga e la mandano in pensione, magari a ricordarsi i risultati di calcio. Ma ciò succede dopo molti, molti anni. Una bancaruga di Stranalandia, interrogata da Kunbertus, si ricordava perfettamente che nel 1492 un certo Cristoforo Colombo era passato di lì e aveva preso a credito cento banane, che non aveva mai pagato.

documento 2d

IL PRONTOSAURO

Megasaurus interurbanus

Animale straordinario, che discende direttamente dai colossali rettili dell'antichità e dalle colossali bollette Sip del nostro tempo. Misura sette osvaldi di lunghezza, e ha un lungo collo a microfono. Il suo verso è un profondo tuut-tuut, che diventa più frequente quando è molto occupato.
I prontosauri comunicano tra loro anche a grandi distanze, e passano ore a lanciarsi richiami d'amore da un punto all'altro dell'isola. Se vedete un prontosauro con la testa conficcata nella sabbia, sta parlando di cose intime e non vuole essere disturbato.

documento 2e

IL GATTACIELO

Micius panoramicus

Bellissimo gatto dal lungo collo. Gli serve per fare la serenata alla gatta sul tetto senza dover salire sul tetto.

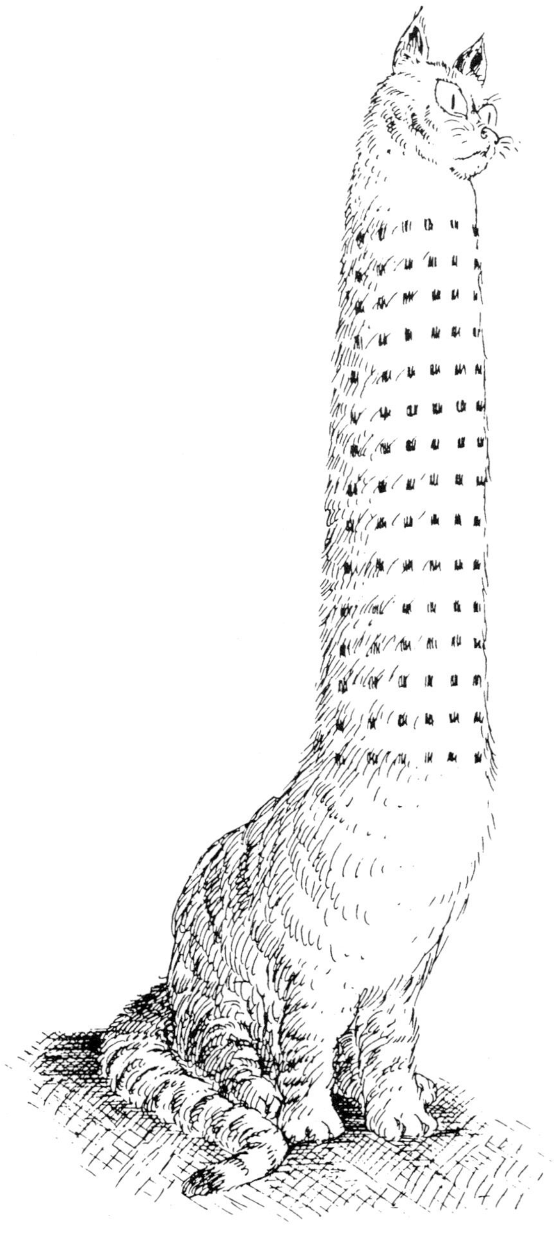

documento 2f

A MO' DI... INVENTARIO,

o passeggiando in città

11

La passeggiata

– Andiamo?
– Andiamo pure.

All'arte del ricamo,
fabbrica di passamanterie,
ordinazioni, forniture.
Sorelle Purtarè
Alla città di Parigi.
Modes, nouveauté.
Benedetto Paradiso
successore di Michele Salvato,
gabinetto fondato nell'anno 1843.
Avviso importante alle signore!
La beltà del viso,
seno d'avorio
pelle di velluto.
Grandi tumulti a Montecitorio.
Il presidente pronunciò fiere parole,
tumulto a sinistra, tumulto a destra.
Il gran Sultano di Turchia aspetta.
La pasticca del Re Sole.
Si getta dalla finestra per amore.
Insuperabile sapone alla violetta.

Raccolta per la prima volta nell'edizione 1913 di *L'incendiario*. 4. *passamanterie*: passamanerie guarnizioni di abbigliamento; è forma francesizzante (*passementerie*). 11. *gabinetto...*: nell'edizione 1913: «antica farmacia, | gabinetto fondato nell'anno 1783». 16. *a Montecitorio*: il palazzo che è sede della Camera dei deputati. 20. *La pasticca...*: nota marca di pastiglie per la gola.

documento 1
Aldo Palazzeschi,
La passeggiata

Orologeria di precisione.
93
Lotteria del milione.
Antica trattoria «La pace»,
con giardino,
fiaschetteria,
mescita di vino.
Loffredo e Rondinella
primaria casa di stoffe,
panni, lana e flanella.
Oggetti d'arte,
quadri, antichità,
26
26 A.
Corso Napoleone Bonaparte.
Cartoleria del progresso.
Si cercano abili lavoranti sarte.
Anemia!
Fallimento!
Grande liquidazione!
Ribassi del 90%
libero ingresso.
Hotel Risorgimento
e d'Ungheria.
Lastrucci e Garfagnoni,
impianti moderni di riscaldamento:
caloriferi, termosifoni.
Via Fratelli Bandiera
già via del Crocifisso.
Saldo
fine stagione,
prezzo fisso.
Occasione! Occasione!
Diodato Postiglione

documento 1

(continua)

scatole per tutti gli usi di cartone.
Inaudita crudeltà!
Cioccolato Talmone.
Il piú ricercato biscotto.
Duretto e Tenerini
via della Carità.
2. 17. 40. 25. 88.
Cinematografo Splendor,
il ventre di Berlino,
viaggio nel Giappone,
l'onomastico di Stefanino.
Attrazione! Attrazione!
Cerotto Manganello,
infallibile contro i reumatismi,
l'ultima scoperta della scienza!
L'addolorata al Fiumicello,
associazione di beneficenza.
Luigi Cacace
deposito di lampadine.
Legna, carbone e brace,
segatura,
grandi e piccole fascine,
fascinotti,
forme, pine.
Professor Nicola Frescura:
state all'erta giovinotti!
Camicie su misura.
Fratelli Buffi,
lubrificanti per macchine e stantuffi.
Il mondo in miniatura.
Lavanderia,
Fumista,

88. *Fumista*: stufaio.

Tipografia,
Parrucchiere,
Fioraio,
Libreria,
Modista.
Elettricità e cancelleria.
L'amor patrio
antico caffè.
Affittasi quartiere,
rivolgersi al portiere
dalle 2 alle 3.
Adamo Sensi
studio d'avvocato,
dottoressa in medicina
primo piano.
Antico forno,
Rosticcere e friggitore.
Utensili per cucina,
Ferrarecce.
Mesticatore.
Teatro Comunale
Manon di Massenet,
gran serata in onore
di Michelina Proches.
Politeama Manzoni
il teatro dei cani,
ultima *matinée.*
Si fanno riparazioni in *caloches.*
Cordonnier.
Deposito di legnami.
Teatro Goldoni

107. *Ferrarecce*: ferramenta. 108. *Mesticatore*: rivenditore di colori e vernici (voce toscana). 115. *matinée*: rappresentazione diurna (fr.). 116. *caloches*: soprascarpe di gomma; forma italo-francese, tra *calosce* e *galoches*. 117. *Cordonnier*: calzolaio (fr.).

i figli di nessuno,
serata popolare.
Tutti dai fratelli Bocconi!
Non ve la lasciate scappare!
29
31
Bar la stella polare.
Assunta Chiodaroli
levatrice,
Parisina Sudori
rammendatrice.
L'arte di non far figlioli.
Gabriele Pagnotta
strumenti musicali.
Narciso Gonfalone
tessuti di seta e di cotone.
Ulderigo Bizzarro
fabbricante di confetti per nozze.
Giacinto Pupi,
tinozze e semicupi.
Pasquale Bottega fu Pietro,
calzature...

– Torniamo indietro?
– Torniamo pure.

1. Osservate il documento 1:

- di che si tratta?
- che rapporto c'è tra il titolo, l'inizio e la fine del testo?
- che rapporto c'è tra il titolo e l'operazione del poeta?
- che particolarità tipografica notate all'inizio e alla fine del poema? in che cosa l'inizio e la fine si differenziano dal resto?

2. Osservate di nuovo il testo e andate alla ricerca di questi elementi:

date
percentuali (in quale contesto?)
orari (di che cosa?)
numeri civici (in che rapporto stanno tra di loro?)
indirizzi
insegne
titoli di giornale (di che tipo?)
pubblicità, avvisi pubblicitari
annunci
nomi propri (di chi?)
targhe commemorative
titoli di film
locandine di teatro
marche di prodotti

Ci sono parole in corsivo nel testo? Perché sono in corsivo?

3. Cercate dei denominatori comuni.

Esempio:

Luoghi pubblici	....	....	....
Antica trattoria	....	....	....
Antico caffè	....	....	....
Bar la stella polare	....	....	....
....	....	....	....
....	....	....	....
....	....	....	....
....	....	....	....
....	....	....	....

Che osservazioni potete fare?

4. Cercate altre possibili associazioni:

Esempio:
impianti moderni di riscaldamento:
caloriferi e termosifoni ...
legna, carbone e brace, ...
fumista ...
deposito di legnami ...

= metodi tradizionali e "moderni" per scaldarsi

e per ogni catena di associazioni spiegate a che cosa si riferisce.
Ce n'è una più importante delle altre?

5. Provate a descrivere tutte le abitudini di vita che la passeggiata fa riapparire:

- come si riscaldava la gente? ....
- come si vestiva? ....
- ....? ....
- ....? ....

6. Il poema inizia e finisce con una coppia di verbi alla 1a persona plurale:

– *Andiamo?*
– *Andiamo pure.*

– *Torniamo indietro?*
– *Torniamo pure.*

Tra i due estremi, trovate altri verbi? A che persona?
In quali di questi è implicato il poeta stesso?

7. Leggete ad alta voce:

Oggetti d'arte,
quadri, antichità,
26
26 A.

Fallimento!
Grande liquidazione!
Ribassi del 90 %

Il più ricercato biscotto.
Duretto e Tenerini
via della Carità.
2.17.40.25.88.

Che cosa notate? Ci sono altri casi analoghi?

Cercate le rime e interpretate liberamente la relazione tra le parole che fanno rima tra di loro.

Notate delle associazioni significative?

Esempio:

progresso - (libero) ingresso

....

....

8. **Osservate:**

Il più ricercato biscotto.
Duretto e Tenerini

C'è una relazione tra il prodotto e i due nomi propri della marca?
Ci sono altri casi analoghi?

9. **Quali segni di punteggiatura appaiono?**
Quali sono i più frequenti?
Che funzione hanno?

10. ***Fate la sintesi delle regole da applicare per scrivere* una passeggiata *alla maniera di Palazzeschi:***

- ....
- ....
- ....
- ....
- ....

Secondo voi, quale altra espressione artistica potrebbe restituire la dimensione di questa passeggiata?

11. ***Se non abitate in Italia, cercate attentamente attorno a voi tutte le parole e i nomi italiani che appaiono nelle strade della vostra città, e trascrivetele.***

Nel vostro *inventario*, ritrovate tutte le possibili associazioni:

- ci sono parole italiane ricorrenti?
- quali sono quelle che si leggono più frequentemente nella vostra città?
- in quali settori appaiono più frequentemente parole italiane?
- c'è un quartiere in cui sono più numerose?

Potete trovare una spiegazione a questi fenomeni?

12. Osservate il documento 2.

Prestate attenzione alle parole formate da termini di una lingua straniera (in questo caso il francese) e da suffissi italiani, come - *eria* e - *issimo*.

Ci sono nella vostra città o nel vostro paese parole di questo genere?
Trovatene degli esempi: ....

....

....

....

....

13. Facendo una passeggiata in una città italiana,

fate *l'inventario* di tutto ciò che vedete scritto: insegne di ristoranti e di negozi, nomi, titoli, marche di prodotti, pubblicità, scritte sui muri, eccetera (trovate alcuni esempi nel documento 3), e trascrivetele.
Non dimenticate le cifre e le parole in lingua straniera. E le rime?

14.

Confrontate la vostra produzione e il poema di Palazzeschi: che cosa è cambiato in città?

15. Potete comporre "una passeggiata" anche usando la tecnica del **collage:**

- fate una piccola raccolta, intorno a voi, di materiale scritto di ogni genere: dépliant, pubblicità, giornali, involucri di prodotti italiani, ecc.
- ritagliate le parole e le frasi che attirano la vostra attenzione
- accostatele tra di loro, cercando di creare rime o associazioni o effetti interessanti
- incollatele su un foglio
- all'inizio e alla fine del componimento, non dimenticate di inserire due versi analoghi a quelli della "passeggiata" di Palazzeschi

AGENTISSIMO

LE JOURNAL GRATUIT - EDITION JUIN 1994

Accueil : 2 Cabinets ouverts de 9 h à 19 h du lundi au **samedi inclus**

180 rue Lafayette 75010 PARIS
Tél : 40.34.61.62

3 rue Mandar 75002 PARIS
Tél : 42.21.31.33

RUE LAFAYETTE
Paris 10e
2 P de charme 40 m²
Poutres Apparentes
2e étage
PRIX : 545.000 frs

A SAISIR
Paris 2e
Marché Montorg
2 PIECES 4
Parquet M
PRIX : 5

PROCHE MARAIS
Paris 3e
Superbe Immeuble
2 surfaces à rénover
860.000 frs et
810.000 frs

R

La Guitarreria"

5, rue d'Edimbourg 75008 Paris

Tél: 45.22.54.72

LES COLIS

En service rapide

COLISSIMO

LA POSTE

Dans le département,
délai garanti en 24 h.

Poids jusqu'à	Ordinaires	Recommandés		
		R1	R2	R3
		F	25,00 F	30,00 F
		F	30,00 F	35,00 F
		F	34,00 F	39,00 F
		0 F	40,00 F	45,00 F
		0 F	45,00 F	50,00 F
		0 F	53,00 F	58,00 F
		0 F	63,00 F	68,00 F
		0 F	72,00 F	77,00 F

Hors du département,
délai garanti en 24 h pour les départements de proximité et en 48 h pour les autres départements.

Poids jusqu'à	Ordinaires	Recommandés		
		R1	R2	R3
250 g	17,00 F	27,00 F	29,00 F	34,00 F
500 g	25,00 F	35,00 F	37,00 F	42,00 F
1 000 g	32,00 F	42,00 F	44,00 F	49,00 F
2 000 g	40,00 F	50,00 F	52,00 F	57,00 F
3 000 g	47,00 F	57,00 F	59,00 F	64,00 F
5 000 g	53,00 F	63,00 F	65,00 F	70,00 F
7 000 g	62,00 F	72,00 F	74,00 F	79,00 F
10 kg	70,00 F	80,00 F	82,00 F	87,00 F

CHAUSSERIA (La)
— 72 av Clichy - - - - - - - - (1)43 87 64 75
— 6 r Lévis - - - - - - - - - - (1)43 87 23 75
— même adresse - - - - - - - (1)40 08 03 98

Pour voyager à prix réduits, la SNCF vous propose :

- **Carrissimo** si vous pensez voyager souvent,
- **les prix Joker** si vous pensez voyager peu et que vous n'êtes pas sûr d'amortir un Carrissimo.

Avec Carrissimo : jusqu'à 50% de réduction sur toute la France.

documento 2

E' VIETATO
INTRODVRRE
BI·CICLET·TE
E MOTO

AGENZIA
Alfa
TEL.
227277
V.LO RANOCCHI 1
LAT. Via OREFICI
INVESTIGAZIONI
.COMMERCIALI, PRIVATE
E INDUSTRIALI
.CONTROLLO DI MINORI
E INFEDELTÀ

da dove?

documento 3

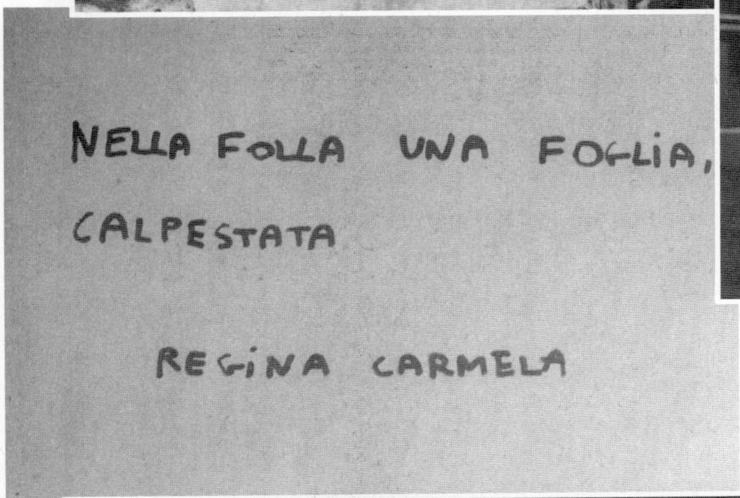

documento 3

foto di Ada Paganini

ESERCIZI

a. **Passeggiando in città (se siete in Italia), osservate le insegne di caffè, bar, ristoranti.**
In molti casi, i nomi scelti per questi luoghi pubblici fanno riferimento ad una tradizione locale oppure ad altre di diversa origine geografica.

Osservate il documento 4.
Nelle "pagine gialle" della città di Bologna, per esempio, trovate la categoria "pizzerie". Identificate le pizzerie che fanno riferimento alla città e alla regione in cui si trovano (Bologna, la costa adriatica, l'Emilia Romagna) e quelle di un'altra provenienza regionale.
Quale? Potete spiegarne la ragione?

b. **In città, le insegne fanno spesso ricorso a lingue straniere.**
Osservate il documento 5: in quale settore si usa in particolare la lingua francese e in quale la lingua inglese? Perché?
E nel vostro paese?

c. **Osservate il documento 6.**
Che cosa vedete in queste foto? A che cosa servono gli oggetti fotografati?
Esiste nel vostro paese qualche cosa di analogo? Qual è il loro scopo?

Osservando attentamente le facciate delle case e gli angoli delle strade, potete scoprire altre *targhe commemorative* e ricostruire, a partire dagli avvenimenti o dai personaggi celebrati, il patrimonio storico e culturale di ogni città.

A partire dalle targhe qui trascritte, per esempio, potete ritrovare alcuni elementi dell'identità storica e culturale di Bologna.

PIZZERIA O SOLE MIO - TRATTORIA
Chiuso il lunedi'
40124 BOLOGNA - v. Castiglione, 50
☎(051) 22 05 11

PIZZERIA RISTORANTE
RISTORANTE BAR PIZZERIA
PIEDIGROTTA
TUTTE LE SPECIALITA' NAPOLETANE
CHIUSO IL MARTEDI'
40125 BOLOGNA
Via S. Stefano, 40/F
☎(051) 27 98 63
(Prendera' il 23 78 51)

PIZZERIA RISTORANTE
BOLOGNA
Specialita' tipiche emiliane
Specialita' pesce - Aperto
mezzogiorno - Chiuso il martedi'
40065 PIANORO (BO)
v. Nazionale, 47 - Rastignano
☎(051) 74 42 68

AL MATAREL
AL MATAREL
Trattoria, specialita' bolognesi
Pesce fresco al venerdi', sabato
e domenica - Chiuso il giovedi'
PONTECCHIO MARCONI (BO)
Via Porrettana, 149
☎(051) 84 60 06

PIZZERIA RISTORANTE
Balanzone
Specialità marinare
pesce fresco tutti i giorni
Ranocchi fritti - Primi piatti
FAVOLOSE PIZZE - FORNO A LEGNA
(Chiuso il lunedì)
40141 BOLOGNA Via Toscana, 163 ☎ (051) 47 46 63

RISTORANTE S. GENNARO
San Gennaro
Chiuso il giovedi'
40134 BOLOGNA
Via A. Costa, 172
☎(051) 41 16 04

PIZZERIA MARECHIARO
PIZZERIA RISTORANTE
MARECHIARO
Specialita' di pesce
Aperti a mezzogiorno
Chiuso il lunedi'
40134 BOLOGNA
Via Porrettana, 9
☎(051) 41 25 38

D'AMORE ALFREDO
«La Bella Napoli»
Chiuso il Lunedi'
40122 BOLOGNA
Via S. Felice, 40
☎(051) 55 51 63

PIZZERIA - RISTORANTE
Vecchia Riccione
Chiuso il martedi'
40138 BOLOGNA
v. Mengoli, 30/D
☎(051) 39 18 64

CAPRI
RISTORANTE PIZZERIA
CAPRI
Locali completamente rinnovati
Aria condizionata - Giardino esterno
Specialita' pesce - Pizza
Pizza da asporto
Aperto solo alla sera
Chiuso il lunedi'
40139 BOLOGNA
Via Lidice, 2 (Parco dei Cedri)
☎(051) 46 79 57

AMALFITANA
RISTORANTE - PIZZERIA
L'AMALFITANA
Cucina napoletana
Aperto a mezzogiorno
Chiuso il mercoledi'
40128 BOLOGNA
Via Massarenti, 350
☎(051) 53 02 13

RISTORANTE PIZZERIA
GROTTA AZZURRA
SPECIALITÀ PESCE
PIZZA ANCHE A MEZZOGIORNO
ARIA CONDIZIONATA
CHIUSO IL LUNEDÌ
BOLOGNA - Via Corticella, 125 ☎ (051) 358181

documento 4

BEBELLA 6 v. Castagnoli 23 95 20
BELLUZZI P.L. 5 v. Orefici 23 49 52
BOSCHERINI E. 62 v. S. Felice 55 52 11
BOUTIQUE JEANNE 2 v. Battisti 26 88 63
BOUTIQUE NIVOLET 37/d vl. Oriani - 34 26 35
BOUTIQUE ROSANNA 4/b v. Oleari 23 10 95

BRUNELLA

Prêt à porter

40122 BOLOGNA
Via Riva di Reno, 47
☎ (051) **26 88 38/27 36 42**
TELEX 511321 BALREI
ATTN. BRUNELLA
TELEFAX (051) 268651

CALAIS LINGERIE 31/f v. U. Bassi 26 46 34
CAMMAROTA G. 44 v. Fioravanti 36 48 06
CAPELLI N. 105/b v. Saragozza 43 62 69
CAPILUPPI Z. 26/a v. Marconi 23 70 11
CAPUCINE 24 v. Orlandi (n. 2 Linee) 54 36 83
CAROLINA (S.P.A.) 28 v. d'Azeglio 22 46 91
CAROLINA (S.P.A.) 8 v. Indipendenza 22 64 69
CEFRA DI CANTELLI M. CELSA (S.N.C.)
107 v. Mazzini 34 35 83
CERFOGLI & BRUSCHI 1 v. Perugino 49 14 52
CHOCOLADE 1/e p. Galvani 22 24 10

CONFEZIONI ENNIO STYLE

Specializzati in doubleface
40024 CASTEL S. PIETRO TERME (BO)
v. G. Miglioli, 8 (3 l.) ☎ (051) **94 15 05**

ISABEL BOUTIQUE

Isabel Boutique

Abbigliamento per signora

40128 BOLOGNA
Via di Corticella, 94
☎ (051) **36 04 00**

ISABEL SHOPPING 94 v. Corticella 36 04 00
JEAN & RENE' 12 v. Tellera 56 91 17

JEANNE BOUTIQUE

Pronto moda
40123 BOLOGNA
Via Battisti, 2 ☎ (051) **26 88 63**

LE CHAT s.r.l.

Le Chat

PRODUZIONE ABBIGLIAMENTO BAMBINI DA 0 A 14 ANNI

40133 BOLOGNA
Via Borghese, 21
☎ (051) **619 41 52**
TELEFAX (051) 619 51 67

PRÉNATAL s.p.a.

PRÉ NA TAL

Una mamma per amica

Negozi: BOLOGNA
Via Indipendenza, 42
☎ (051) **22 10 32**
Via Marconi, 51
☎ (051) **22 51 26**
Centro Commerciale «Centroborgo»
v. Marco Emilio Lepido, 186/35
☎ (051) **40 69 47**

AGENZIA VIAGGI

TRANSEUROPEAN TOUR

BIGLIETTERIA FERROVIARIA AEREA E MARITTIMA VIAGGI ORGANIZZATI E CROCIERE

40125 BOLOGNA - v. S. Vitale, 42/B
☎ (051) **26 96 96**
TELEX 213634

HOLIDAY CLUB SERVICE

holiday CLUB SERVICE

Animazione - Sport per hotels club
Organizzazione feste - Hostesses
Form. professionale per il turismo

40137 BOLOGNA - Via Zamenhof, 3
☎ (051) **44 32 06**
TELEFAX (051) 443295

AGENZIA VIAGGI

ESOTIC TOUR

Tutte le biglietterie e viaggi
Specializzati in viaggi sub
Noleggio barche

40138 BOLOGNA
Via Zaccherini Alvisi, 2/A
(2 Linee) ☎ (051) **30 36 51**
☎ **34 28 35**
TELEX 216023 ESOTIC

GROOVY TRAVEL

GROOVY TRAVEL

Una idea per viaggiare
Affari turismo e vacanze
Viaggi incentivi ed aziendali

40011 ANZOLA EMILIA (BO)
v. Emilia, 158
(2 Linee) ☎ (051) **73 23 05**
TELEX 520276

AGENZIA GRECA
INTERNATIONAL TRAVEL AGENCY

☎ (02) **4 22 55 03 / 4 22 79 04**
Telefax (02) 474217

RAINBOW VIAGGI

GRECIA - TURCHIA - SPAGNA

Affitti ville
Appartamenti - Hotels

Traghetti voli interni in Grecia
Vacanze studio - Fiere tedesche

NOLEGGIO BARCHE (VELA/MOTORE)
20146 MILANO - Piazza Napoli (ang. via Vespri Siciliani)

documento 5

documento 6

(continua)

documento 6

foto di Ada Paganini

1 *Qui lunghi anni dimorò e cantò Enrico Panzacchi*
melodioso creatore di poesia
ultimo figlio dei grandi melici antichi

Il comune di Bologna ad onorare
il cittadino insigne il grande italiano
per cui la vita fu armonia
nel primo centenario della nascita pose
16 dicembre MCMXL

2 *Qui presso erano le case e le torri gentilizie degli Ariosti*
i quali trassero da Bologna il sangue
dal vicino Riosto il nome
e diedero all'Italia Lodovico.
Il Comitato per Bologna storica e artistica
pose. L.'A.1933 - XI.

3 *Risanato questo quartiere*
l'8 dicembre 1958
presente una folla di devoti
era qui ricollocata la statua della Madonna
esistente fin dal 1618
e andata distrutta nel 1911
A cura del Credito Romagnolo e del
Comitato per Bologna storica e artistica.

4 *Qui nacque*
PROSPERO LAMBERTINI
immortale nel nome di
BENEDETTO XIV

5 *Qui nel rione di Porta Nova furono le case di*
Guido Guinizzelli il poeta dalle rime d'amore "dolci e leggiadre" e
le scuole di Giovanni del Virgilio
che invitò Dante a cingere l'alloro in Bologna
e di Benvenuto Rambaldi da Imola che lesse per la prima volta
pubblicamente la Divina Commedia.

Distrutta nel 1943 per bombardamento aereo è stata ripristinata
nel giugno 1961 a cura del Comitato per Bologna storica e artistica
e del Genio Civile.

6 *Qui ebbe la sua prima sede e accademia di letteratura e di storia*
polacca e slava
ADAM MICKIEWICZ
Fonda in Bologna nel 1879

7

Questa casa nel secolo XIII
fu della famiglia Ubaldini della Pila di Mugello
cui appartennero
il Cardinale Ottaviano
che nel 1249 condusse i Bolognesi vittoriosi a Fossalta e
l'Arcivescovo Ruggeri
che a Pisa nel 1288 fece morire di fame il conte Ugolino
della Ghirardesca, entrambi ricordati da Dante
nei canti X e XXXIII dell'Inferno.
Memoria posta nel 1962 a cura del Comitato
per Bologna storica e artistica

8

Nell'aula grande di questo liceo
dal XXVI Sett. al II ottobre MDCCCLXXXI
I GEOLOGI
con gli auspici di Umberto I
presidente onorario Quintino Sella
effettivo Giovanni Cappellini
tennero il II Congresso Internazionale
apprestando nuovi incrementi alla scienza

9

In questa casa
lunghi anni dimorò e morì
ALFREDO TESTONI
commediografo insigne
gaio interprete dell'anima petroniana

Il comune di Bologna
amici ed estimatori
nel primo decennale della morte
XVII DIC. MCMXLI XX E.F.

10

Qui nel mezzo della via
era una porta della città nelle mura penultime
detta Serraglio di Barbaria
demolita l'Anno MCCLVII

11

Nel convento di San Giacomo
ebbe lunga operosa dimora
e vi morì il 12 dicembre del 1598
fr. CHERUBINO GHIRARDACCI
che primo ordinatamente raccolse
e pubblicò
le memorie della città di Bologna
con affetto di figlio
con dignità di storico

Auspici la R. Deputazione di storia patria
e il Comitato per Bologna storica e artistica
l'A. MCMXXIII
Il comune di Bologna P.

12

> *IL COMUNE*
> *in questo palazzo che era sua nuova sede*
> *e la cui fronte l'anno MCMV fu ripristinata*
> *tenne prigioniero di guerra*
> *dal MCCXLIX al MCCLXXII*
> *in splendido corteggio*
> *il vinto di Fossalta*
> *ENZO RE DI SARDEGNA*
> *figliuolo di Federico II Imperatore*

Le targhe commemorative possono celebrare

***un periodo* o un avvenimento storico:**

- a quali epoche fanno riferimento? a quali avvenimenti in particolare? a quali personaggi storici?
- quale epoca viene citata più frequentemente?

un personaggio:

- a che categoria (per esempio: artisti, inventori, ecc.) appartengono?
- qual è il legame tra la città e questi personaggi?

un *aspetto* o una *tradizione*:

- in quali di queste targhe potete ritrovare una traccia, per esempio, della tradizione universitaria di Bologna, prima università d'Europa?
- in quali vengono messi in valore degli elementi architettonici o urbanistici?

Se viaggiate in diverse città italiane, fotografate delle targhe (o trascrivetene i testi) e a partire dagli elementi ricorrenti raggruppatele in diverse categorie (per esempio, commemorazione di avvenimenti storici, o artistici, ecc.). Potrete cosí ricostruire la memoria del proprio passato che ogni città rivela ai passanti.

d. **Cercate in un dizionario il significato di:**

"dazebao": ....

"murales": ....

"graffiti": ....

Da dove sono state importate queste parole? In quale epoca si sono particolarmente sviluppate queste pratiche? Con quale obiettivo?
Esistono nel vostro paese pratiche analoghe? Come vengono percepite?

E in Italia?
Passeggiando in città, "registrate" quello che trovate scritto sui muri facendo foto o trascrivendo i testi.
Mettete in comune il risultato del vostro inventario: che osservazioni potete fare?

....

e. **Osservate il documento 7.**

Qual è il supporto che è stato scelto per lasciare messaggi scritti?

Continuate l'articolo:

"Nulla vieta infatti di immaginare Annalisa e Lucia come ....

....

....

...."

f. **Cercate parole italiane come queste:**

superstrada	ipermercato	megaconcerto
....	....	....
....	....	....

Nel documento 8, a che cosa servono i prefissi *super*, *iper e mega* nella strategia pubblicitaria? Hanno una connotazione positiva o negativa? A che cosa vengono contrapposti?

g. **Osservate i ritagli di giornale del documento 9.**

Qual è la funzione di *"super" e di "issimo"*?

Classificate:

super + nome	*super* + aggettivo
....	....
....	....
....	....
....	....
....	....

Quali differenze ortografiche potete notare?

In quale caso, secondo la grammatica, dovrebbe essere utilizzato il prefisso *-issimo*? Come viene usato invece negli esempi del documento 8?

Cercate esempi analoghi nei giornali o nella pubblicità.

h. **Leggete il documento 10.**

- Qual è, secondo l'autore dell'articolo, la situazione attuale dell'italiano rispetto alle altre lingue?
- Potete confermare o relativizzare le affermazioni di questo linguista facendo riferimento alla diffusione dell'italiano nel vostro paese?

Cultura

Il fenomeno è singolare: ignoti scrivono i più diversi messaggi sulle banconote e c'è chi le colleziona. Naturalmente è uscito un libro (da millelire)

Italian graffiti formato millelire

di SEBASTIANO VASSALLI

Il primo mille lire scritto della mia raccolta personale è il biglietto IC 320238 K. Dice: «Ciao siamo 2 ragazze in vacanza chi avrà questo 1000 sarà fortunato noi siamo al campeggio Mauro veniteci a trovare Annalisa e Lucia». Ne sono venuto in possesso nel 1989, credo in autunno, e ricordo di essere rimasto colpito da quel messaggio che aveva tutte le caratteristiche dell'autenticità e che si offriva come spunto di infiniti romanzi.

Dov'è – mi sono chiesto – il campeggio Mauro? Forse in Calabria: Mauro è un cognome calabrese. poi ho cercato d'immaginare Annalisa e Lucia, e mi sono trovato di fronte ad un primo ventaglio di possibili trame. Per esempio: Annalisa e Lucia sono due prostitute in vacanza al campeggio Mauro, che vogliono esercitare il loro mestiere anche al mare ma senza insospettire i vicini di roulotte o di bungalow. Le banconote scritte gli servono per conoscere maschi estranei al campeggio e resi già un poco sospettosi per il modo in cui l'avventura ha avuto inizio: quando le ragazze gli chiederanno i soldi, la richiesta verrà formulata lontano dal luogo dove Annalisa e Lucia sono clienti rispettate e «normali», e verrà formulata a chi già un po' se l'aspetta. Questa forse è la trama più plausibile e può portare a un centinaio di soluzioni diverse, comiche, elegiache o tragiche; ma ce ne sono molte altre.

Nulla vieta infatti d'immaginarci Annalisa e Lucia come

documento 7
La Repubblica,
4 febbraio 1993

SECONDO VOI COSA VORREBBERO TROVARE POSSIBILMENTE VICINO CASA?

Troppe aree urbane e non, in Italia e nel mondo, soffrono oggi di gravi degradi ambientali che impongono un'irrinunciabile conservazione delle zone ancora integre. Altrettanto indispensabile è il recupero delle aree che, per trascuratezza o indifferenza, hanno perso le loro originali funzioni, nonchè l'equilibrio ecologico e paesaggistico che le caratterizzava.
Parchi, giardini, viali alberati, spazi verdi attrezzati ed impianti sportivi di ogni tipo hanno perso in molti casi la loro identità fino a compromettere la qualità della vita.
Interventi radicali di risanamento del degrado si impongono ormai con urgenza, e noi della Scarpellini siamo pronti a rispondere con serietà e professionalità a questa impellente necessità della comunità. Sulla base di una avanzata organizzazione aziendale leader nel mondo, che dispone delle più moderne tecnologie e di un'esperienza nella progettazione del verde di ben cinque generazioni, abbiamo messo a punto un programma completo e articolato che ci consente di intervenire per qualunque esigenza di:

Progettazione e realizzazione di aree esterne pubbliche

Grazie ad attenti studi orografici del territorio ed a rigorose scelte delle essenze più idonee, si realizzano aree verdi 'chiavi in mano', complete dei più efficienti sistemi di irrigazione ed attrezzate con impianti sportivi di ogni genere, correttamente inserite nel contesto ambientale circostante, urbano ed extraurbano.

documento 8

Supermagre & moda

Battaglia decisiva in Estremo Oriente per le industrie dell'alta velocità ferroviaria

Corea, scontro tra supertreni

Re-Nutriv

Super Ricco, Super Rassodante.

La classifica dei manager pubblici

I super-redditi dei grand commis

Povero Natale superscontato

Superlavoro per attuar

supervendita di appartamenti

Sono imminenti le nomine dei nuovi vicesegretari generali, posti chiave della azienda Montecitorio

Superburocrati, giochi aperti alla Camera per due poltronissime

Al futuro manca soltanto un telefono superveloce

documento 9

issima
midnight secret
CURA SPECIALE NOTTE BREVE.
Una cura eccezionale
Stress, fatica o serate troppo
I BIGLIETTI DELLA
LOTTERIA DI CAPODANNO
IN REGALO CON
MILIARDISSIMA
SERIE AG
N° 353403
1993
miliardi della Lotteria di Capodanno? Forse in
sono già tuoi e ti aspettano alla
FABIO TRONCHETTI
Scarpissime per grandi superfici
Il numero uno della Bata in Italia punta adesso sulla grande distribuzione.
FORMULISSIMA
Scontissimi
L'Air France contrattacca
FENDISSIME®
PRODOTTO NELLA
REPVBBLICA ITALIANA

documento 9

Parola d'italiano

di Tullio De Mauro

Se si pensa alla situazione linguistica attuale del nostro pianeta, l'attenzione della gente è in genere polarizzata dalla massiccia e crescente diffusione dell'inglese. Fatti oggettivi si mescolano, nella comune percezione, a lamenti di puristi e patrioti improvvisati e a notizie sulla formazione di mostri ibridi, dal "franglais" in Francia al "runglese" condannato dai conservatori antigorbacioviani a Mosca, dallo "svengelska" in Svezia all'"itangliano" che furoreggia tra dirigenti d'azienda e commessi della Upim.

Se si aggiungono le profezie sicumerose di sociologi come Francesco Alberoni, c'è abbastanza "rumore di fondo" per oscurare, nella coscienza comune, la percezione dell'altro grande fatto che si sta manifestando.

È un fatto incommensurabilmente più nuovo rispetto all'attuale egemonia dell'inglese. Perché di epoca in epoca, dall'una all'altra parte del mondo, c'è sempre stata qualche lingua egemone: il cinese in Giappone, il sanscrito per vie religiose, il greco e il latino per cento tramiti, l'arabo, lo spagnolo, il francese.

Il fatto veramente nuovo dei nostri anni non è l'egemonia della lingua di alcuni grandi Stati del vecchio e nuovo mondo, ma è l'inattesa possibilità di sopravvivenza, il rinnovato prestigio interno ed esterno, la moltiplicata capacità di consolidamento e affermazione di un notevole numero di idiomi minori. Studiosi di linguistica, come il nostro compianto Alessandro Bausani, e di prospezioni socioeconomiche, come John Naisbitt, hanno avuto il merito di cogliere la nuova tendenza ai suoi esordi.

Non c'è dubbio che l'italiano ha beneficiato e sta beneficiando di questa onda lunga: interdipendenza economico-produttiva e politico-culturale tra i popoli, tecnologie dell'informazione, che all'occhio superficiale di qualche sociologo dovevano "parlare inglese", hanno dato e stanno dando all'italiano, come ad altre lingue minori (rispetto a inglese, francese, cinese e spagnolo), una nuova vitalità dentro e oltre i suoi confini.

Ma l'italiano sta beneficiando di ciò più di altre lingue minori, fino a incalzare e qua e là soverchiare le maggiori per l'intreccio di fattori eterogenei (gente emigrata e capitani d'industria, magliari e biologi, fisici e cantanti magari di non grande rango, scrittori come Pier Paolo Pasolini o Italo Calvino, e perfino semiologi e linguisti).

Questa presenza, o, se si vuole, questa invadenza dell'italiano, assume forme diverse. C'è la presenza di parole italiane in insegne, vetrine, negozi che si può constatare nella Quinta strada a New York, nella Città vecchia a Stoccolma, o in quartieri come Kanda e Ginza a Tokio: una presenza che ormai soverchia quelle di francese, tedesco, spagnolo. Accanto alla presenza della tradizione musicale, che resta un fattore fondamentale, ma non più unico, c'è quella del cinema e, linguisticamente più discreta, della letteratura (e non è solo Umberto Eco...).

Ci sono poi le parole prestate ad altre lingue: "mafia" o "risotto" non più le uniche, ma "autostrada" e "superstrada", "ragazzo di vita" e "partitocrazia", "aggiornamento" e (fatto raro e grande all'occhio del linguista) suffissi come "-eria" o "-issimo" eccetera.

Il richiamo culturale ed economico, infine, ha creato quasi un milione di studenti della nostra lingua: è la realtà più nascosta, ma, anche, più profonda, seria, durevole. L'italiano si insegna estesamente non solo in quei paesi del Sud-Est europeo o in Francia dove a scuola aveva più solide radici, ma nei paesi di emigrazione, naturalmente, dall'Australia agli Stati Uniti e al Canada, e in altri, nuovi, come il Giappone.

E ciò a dispetto delle difficoltà in cui si è trovato e ancora si trova chi insegna (e impara) l'italiano, rispetto a chi insegna il francese, l'inglese, il tedesco, lo spagnolo, il russo: manca ancora ogni sostegno centrale ai processi di diffusione e di insegnamento della nostra lingua, che continua ad essere il regno, o la repubblica, del "fai da te" (e san Gennaro e lo Stellone ti aiuteranno).

documento 10
L'Espresso,
19 agosto 1990

A mo' di... Diario,

o come scrivere un racconto d'osservazione

12

23 maggio 1983

Al mattino presto in queste pianure la luce è tutta assorbita dai colori del suolo. C'è un vapore azzurrino che fa svanire le distanze, e oltre un certo raggio si capisce soltanto che le cose sono là, disperse nello spazio. È col sole alto e la luce netta che cominciano a vedersi grandi separazioni. I tagli di luce e ombra fanno apparire forme desolate su tutti i muri, pezzi d'asfalto, siepi o cartelli ai margini d'un movimento generale di traffici e vendite. Le cose che non indicano vendite o direzioni di marcia sono tutte in abbandono. Dove c'è traffico le ombre hanno sempre l'aria di aspetti inutili, troppo immobili per questo mondo. E se passa un camion sollevando un pezzo di giornale sull'asfalto, subito ci si accorge che da queste parti ogni esitazione o indugio è fuori posto.

A Ferrara abbiamo dormito in un albergo nella piazza dietro il castello. Andato a rivedere il trittico di Cosmé Tura nel museo del Duomo: nella parte destra alle spalle della Vergine, ci sono quei vapori di distanza che mi fanno pensare alla pittura cinese. Avevo nostalgia di questo modo di trattare la lontananza, di guardare lo spazio che si spalanca sul fondo dove tutto svanisce: non sguardo all'infinito, ma sguardo su ciò che svanisce.

Poi spedita cartolina all'eroe della penitenza.

Ore 12. Attraverso una zona di capannoni industriali, cerchiamo una strada verso il Po. Là c'è Pontelagoscuro, le file di cisterne, ciminiere, torri di raffinerie con getti di fuoco e vapore. Scrivendo mentre Luciano guida, riesco a tenere a bada un panico che a tratti è con me.

Sulla salita che porta al ponte di ferro di Pontelagoscuro, a lato dello stradone pieno di traffico, dei binari corrono lungo un muro di mattoni anneriti che cinge la cittadella industriale della Montedison. Oltre il muro spuntano le cupole delle cisterne, torri di valvole e serpentine, fasci di tubi con bruciatori a pinnacolo, e ponteggi sospesi tra le torri.

Poco fa Luciano stava scattando una foto su quei binari, vicino al muro, e ha dovuto saltar via in fretta per scansare un vagone-cisterna della SOLVAY & NACCO che arrivava a tutta velocità. Appena sull'asfalto un camion l'ha claxonato così violentemente che ho fatto anch'io un bel sobbalzo.

Girato l'angolo per fermarci, scendiamo di macchina davanti ai cancelli della cittadella industriale e sentiamo qualcuno urlare dall'alto d'una torre per mandarci via. Ç'era un uomo lassù che ci osservava, aveva una maglietta a righe e un'unica bretella per traverso sul petto. Davanti a noi un hangar enorme e vuoto era illuminato da tre batterie di fari accesi in pieno giorno. Sul fondo una ciminiera ha emesso un getto di fumo, che ora copre una parte del cielo, giallo e trasparente.

documento 1
Gianni Celati,
Verso la foce

Finalmente riusciamo a far sosta davanti ad un ingresso secondario di questa cittadella, su uno stradone dove passano solo camion. C'è il panico che viene quando ci si sente inadeguati, con la testa piena di opinioni che non servono a niente. Qui la vegetazione spontanea copre gran parte del muro annerito, l'asfalto è a pezzi nelle pozzanghere davanti all'ingresso; altre pozzanghere piene di cartoni inzuppati, pezzi di copertone, frammenti di polistirolo, una lattina schiacciata, e paglia d'un imballaggio che qualcuno ha perso per strada.

Là fuori tutto funziona per conto suo giorno e notte: il Po scorre verso il mare pieno di bolle e chiazze viscose, i fuoribordo del circolo canottieri passano sotto il ponte di ferro, e su quest'argine dove ci siamo rifugiati si sente ininterrottamente il ronzio d'una centrale elettrica in riva al fiume. Dall'altra parte dell'argine c'è una chiusa con binari di scorrimento sospesi sopra le vasche, ghiere e argani arrugginiti su uno sfondo nuvoloso.

Luciano è in macchina che fuma, non se la sente più di fotografare questi posti. In distanza fabbriche di mattoni anneriti, forse le prime costruite a Pontelagoscuro, hanno tutti i vetri rotti e dentro c'è solo buio. Nell'epoca in cui tutti i muri cominciavano ad annerire, quelle fabbriche dovevano essere divinità del luogo.

Oltre la chiusa, nella campagna abbandonata, cisterne grigie d'una vecchia SOCIETÀ TRATTAMENTO ACQUE, e anche loro devono essere state un tempo divinità del luogo. Adesso tra quelle cisterne e la macchia che si vede in distanza, sorgono ciminiere e bruciatori con getti di fumo e fuoco.

Siamo qui forse da un'ora. Sono sceso sotto l'argine e ho raccolto piante che debbono essere sopravvissute alle ere in cui tutto anneriva. Hanno foglie deformate, senza più simmetria bilaterale: un lembo della foglia è lanceolato e l'altro roncinato, punge come un cardo.

Nella campagna, sullo sfondo di ciminiere e bruciatori a pinnacolo, col cielo tutto denso di vapori, un piccolo gregge di pecore adesso bruca l'erba attorno a quelle vecchie cisterne. Il pastore è un uomo anziano con un impermeabile giallo, seduto su un tubo metallico ascolta il suo transistor.

Verso Francolino. Sull'argine un signore in bici con l'ombrello aperto, e uccelli che volano bassi.

Ci siamo infilati in una stradina che finiva davanti ad un villaggio di case giallo uovo, completamente deserto tra campi di granoturco. Strada che finiva tra due cassoni di cemento pieni di spazzatura, case con tapparelle tutte abbassate, profilo dei campi contro un argine lontano; forse un posto per domiciliati che vengono qui solo a dormire.

documento 1

(continua)

In questo viaggio per le campagne abbiamo visto un abbandono generale del mondo esterno: aggregati di case in cemento con l'aria d'essere appena sorte e subito abbandonate, fattorie dove non si riconoscono forme di vita, cave di sabbia anch'esse deserte, recinti di roulottes in mezzo ai prati, tralicci dell'alta tensione con fili che pendono su lunghissime distanze. Il vuoto è riempito da nomi di località inesistenti, non luoghi ma solo nomi messi sui cartelli stradali da qualche amministrazione dello spazio esterno.

Da un'ora percorriamo l'argine del Po senza aprire bocca, sempre un cielo nero e fermo di nuvole basse. Anche l'acqua del fiume sembra immobile, e nella pianura fin dove posso vedere non c'è nessuno. Né macchine né moto o biciclette, per i viottoli che si snodano su quei gradini erbosi che formano la costa interna degli argini.

Ore 17,20. Luciano ha rimesso tutto in moto, decidendo di uscire a fotografare l'orizzonte buio, dove si vedono solo cumuli rotti dal vento ed erranti sul paesaggio. E subito sono spuntati sull'argine uomini in motorino, con teloni di nylon in testa per proteggersi dalla pioggia.

Un altro arriva a piedi, con alti stivali da pesca rimboccati e un grosso catino sulla spalla. Va verso il pioppeto allagato, dove lo osserviamo salire su un barchino e sparire tra gli alberi.

Seguendo l'uomo nel pioppeto abbiamo scoperto una bella casa signorile d'altri tempi, immersa nell'acqua quasi fino al primo piano. È circondata da abeti, robinie, pruni, ciliegi in riva al Po. Sul balcone si sono arrampicate l'edera e la vitalpa avvolgendo tutto, e lassù c'è un merlo che manda richiami a due note. Subito dopo arriva un frinire e chiurlare d'altri uccelli, e cuculii e gracidii nel folto, tutto un risuonare d'abitudini che danno sensazioni comiche.

Quei rumori nel folto sciolgono un po' la tetraggine della giornata, decidiamo di tornare a Ferrara per mangiare in un buon ristorante. Gli unici paesaggi a cui si va incontro sono andamenti di abitudini, circostanze secondo le ore, luci e colori e rumori che cambiano. Tutto questo svanire da cui nascono i racconti, la nostra piccolezza dispersa vicino a un fiume.

Tornati sull'argine. Tutto è come prima, appena un po' alterato dalla pioggia che cade e dall'aria ferma che assorbe la luce, sgranandola nello spazio sempre più spalancato della pianura senza punti di riferimento.

Sotto la pioggia passati per Ruina, Saletta, Tamara, e adesso indietro verso Ferrara tra due file di platani nel buio. Dovunque luci di ristoranti, stazioni di servizio, dancing, pizzerie, e qui il mondo esterno sembra tutto un posto di ristoro. (...)

documento 1

1. Osservate il documento 1. **Che tipo di testo è?**

- ci sono delle date: che cosa indicano?
- ci sono orari: di che cosa?

2. Leggete il testo. **Ritrovate sulla cartina (doc. 2) *i luoghi* citati nel testo:**

- si tratta di città turistiche?
- di grandi città, piccole città, paesi, paesini, borgate?
- come sono collegati tra di loro questi luoghi? da autostrade, superstrade, strade nazionali, provinciali, strade di campagna, sentieri?
- che tipo di itinerario permettono di tracciare?

Cercate le informazioni riguardanti *i viaggiatori*:

- quanti sono?
- con che mezzi si spostano?
- dove si fermano? dove dormono? dove mangiano?
- che cosa fanno? che informazioni avete sul loro mestiere?
- che informazioni potete rintracciare sulle loro famiglie?
- che relazione esiste tra di loro?
- qual è lo scopo di questo viaggio? qual è la meta?
- appaiono dei personaggi secondari? chi sono? che cosa fanno? che relazione c'è tra questi e i viaggiatori?

3. Concentrate la vostra attenzione sul **paesaggio***. Trascrivete tutte le annotazioni riguardanti:*

luce e colori: ....

....

odori: ....

....

suoni: ....

....

situazione meteorologica: ....

....

....

tempo: (momento della giornata, della notte) ....

....

....

- c'è un elemento naturale predominante?
- ci sono parole in stampatello: che cosa indicano?

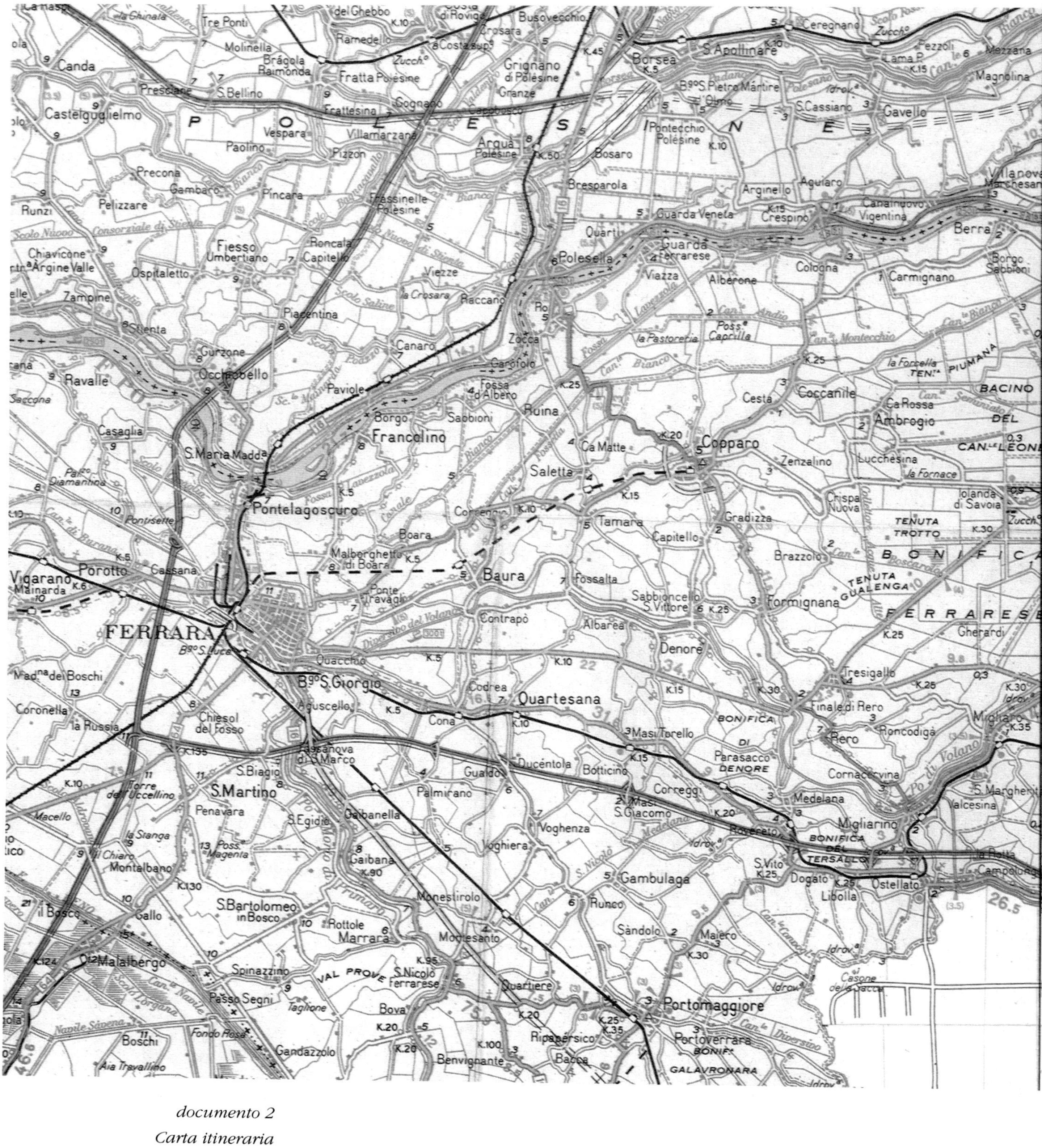

documento 2

Carta itineraria

Emilia Romagna e Toscana

Foce del Po di Maistra
Porto Levante
Ca Cappello
Fornaci
Donada
C.Vela
Contarina
Taglio
Vallièra
Grimana
Retinella
Smergoncino
Cavanella Po
Bottrighe
Mazzorno sin.
Ca Zeno
Taglio di Po
Borghetto
Còrbola
Mea
Ca Giustinian
Valle d. Moraro
Valle Lisetto
Cas.ne Scanarello
Cas.ne S.Leonardo
Barchessa Ragnan
Cas.ne Valle Ripiego
Boccasette
Pal.zo Rastelli
Maestrazza
P.to Palo
le Tombine
Spin
Garzara
Bizzata
Ca Cappellino
Grillara
il Crocerone
S.Maria
le Tombe
Piano
C.na Cornera
Serravalle
Mezzavilla
ISOLA D' ARIANO
Pal.zo Nichetti
Villaregia
Ca Pisani
Ca Venier
PO DI VENEZIA
Ca Zuliani
Pila
Faro
BOCCHE DEL PO DELLA PILA
PO DELLA PILA
Crepalda
Valline
Ten.te Ariolo
Ariano Ferrarese
Ariano nel Polesine
S.Basilio
Ca Vendramin
Ca Trepolo
Fraterna
Tolle
Porto Tolle
Donzella
Ca Dolfin
ISOLA
Polesine Camerini
DI
POLESINE
Massenzàtica
Riva
Mèsola
la Risaia
Scovetta
Ca Mello
F.le Vittoria
Monticelli
BONIFICA FERRARESE
BACINO
Mezzogoro
DEL
CANALE
BELLA
MALEA
LAVALLONA
C.se Ragazzi
Polesinello
Gnocca
Scardovari
Forti
Lanterna
Ten.te Fronte
C.se Cucco
Ten.ta Ca Nova
C.se Straforini
Bosco
C.te Frignani
Ca Latis
Cassella
Sacca degli Scardovari
Bonelli
Borg.o Caprile
Gigliola
GRAN BOSCO DELLA MESOLA
Goro
BONIF.A V.LE CA LATIS
Gnocchetta
S.Giulia
Cas.ma Finanza
Gorino Veneto
Gorino Ferrarese
Sacca di Bottonera
BOCCA DEL PO DELLE TOLLE
Pomposa
Passo di Pomposa
CODIGORO
BONIFICA VALLE VOLTA
C.se Salghea
Fiscaglia
C.te Bastione
Vaccolino
Volano
Bagni di Volano
Po di Volano
Faro
Bocche del Po di Goro e di Gnocca
F O C I
Marozzo
GALLARE
BONIFICA VALLE BOSCO
C.Canal del Bianco
Lago Santo
Maestra
C.te Rodi
V.LI BASSE
C.Manara
C.Bellària
BONIF.A
BONIFICA
C.se Accorsi
VALLE
C.te A.Giaroli
TREBBA
PONTI
S.Giuseppe
Lido di Pomposa
ISOLA
C.se Scacchi
COMACCHIO
C.Mioni
Porto Garibaldi
Porto

....

Cercate in particolare le indicazioni relative al:

paesaggio industriale

Esempio: ...le file di cisterne, ciminiere, torri di raffinerie con getti di fuoco e di vapore

....

....

....

....

4. *Rintracciate gli effetti del paesaggio sul* narratore *e sul suo* compagno di viaggio.

Che impressioni suscita questo paesaggio *nel lettore*?

5. *Sottolineate i verbi alla* prima persona *singolare e plurale:*

- che tipo di azione esprimono? (provate a raggrupparli)
- qual è l'azione predominante? come si collega alle altre?
- quali sono i *tempi verbali* utilizzati per la descrizione: presente? imperfetto?
- e per la *narrazione*: passato remoto? passato prossimo? imperfetto? presente? come spiegate questa scelta? che effetto ha sul lettore?

6. *Ecco la* citazione *che Gianni Celati ha premesso alla sua opera:*

> *L'aperto giorno riluce per l'uomo di immagini.*
> Hölderlin, Aussicht, circa 1842

Secondo voi in quale modo si collega al testo che avete letto?

7. *Leggete la* Notizia *(doc. 3) che Gianni Celati ha premesso alla sua opera.*

Qual è il filo conduttore che lega *citazione, notizia* e *testo*?
Alla luce di questa lettura, che significato assume il *titolo "Verso la foce"*?

8. *Precisate le regole da seguire per scrivere un* "racconto di osservazione" *alla maniera di Celati:*

- tipo di itinerario: ....
- ....
  ....
- ....
  ....

NOTIZIA

Questi quattro diari di viaggio sono nati mettendomi a lavorare con un gruppo di fotografi, che si dedicavano ad una descrizione del nuovo paesaggio italiano, tra cui il mio amico Luigi Ghirri. Per come sono adesso, dopo essere stati riscritti e resi leggibili, li chiamerei racconti d'osservazione.

Viaggiando nelle campagne della valle padana è difficile non sentirsi stranieri. Più dell'inquinamento del Po, degli alberi malati, delle puzze industriali, dello stato d'abbandono in cui volge tutto quanto non ha a che fare con il profitto, e infine d'una edilizia fatta per domiciliati intercambiabili, senza patria né destinazione – più di tutto questo, ciò che sorprende è questo nuovo genere di campagne dove si respira un'aria di solitudine urbana.

I quattro viaggi qui presentati narrano dunque l'attraversamento d'una specie di deserto di solitudine, che però è anche la vita normale di tutti i giorni. Se hanno qualche rilevanza, almeno per chi li ha scritti, questa dipende dal fatto che un'intensa osservazione del mondo esterno ci rende meno apatici (più pazzi o più savi, più allegri o più disperati).

Il primo parla d'una camminata attraverso le campagne cremonesi, nei giorni immediatamente successivi allo scoppio nucleare di Černobyl. Il secondo è una esplorazione laboriosa degli argini del Po, con incontri che possono sembrare inverosimili. Il terzo è una visitazione delle zone della grande bonifica ferrarese, che va a finire abbastanza bene, mi sembra. Il quarto è un viaggio pieno di incertezze alle foci del Po, in cerca del limite delle terre e d'un gruppo di etologi tedeschi e forse d'altre cose (al momento del viaggio non chiare).

Quali cose? Ogni osservazione ha bisogno di liberarsi dai codici familiari che porta con sé, ha bisogno di andare alla deriva in mezzo a tutto ciò che non capisce, per poter arrivare ad una foce, dove dovrà sentirsi smarrita. Come una tendenza naturale che ci assorbe, ogni osservazione intensa del mondo esterno forse ci porta più vicini alla nostra morte; ossia, ci porta ad essere meno separati da noi stessi.

9. ***Cominciate il vostro diario di viaggio.***

Scrivete:

Titolo:

....

Citazione:

....

....

Notizia:

....

....

....

....

....

Premunitevi di quaderno e eventualmente anche di un registratore: durante il viaggio, potrete *registrare* quello che vi offre la vostra *"intensa osservazione del mondo esterno"*.

Cominciate qui, scrivendo la data di oggi.

....

....

....

....

ESERCIZI

a. **Secondo voi, quale altra espressione artistica (pittura? teatro? cinema? video? fotografia? poesia?) potrebbe restituire la dimensione del viaggio di Celati?**

b. **Cercate nei documenti 4 e 5 i punti in comune tra "Verso la foce" e "Strada provinciale delle anime".**

Come si fa un "*videoracconto*"?
Precisate qui le istruzioni relative a:

scelta degli attori: ....
ruoli attribuiti agli attori: ....
mezzi di trasporto: ....
colonna sonora: ....
trama:...
voci fuoricampo: ....
inquadrature:...

c. **Leggete il documento 6.**
Cercate *affinità* e *differenze* tra il lavoro dello scrittore e quello del fotografo:

affinità: ....
....
....
....
differenze: ....
....
....
....

d. **Leggete il documento 7.**

- chi scrive?
- a chi è destinata la sua opera?
- qual è lo scopo della sua opera? come intende realizzarlo?

la Repubblica Spettacoli

Lo scrittore parla del suo videoprogetto "Sei racconti delle riserve"

Un'anima

Celati: così le par si sono fatte cine

di BRUNELLA TORRESIN

BOLOGNA – «Mi piace lavorare andando in giro e prendendo appunti. Il mio lavoro mi pare debba essere questo: guardare e ascoltare. Credo che si possa raccontare in vari modi. Mi sono chiesto se è possibile usare un altro mezzo invece della penna e del foglio». Così, a 53 anni, Gianni Celati, scrittore, studioso e docente di letteratura, ha imboccato un giorno la Strada Provinciale delle Anime che già aveva percorso, tempo addietro, raccogliendo appunti per *Verso la foce*, diario d'otto anni di vagabondaggi. Ma, tra i tanti modi di raccontare, ha lasciato la penna e scelto la videocamera.

Quella gita sul delta del Po

La Strada Provinciale delle Anime è una via che da Portomaggiore, nella bassa pianura ferrarese, si spinge dentro il delta del Po e verso il mare. E' diventata il titolo del primo di **Sei racconti delle riserve**, un progetto che riunisce sei racconti in video «che potrebbero durare un po' meno di un'ora ciascuno, fatti con videocamera e una troupe affiatata di quattro persone. Cioè la troupe con cui ho studiato come potrei fare questo lavoro»: amici videomakers dello studio Pierrot e la Rosa, ex allievi dei corsi del Dams dove Celati insegnava, bolognesi.

La prima «puntata» è già un soggetto particolareggiato tradotto in un video "pilota" di 13 minuti e in un preventivo posato sulla scrivania di un capostruttura della Rai che, entro martedì prossimo, dovrebbe decidere se produrlo o meno. E' la descrizione della gita che un gruppo di anziani compie sul delta del Po, e che dura tre giorni. Celati, che ha abbandonato l'università, e con quella il reticolo urbano, isterilito e oggi estraneo, dove ha abitato vent'anni (e che l'aveva eletto consigliere comunale, subito dimissionario, nella lista antiproibizionista), è tornato una sera a Bologna per un'ultima riunione di lavoro. E' arrivato dalla Normandia, dove i suoi soggiorni si fanno sempre più lunghi, e dove probabilmente si ritirerà a vivere, a scrivere e filmare i suoi primi documentari. Che Celati già immagina «come una buona costruzione narrativa che non sa dove stia andando, cosa stia succedendo e cosa ci sia da aspettarsi. Questo è il senso delle tre giornate di *Strada Provinciale delle Anime*. Fare che il corso dei giorni sia il filo narrativo, attraverso momenti di piccola sorpresa e di attesa. E questo so, credo di sapere, come si fa».

Forse era naturale che succedesse. Che lo scrittore delle *Quattro novelle sulle apparenze* rinunciasse al foglio. E delle apparenze catturasse le immagini. Non aveva cominciato *Verso la foce* raccontando della sceneggiatura che lui e il suo amico Sironi avevano scritto per un film su Fausto Coppi? Non era piaciuta. Era troppo piena di disgrazie. E non era lo stesso *Verso la foce* il diario di viaggi, sopralluoghi compiuti in compagnia di fotografi, cacciatori d'immagini? Fatale che la cronaca del «più inappariscente degli spettacoli», che era l'oggetto prediletto dei suoi appunti di carta e penna, si facesse cinema.

Nella "bozza" dei 13 minuti già confezionati per il primo documentario, la voce di Celati commenta l'orizzonte scarnificato e piatto che sono i paesi di queste strane parti del mondo chiamate Delta, impagina il suo

documento 4
La Repubblica
11 gennaio 1991

Qui accanto e in basso a sinistra, **due momenti di "Strada provinciale delle anime", il primo dei "Sei racconti delle riserve" di Gianni Celati;** a destra, **una recente immagine dello scrittore**

in viaggio

le

ia

lavoro. Non pensa a documentari per così dire tradizionali. Pensa, invece, di far raccontare il paesaggio umano che l'ha attratto, a chi dentro di esso vive, o abita, o lavora. Pensa a interviste che lascino a chi parla anche il tempo di star zitto. O inventare storie. Nel primo, per esempio, saranno gli anziani in gita a parlare. Il Delta – quel «deserto di solitudine che però è la vita normale di tutti i giorni», come Celati l'aveva descritto in *Verso la foce* – si anima di un pullman (blu, lo vuole blu) pieno di vecchi. Forestieri. «Affitto un pullman, e su questo carico molte persone, ma in particolare persone anziane che hanno lavorato tutta la vita e parlano volentieri del loro mestiere, e li porto in gita verso il delta del Po». Il resto lo farà la camera. «La pellicola è un mezzo troppo raffinato. Il video mi dà l'impressione di poter lavorare come se avessi dei pezzi di frase da montare», dice.

Nessuna sorpresa per questo suo solo apparente, imprevisto mutamento di mestiere: «Scrivere, filmare, è sempre una messinscena» spiega. «Tutto quello che puoi fare è una costruzione con un senso musicale. Credo che tutto sia come la musica. Sono sempre partito dalla musica per lavorare. Io credo che tutti partiamo da fatti musicali per costruire cose. Da un ritmo». In *Strada Provinciale delle Anime* la musica sarà quella di Vivaldi, «il *Gloria* e il *Magnificat* per tutto il viaggio».

E ancora la musica, in certi casi già scelta e quasi impaginata, e personaggi reali (anche questi già individuati, con le loro curiose storie) scandiranno gli altri «racconti delle riserve». Dedicati, via via, alla Normandia, ai Cotsword in Inghilterra, ad Arles, la Camargue e l'isola di Frioul che sta di fronte a Marsiglia. A Saarbrucker, nella Germania Occidentale. Alle Isole Ebridi, fino a sbarcare sulle Orckneys. Terre, luoghi e gente che Celati immagina, e descrive, come «zone di aborigeni o di indiani dove qualcuno è rimasto, messo da parte; dove nulla di sacro è rimasto, ma solo un'unica impressione di profanità, di standardizzazione», interrotta dal fruscio delle vite.

Lavorando con la camera come con la penna

Così il senso «del più inappariscente spettacolo», che ha voluto si facesse cinema, e l'idea di raccogliere in un documentario «la trama di piccole notazioni che l'occhio libero coglie e disperde», si traducono in *Strada Provinciale delle Anime*, ora nella teoria di case a due piani, tutte uguali («geometrili», le aveva chiamate in *Verso la foce*), ora nella fuga di fossati ai bordi della strada dove talvolta l'acqua è ancora limpida e i ponti conservano vestigia di antica nobiltà. Ora nel Far West di case su ruote ormeggiate al limitare dei campi, ora i municipi di cartone e i vasti lavorieri del delta, ora nei paradossi visuali d'una cascina diroccata coi panni a stendere affacciati su un braccio di fiume dove si fa lo sci d'acqua. «Lavorando per dettagli, la macchina da presa è usata come una penna che la mano guida». Il narratore non ha bisogno che siano le parole a confessare il sussulto dell'emozione, lo scarto dell'imperfezione che nella liscia apparenza della standardizzazione, rivela la musica, lo stato di grazia delle cose inerti, e la loro disperazione in attesa di qualcuno che dia loro un senso, un perché, una cultura forse.

Presentato "Strada provinciale delle anime" che RaiTre manderà in onda la sera del 27 dicembre

Celati racconta con la telecamera il delta del Po

di BRUNELLA TORRESIN

«SIA BEN chiaro che non mi passa per la testa di fare del cinema» ha ripetuto Gianni Celati nel presentare a Ferrara il suo primo «videoracconto». Il primo di un ciclo di sei documentari di finzione, realizzato con gli operatori di un'agenzia di Bologna, «Pierrot e la Rosa», e prodotto da RaiTre che lo manderà in onda il 27 dicembre, alle 22.45.

Celati, scrittore, traduttore, saggista, non avrà fatto un film, ma con **Strada provinciale delle anime** non ha neppure diretto un semplice documentario. Credeva, e l'aveva confessato agli esordi del lavoro, di «poter lavorare per dettagli, usando la telecamera come una penna che la mano guida». Lui per primo deve essersi sorpreso di quante mani, e quante penne, possano intrecciarsi in quella messinscena che è la replica su nastro magnetico del reale. Ma se oggi tesse, come ha tessuto, l'elogio del video, lo fa perché ancor più convinto che quel «mezzo minore», come lo definisce, costretto tra due superstizioni, quella della «viltà della cronaca» e quella dell'«onnipotenza dell'attualità», gli abbia restituito il senso di un lavoro artigianale, che andava cercando. È di un mestiere da bottega che permette di inventare nuovi modi del raccontare. E sarà anche per questo che **Strada provinciale delle anime** non assomiglia a nient'altro che sia stato fatto prima.

In un'ora di immagini e suoni, descrive le vicende di un gruppo di persone in gita nelle terre e tra le valli d'acqua salmastra del delta del Po, all'inizio dell'estate. Le ha scelte tra gli amici, come il fotografo Luigi Ghirri, e tra i parenti. Ha chiesto loro di non recitare, di comportarsi semplicemente come si comportano sempre, e di raccontare a volte quel che fanno nella vita.

Tra i parenti ferraresi del ferrarese Celati, vi sono anche due vecchi zii, più che ottuagenari, muratore il primo, sarto l'altro, dallo sguardo vivacissimo e le spalle appena curve, che amano raccontare col sapore di un'epopea eroica e un'incredibile dolcezza il passato delle loro cose quotidiane. A loro Celati ha pensato per primi.

Infine, ha raccontato il girovagare di una corriera azzurra in quel triangolo di terre emerse e sommerse, dov'è così rapido il passare dalle bellezza estrema all'estrema desolazione, che si allunga da Comacchio a Ferrara, e dall'estense Ferrara al veneto Porto di Levante. Luoghi che erano gli itinerari letterari di «Verso la foce», posti dove il tempo sembra essere sospeso, consumati ormai i suoi saccheggi del paesaggio e della gente che lo abita.

Celati ha diviso la partitura di un altrimenti ininterrotto brusio di rumori, di voci e di discorsi spezzati, in dodici episodi. In ciascuno, quasi prodigiosamente, alcune frasi compiute si ricompongono, alcune storie si completano, come brevi apologhi morali, prima che nuovamente il brusio le inghiotta. E le immagini dei paesaggi si impaginano in momenti di grande bellezza visuale, di precisione pittorica. Una ragazza racconta la storia di una donna impazzita perché il marito guardava le donne alla televisione. Un'altra voce femminile descrive la pioggia che ha inzuppato i gitanti sugli argini; un'altra ancora l'impossibile incontro tra chi arriva e subito riparte e chi non si è mai mosso da quei posti. Una traduttrice descrive come traduce, una litografa spiega qual era il suo lavoro, il fotografo racconta cos'è per lui il paesaggio.

Non esiste una trama, e nemmeno una scansione cronologica. Del resto, spiega una voce fuori campo, «non esiste che la vita di ogni giorno, e quella non va da nessuna parte». Così neppure la **Strada provinciale delle anime**, che esiste davvero sulla carta e nella segnaletica stradali, porta in nessun posto. Ma nell'apparente casualità del viaggio scombinato e stralunato, una tenace, quasi ruvida, linea melodica si ricompone. «In questo viaggio» si ascolta in una battuta «non abbiamo visto nulla di speciale, ma non mi è dispiaciuto».

E un'altra voce ancora, alla fine, si domanda: «Ma è meglio sentirsi persi, o vedere soltanto quello che ti dicono di guardare?», e sa già la risposta.

documento 5
La Repubblica
data non rinvenuta

UN FOTOGRAFO E IL PAESAGGIO

Quattro scatti tra le nuvole

di Mario Fortunato

Luigi Ghirri aveva cominciato un'indagine sul nuovo paesaggio italiano insieme a Gianni Celati. Poi hanno deciso di lavorare separatamente. E ora pubblica un libro che descrive un'Italia di oggi del tutto sconosciuta

«Sei in una stanza, la luce attraverso le persiane proietta delle ombre sul soffitto. Per strada passa una macchina, e tu vedi la sua sagoma sul soffitto. Ecco la fotografia, il suo principio è qui». Chi parla è Luigi Ghirri, 46 anni. Fotografo. Ma forse, potremmo anche dire, prendendo in prestito il titolo di un libro di Gianni Celati, "narratore delle pianure". Perché narratore? Perché, nei modi del suo guardare il paesaggio, nella visione che la sua fotografia schiude, strappando agli oggetti, allo spazio, agli elementi la loro intima storia, Ghirri sembra ridare al mondo il suo proprio racconto. Una narrazione che è fatta di oggetti, di spazio, di elementi. O meglio, di una luce che, a quelle stesse cose, restituisce un sentimento. Ed è proprio come un racconto che si articola il suo libro "Il profilo delle nuvole": cento fotografie a colori, che, con un commento in forma di diario firmato da Celati, Feltrinelli manderà in libreria nei prossimi giorni. Cento scatti che Ghirri ha voluto dedicare al «paesaggio italiano», e che gireranno l'Italia e l'Europa in una mostra che sarà ospitata da otto gallerie.

Nato come fotografo d'arte, vicino alle esperienze concettuali degli anni Settanta, Ghirri è andato via via accostandosi a una ricerca che dell'ambiente tenta una nuova lettura. Così, dopo i suoi lavori su Capri, sulla via Emilia, sull'architetto Aldo Rossi, il fotografo ha spostato il suo obiettivo sulla pianura Padana. Che ha attraversato, scandagliato, indagato, in compagnia di Celati.

Di questo viaggio, avevamo già avuto notizia nel libro di Celati "Verso la foce" (uscito all'inizio dell'anno sempre da Feltrinelli). «Effettivamente», racconta ora Ghirri, «questa indagine sul nuovo paesaggio italiano era nata come progetto a due mani. O meglio, a quattro occhi... Poi, io e Gianni, abbiamo pensato di scorporare una ricerca dall'altra. Di restituire, cioè, autonomia letteraria e visuale a ciò che insieme avevamo cercato».

Ma, se una comune finalità, se una consanguinea luminosità abbraccia tanto le parole dell'autore di "Verso la foce" quanto le immagini di questo "Il profilo delle nuvole", un piccolo scarto emozionale, una sottile differenza di percezione ne segna l'alterità. Dice Ghirri: «Mentre, nei suoi testi, Celati non rinuncia a indicare anche il degrado ambientale che affligge il nostro paesaggio, nelle mie foto c'è forse un tentativo di maggiore pacificazione con il mondo esterno. Anche per questo, ad esempio, ho evitato di ricorrere a immagini di disastro, di inquinamento, di malattia. Per tentare di non cadere in una sorta di riduttivo riporto cronachistico sull'ambiente».

Attraverso dunque uno sguardo, per così dire, puro, non pregiudiziale, affiorano sulla carta strade, piazze, interni, cieli, case, orizzonti, prospettive che, se hanno un riferimento, un'origine ideale, alla pittura di questo secolo sembrano rivolgersi. Così, a Formigine, un cancello spalancato su una strada che si perde nella nebbiosa leggerezza di una invisibile profondità di campo, pare voler dialogare con un Carrà degli anni Venti. Oppure, la piazza di Bresciel- ▶▶

Due opere di Luigi Ghirri. Sopra "Bresciello". In basso "Formigine"

documento 6
L'Espresso,
3 dicembre 1989

(continua)

lo, fissa nella sua notturna monumentalità, sembra alludere a un de Chirico depurato della sua nietzschiana tragicità. E ancora, un'area di servizio a Campogalliano, dominata da un cielo basso ma non minaccioso, toccata da una luce sospesa e insieme asciutta, davvero sembra volersi ricongiungere a certe atmosfere di Hopper. Ecco: potremmo dire che la fotografia di Ghirri, il suo «dislocare lo sguardo, aprire il paesaggio» (come lui stesso afferma) è un tentativo di cercare, fuori dal campo fotografico, le sue ascendenze. C'è un'aria di realismo magico, una riscoperta dello splendore della quotidianità, che percorre queste immagini spopolate, abitate da una cauta gloria interiore.

«E' vero», commenta Ghirri, «i miei riferimenti sono generalmente esterni al lavoro fotografico. Non saprei come spiegarlo, ma ho come l'impressione che la mia ricerca si nutra innanzitutto di libri letti, di autori amati come Pessoa, di musicisti come Bob Dylan. Anzi, è proprio alla musica che più spesso mi rivolgo, per il mio lavoro. Perché, io credo, fra il mondo dei suoni e il mondo dello sguardo, c'è un legame misterioso, un campo di reciproca attrazione».

Commentando l'intero volume del fotografo emiliano, ha scritto Celati: «Le foto di Ghirri per questo suo album hanno come tema un paesaggio italiano che si stende attorno al fiume Po, fino al mare. Non sono disposte secondo un indice tematico, e neanche secondo un percorso geografico. Sono momenti sparsi collegati da un reticolo di analogie, in una trama che non è riassumibile, perché data dall'intreccio di vari fili narrativi». Mentre un altro scrittore, Ermanno Cavazzoni, ha parlato di queste foto come di «teatrini che dànno il senso di un mondo osservato». Ancora altre parole, altre letture potremmo tentare per cercare di restituire il colore, per provare a ricomporre il suono delle immagini che si succedono e si inseguono nelle pagine di "Il profilo delle nuvole". Ma forse, la più semplice e sorridente chiave di lettura al suo lavoro la fornisce proprio Ghirri quando, ricordando un racconto di Calvino, dice: «E' il mondo che guarda il mondo».

■

Prologo

Signori imperatori, re e duchi, e tutte le altre persone che volete conoscere le varie razze delle genti e le diversità tra le regioni del mondo, leggete questo libro dove troverete tutte le grandi meraviglie e le grandi differenze tra le genti dell'Armenia[1], della Persia[2] e della Tartaria[3], dell'India[4] e di molte altre province. E queste vi sono esposte ordinatamente, come vengono raccontate da messer Marco Polo, saggio e nobile cittadino di Venezia[5], in questo libro e come egli stesso le vide. Tuttavia vi sono cose che egli non vide, ma udí da persone degne di fede, pertanto le cose viste dirà di averle viste, le cose udite di averle udite, affinché il nostro libro sia veritiero e privo di menzogne d'alcun genere. Voglio però che sappiate che, da quando Iddio creò Adamo nostro primo padre fino al giorno d'oggi, mai un cristiano, né un pagano, né un saraceno[6], né un tartaro[7], né uomo di qualsiasi razza vide o cercò tante cose e tanto meravigliose come fece messer Marco Polo. Pertanto egli disse tra sé che sarebbe troppo gran peccato non mettere per iscritto tutte le meraviglie che aveva veduto, affinché chi non le conosce le impari da questo libro. Egli dimorò in quei paesi ben ventisei anni, poi, mentre si trovava nella prigione di Genova[8], fece mettere per iscritto tutte queste cose da messer Rustichello da Pisa[9], il quale si trovava in quel medesimo carcere.

documento 7a
Marco Polo,
Il Milione

Note al documento 7a

1. Regione montuosa dell'Asia Minore, che si estende tra il fiume Eufrate e la depressione di Urmia. Ai tempi di Marco Polo si conoscevano la Piccola Armenia, governata dalla dinastia dei Rupenidi e soggetta al Gran Can, e la Grande Armenia sotto il potere dei Turchi. Nel 1382, con il decadere del regno della Piccola Armenia, si insediarono in Cilicia (che ne era una regione) i Mamelucchi siro-egiziani; da quel momento il territorio fu continuamente disputato tra Turchi e Persiani. Solamente con la costituzione nel 1936 della Repubblica Socialista Sovietica d'Armenia, poté ricostituirsi in stato autonomo.

2. È un vasto stato dell'Asia occidentale, che occupa la parte dell'altipiano iranico, delimitata da un lato dalla valle dell'Indo e la pianura del Tigri e dell'Eufrate, dall'altro dal Mar Caspio e il Golfo persico. Secondo Marco Polo era divisa in otto regni, governati da dinastie indipendenti, che tutte però caddero sotto la conquista dei Mongoli, iniziata nel 1220 da Cinghys Can. Durante il regno del successore di questi, Cubilai, la Persia fu una grande potenza e Marco Polo ne descrive con esattezza le meraviglie, i tesori, l'organizzazione. Dopo un periodo di lotte, la dinastia dei Safavidi ridiede al paese prosperità e gloria militare: ma dalla metà del Settecento, quando si insediò la dinastia dei Cagiari, di origine turca, ebbe inizio la decadenza. Nel secolo XIX vi furono le prime penetrazioni di Europei per impadronirsi dei centri petroliferi. Durante la prima guerra mondiale la neutralità fu violata sia dai franco-inglesi che dagli austro-ungarici: nacquero cosí le prime spinte nazionalistiche che nel 1925 portarono sul trono lo scià Reza Pahlevi. Nel 1978, dopo una breve ma violenta rivoluzione, lo scià e il suo governo corrotto furono rovesciati da un regime teocratico che propugna il ritorno alle tradizioni islamiche.

3. Nome generico con cui Marco Polo designa il territorio che si estende, grosso modo, dal Mar Nero all'Oceano Pacifico. Il nome deriva da Tartari, una tribú stanziata nella Mongolia orientale; Cinghys Can li sottomise, ma il loro nome fu dato, in Occidente, durante il Medioevo, all'insieme delle tribú che costituivano l'impero mongolo.

4. Geograficamente è l'immensa penisola che si protende nell'Oceano Indiano, delimitata a nord dalla catena dell'Himalaya. All'epoca in cui fu visitata da Marco Polo, vi predominava la dinastia dei Mamelucchi, di provenienza islamica, che aveva sopraffatto gli Indú. Nel 1290 la dinastia Khalgi, con il sovrano Alaad-din, riuní la massima parte del territorio sotto il dominio indú. Subito dopo cominciò però a frazionarsi e con l'invasione dei Turchi guidati da Tamerlano, fu definitivamente sottoposta ai Musulmani. Solamente nel secolo XVIII, vi fu un breve risveglio dell'induismo per opera dei Maratti, una popolazione dell'altipiano del Deccan. Ma la sempre piú profonda penetrazione delle Compagnie commerciali inglesi fece sí che l'intero paese divenisse una colonia britannica a partire dal 1803. Quando nel 1947 riacquistò l'indipendenza, l'India si suddivise nei due stati dell'Unione Indiana e del Pakistan.

5. Era la capitale della Repubblica Veneta, che tra il 1000 e il 1300 conobbe il massimo della prosperità: oltre al retroterra veneto e al dominio dell'Adriatico, possedeva basi commerciali in tutto il Mediterraneo orientale. Fu appunto nell'ambito di questa espansione mercantile della loro città che Marco Polo, il padre Niccolò e lo zio Matteo intrapresero i viaggi che li portarono fin nell'Estremo Oriente.

6. Letteralmente è il nome di una popolazione abitante nella penisola del Sinai. Per Marco Polo è sempre sinonimo di musulmano, senza tener conto della provenienza.

7. Marco Polo usa genericamente Tartari per Mongoli. Per lui quindi è un tartaro un abitante qualsiasi dell'impero conquistato dai Mongoli.

8. Repubblica marinara sul mar Ligure, che tra i secoli XI e XIV si batteva con Venezia per il dominio del Mediterraneo centrale. Ma per la sua situazione, Genova si trovava coinvolta in frequenti guerre con le altre repubbliche che si affacciavano sul mare Tirreno, in particolare con Pisa. Fu nella battaglia della Meloria del 1284 che sconfisse definitivamente Pisa, liberando cosí le rotte del suo commercio.

9. Scrittore vissuto nella seconda metà del secolo XIII, che compilò in francese storie del ciclo cavalleresco della Tavola Rotonda. Fatto prigioniero nella battaglia della Meloria (1284) tra Genovesi e Pisani, si trovava in carcere a Genova quando vi fu rinchiuso Marco Polo. Fu cosí che questi dettò a Rustichello, tra il 1298 e il 1299, le sue avventure di viaggio.

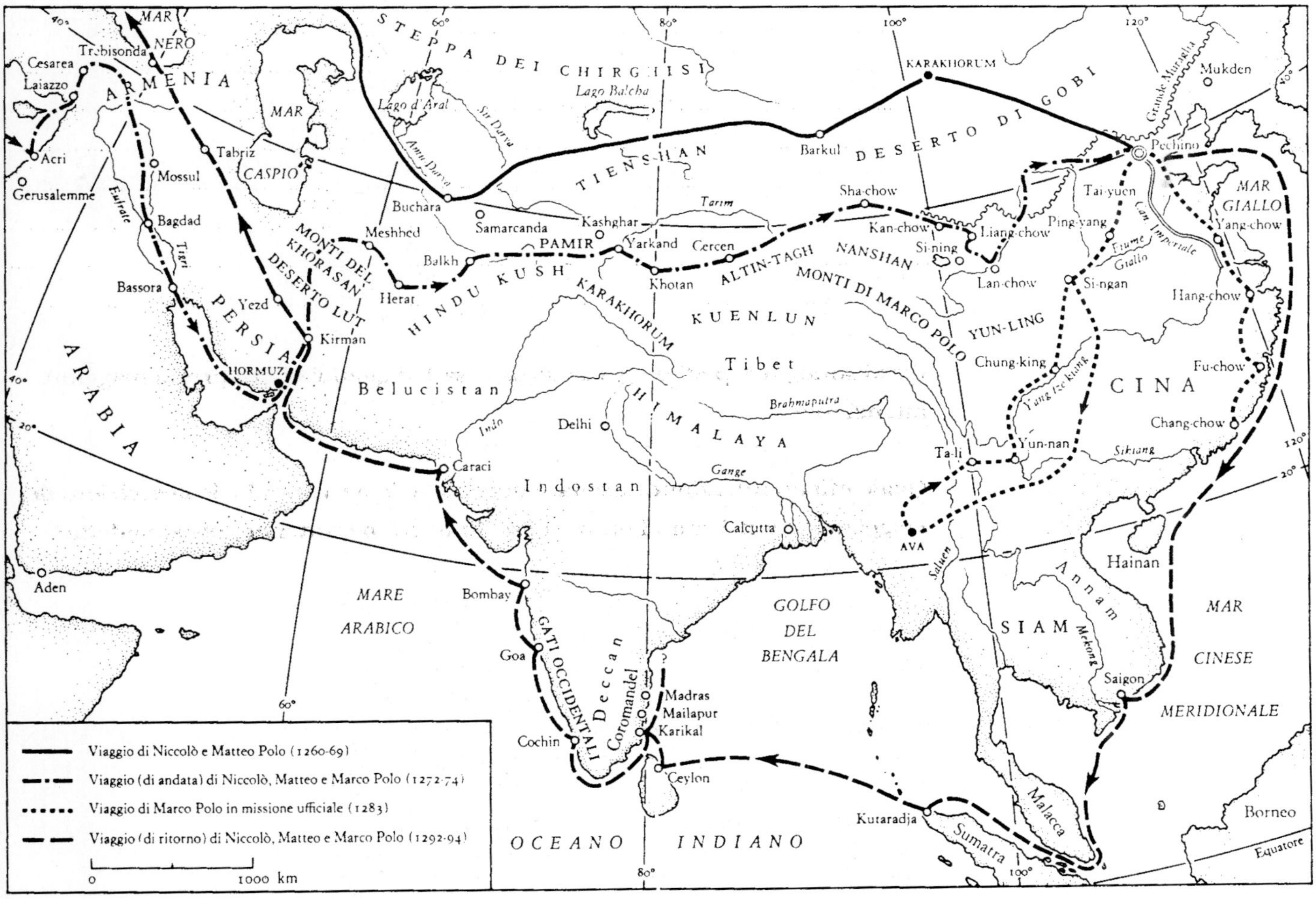

documento 7b

e. **Leggete il documento 8.**
Nella colonna relativa ad ognuno dei paesi attraversati, scrivete il tipo di informazione che il viaggiatore registra:

Badascian	Pasciai	Chescimur	Cascar	Samarcanda
....	....	....	....	....
....	....	....	....	....
....	....	....	....	....
....	....	....	....	....
....	....	....	....	....
....	....	....	....	....
....	....	....	....	....
....	....	....	....	....
....	....	....	....	....

Quali sono gli aspetti dei paesi attraversati ai quali l'autore presta maggiore attenzione?

Quale effetto intendono suscitare nel lettore le narrazioni e le descrizioni del viaggiatore? quali sono i mezzi messi in opera per ottenere questo effetto?

35. *Di Badascian.*

Badascian è una provincia in cui la gente adora Maometto e ha un linguaggio a sé. È un grande regno e il trono è ereditario, il monarca discende dalla stirpe di Alessandro e della figlia di Dario [1], il grande re di Persia. Tutti i re si chiamano Zulcarnein [2] in saraceno, vale a dire Alessandro, in onore di Alessandro il Grande. Di qui hanno origine le pietre preziose che si chiamano balasci [3], che sono molto care e si estraggono dalle montagne come gli altri minerali; se qualcuno scavasse di quelle pietre fuori del regno avrebbe la testa tagliata perché ve ne sono tante che il prezzo diventerebbe molto basso. Qui vi è anche un'altra montagna da cui si estrae lo zaffiro [4], il migliore e il piú fine del mondo. E le pietre da cui si ricava lo zaffiro formano una vena nella terra; poi vi sono montagne dove si trova l'argento. La provincia è molto fredda, e qui nascono cavalli numerosi e buoni corridori; i cavalli non vengono ferrati pur camminando per le montagne. Nascono in quella provincia falconi eccellenti e anche falconi lanieri [5]. La caccia e l'uccellagione sono le migliori del mondo. Non esiste l'olio, ma lo si fa di noce. Il posto è fortificato, quindi adatto alla guerra, e gli uomini sono buoni arcieri [6]. Essi si vestono di pelli di animali perché le stoffe sono care. E le grandi dame e le nobildonne portano brache [7]; queste brache sono fatte con ben cento braccia [8] di stoffa di lino finissimo o di cotone; talvolta le braccia sono quaranta, talaltra ottanta; e questo ha lo scopo di far parere grosse le natiche, perché ai loro uomini piacciono le donne grosse. Lasciamo ora questo regno, e racconteremo di un altro popolo che dista da questa provincia dieci giornate.

2. Non è la traduzione in tartaro del nome dell'imperatore; il termine significa «bicorne», perché sulle monete Alessandro veniva raffigurato con due corni, che simboleggiavano l'Oriente e l'Occidente a indicare che egli aveva conquistato le due parti del mondo.

3. Pietre preziose, varietà dei rubini, di colore rosso cupo. Il nome deriva da Badascian, provincia dell'Indostan. Si chiama ancora oggi «balascio» il rubino di colore rosso-violaceo.

4. Pietra preziosa costituita da un minerale colorato in varie tonalità di azzurro.

5. Veniva cosí chiamato un tipo di falcone buono per la caccia, ma difficile da ammaestrare; ancora oggi questo falcone è detto «lanario».

6. Cioè tiratori con l'arco.

7. Calzoni molto larghi e lunghi fino al ginocchio.

8. Unità di misura adoperata soprattutto per le stoffe, di lunghezza variabile tra 0,58 e 0,70 cm.

36. *Delle genti di Pasciai.*

Alla distanza di dieci giornate da Badascian vi è una provincia che si chiama Pasciai [1] e ha una lingua a sé. Gli abitanti adorano gli idoli, sono scuri di pelle e conoscono bene le arti del diavolo [2], sono gente cattiva e portano alle orecchie anelli d'oro e d'argento e di perle e di pietre preziose. Qui fa molto caldo. I loro cibi sono carne e riso. Ora lasciamo questa e andiamo in un'altra provincia, lontana sette giornate verso scirocco [3], il cui nome è Chescimur [4].

8. Unità di misura adoperata soprattutto per le stoffe, di lunghezza variabile tra 0,58 e 0,70 cm.

1. Territorio che corrisponde press'a poco all'odierno Kafiristan, nell'Afghanistan nordorientale, a nord del fiume Kabul.

2. I trucchi che usa il diavolo per compiere azioni malvage.

3. La direzione di sudest, dal nome del vento che sul Mediterraneo soffia proveniente dall'Africa.

4. L'odierno Kashmir, territorio dell'India compreso tra le propaggini dell'Himalaya e i monti del Karakorum. La storia di questa regione è staccata da quella dell'India; il paese subí a varie riprese invasioni straniere; nel secolo XIV vi si affermò la religione islamica e ancora oggi la popolazione è in prevalenza mussulmana. Nel 1586 il Kashmir fu annesso all'India da Akbar; passò in seguito sotto il dominio afghano; nel 1947, al momento dell'indipendenza dell'India dall'Inghilterra e la conseguente separazione del Pakistan dall'Unione Indiana, il Kashmir fece parte di quest'ultima.

documento 8

Marco Polo,

Il Milione

37. *Di Chescimur.*

Chescimur è una provincia dove adorano gli idoli e ha una lingua a sé. Qui conoscono talmente gli incantesimi del diavolo che riescono a far parlare gli idoli, a cambiare il tempo, a provocare grandi oscurità, e fanno cose che non si potrebbero credere; sono a capo di tutti gli idolatri del mondo e da loro ebbero origine gli idolatri. Da questo luogo si può andare al Mare d'India[1]. Gli uomini e le donne sono bruni e magri; si cibano di riso e di carne. Il paese è temperato, né caldo né freddo; vi sono molti castelli e deserti e molti luoghi fortificati; si governa per conto proprio e vi è un re che amministra la giustizia. Sono numerosi gli eremiti, che praticano assai l'astinenza, e non fanno alcuna cosa che sia peccato né che sia contraria alla religione, per amore dei loro idoli; e vi sono badie e monasteri in cui si segue la loro regola. Ora ci allontaniamo di qui e andiamo avanti; ci converrebbe entrare in India e noi non vogliamo entrare, perché sulla via del ritorno vi racconteremo per ordine tutte le cose dell'India. Perciò ritorneremo nelle nostre province verso Badascian oppure Balascian , in quanto da un'altra parte non potremmo passare.

1. In questo caso sta per Mare Arabico, che infatti è raggiungibile dal Kashmir.

39. *Del regno di Cascar.*

Cascar fu anticamente un regno, ora è sotto il Gran Can ; gli abitanti adorano Maometto. Vi sono numerose città e castelli, dei quali la maggiore è Cascar, disposte tra greco e levante. Vivono di commercio e di artigianato. Hanno bei giardini e vigne e poderi e molto cotone; vi sono numerosi mercanti che viaggiano in tutto il mondo; sono gente meschina e povera che mangia male e beve male. Qui abitano alcuni cristiani nestoriani , che hanno leggi e chiese proprie, e anche una lingua a sé. Questa provincia si estende per cinque giornate. Ora la lasciamo per andare a Samarcanda[3].

3. Città oggi appartenente all'Uzbekistan meridionale, nell'Urss, sulle rive del fiume Zerashvan. Fu capitale del regno ellenistico della Sogdiana e quindi fece parte della Battriana; conquistata dagli Arabi nel 712 d. C., continuò tuttavia a essere governata da una dinastia turca, fino a quando la presero i Mongoli e sotto di loro, soprattutto con Tamerlano che ne fece la sua capitale nel secolo XV, la città raggiunse il massimo splendore, splendore che continuò per tutto il secolo XVI, tanto da diventare un centro culturale e artistico famoso anche in Europa. Tuttora Samarcanda possiede bellissimi edifici decorati con le caratteristiche ceramiche di produzione locale.

40. *Di Samarcanda.*

Samarcanda è una nobile città e vi sono cristiani e saraceni; dipendono dal Gran Can e si trovano verso maestro[1]. Vi dirò di un miracolo che avvenne in quella terra. Accadde, non molto tempo fa, che Ciagatai , fratello del Gran Can, si fece cristiano, ed era signore di questo territorio. Quando i cristiani della città videro che il signore si era fatto cristiano, ne provarono gran gioia; allora costruirono in quella città una grande chiesa in onore di San Giovanni Battista, e la chiamarono cosí; presero una bellissima pietra che era dei saraceni, la portarono nella chiesa e la misero nel centro, sotto una colonna che sosteneva tutta la chiesa. Ciagatai venne a morire; i saraceni vedendo il loro signore morto, irritati per quella pietra, vollero prenderla con la forza, e potevano farlo perché erano dieci volte piú numerosi dei cristiani. Alcuni saraceni si mossero, andarono dai cristiani a dire che rivolevano la pietra. I cristiani erano disposti a pagarla, quello che valeva, facessero un'offerta; i saraceni risposero che non volevano niente altro che la pietra. Allora erano sotto la signoria del Gran Can , e questi comandò che entro due giorni restituissero la pietra; i cristiani udito tale ordine furono molto tristi e non sapevano che fare. La mattina in cui si doveva levare la pietra di sotto alla colonna si vide che questa era di ben quattro palmi piú alta della pietra e non la toccava affatto, per volere di Nostro Signore. Questo fu ritenuto un grande miracolo e lo è ancora; e tuttavia la pietra poi rimase dov'era. Ora lasciamo questo posto e vi dirò di un'altra provincia che ha nome Jarcan .

1. Dal nome del vento (detto maestrale cioè «vento maestro») che soffia in quella direzione, è il nordovest.

A mo' di... Appendice,

o come mettere la parola: FINE

13

Iniziata nei primi anni Cinquanta e subito interrotta, quindi più volte riscritta, la Diceria *passò attraverso vicissitudini multiple prima della stesura finale e della stampa (1981). In occasione della quale l'autore, al fine di non sovraccaricare al di là del lecito un libro di per sé eccessivo e lussuoso, decise di espungerne un certo numero di orpelli inizialmente previsti. Rimasero dunque fuori le epigrafi e i versi allegati a ciascun capitolo nonché gli epitaffi dei personaggi defunti e altre chiose integrative del testo: sovrabbondanze escluse per uno scrupolo di economia, ma portatrici, forse, d'un valore aggiunto, per chi voglia comprendere appieno le ragioni interne dell'opera e la sua laboriosa preistoria. Un antetesto-paratesto, insomma, che si è pensato di non disperdere ma di offrire in appendice al lettore.*

Il patto fra autori e lettori è quasi sempre di tipo leonino, né consente ai secondi altra scelta che di chiudere il libro o di accettarne le pagine come sono, sorde ad ogni interpellanza, sdegnose d'ogni ignoranza.

Chi scrive si compiace sotto sotto di questa mansione d'oracolo e del privilegio di parlare a fior di labbra, con voce contraffatta, e di tacere quando gli pare. Accompagna anzi a un tale sopruso non so che sussiego, come di un pretore che non curi le minutaglie... Alle volte, come nelle pagine che precedono, nate da una ruminazione solitaria e originariamente non destinate alla stampa, l'eccesso di confidenza risulta addirittura offensivo. Allora pare doveroso al responsabile (salve restando le sacrosante ambiguità che qualunque espressione comporta, e che son poi deleghe di libertà alla controparte) rendere conto, non fosse che per un riguardo alle orecchie più semplici, delle tante spicciole oscurità che farciscono il testo e mettere, nero su bianco, le seguenti postille e istruzioni per l'uso:

(...)

in alto documento 1a
in basso documento 1b
Gesualdo Bufalino,
Diceria dell'untore
(Appendice)

1. Leggete i documenti 1a e 1b:

- di che testo si tratta?
- che cosa comprende *l'appendice*? qual è la sua funzione rispetto al testo?

Precisate i termini del patto tra Gesualdo Bufalino e i suoi lettori, e lo scopo delle *Istruzioni per l'uso* annunciate dall'autore.

2. Osservate il documento 2.

Cercate in un dizionario il significato di *postilla*.

- a che cosa si riferiscono i numeri di pagina?
- a che cosa corrisponde la parte in corsivo?

Classificate i riferimenti delle *postille* e date un nome ad ognuno dei gruppi che potete formare:

Esempio:

pag. 15
Napoleone ecc.: è un quadro di Gros, al Louvre
pag.23
L'imbarco a Citera è un emblematico quadro di Watteau
pag.63
L'allusione è all'affresco d'ignoto *Il trionfo della morte*, che si trova a Palermo...

= pittura francese e siciliana: quadri, affreschi.

Individuate gli universi richiamati dallo scrittore nella stesura di questo libro:

- quali sono le arti evocate (pittura, scultura, architettura, cinema...)? di quali epoche?
- quali sono le lingue o le culture nazionali citate (cultura italiana, americana, francese, tedesca,... greca, latina)? tra queste, una è predominante?
  quali epoche appaiono più frequentemente?
- a quali letterature fa riferimento? di quali paesi? di quali epoche? a quali personaggi? a quali temi?

Che effetto possono suscitare i frequenti richiami ad altri testi, che Bufalino esplicita nelle postille?

- dal punto di vista del pubblico/destinatario
- dal punto di vista del registro linguistico

A che tipo di lettura invita?

(...)

pag. 7
Materne mucose: il letto viene assimilato al buio e protettivo utero materno.

pag. 8
Purgatorialmente: Cfr. Dante-*Purg.* XIII, 58-60.

pag. 8
Balbe: Cfr. Dante-*Purg.* XIX, 7.

pag. 8
Euridice, Sesta...: Sesta ritornerà ancora in seguito (pagg. 8 e 67) più o meno esplicitamente. Morta bruciata viva dopo una rappresaglia tedesca (pag. 67), sepolta nella calce (pag. 67), ne restano poche lettere e un'ombra, in sogno.

pag. 8
Volere o disvolere: un ricordo montaliano (*Le occasioni*, Stanze, v. 33).

pag. 9
In pace: camere di prigionia e tortura nelle segrete dell'Inquisizione.

pag. 12
Virchow e Charcot sono celebri medici dell'ultimo Ottocento.

pag. 13
Anderssen è uno scacchista dell'Ottocento, vincitore d'una partita che per la sua bellezza fu detta l'Immortale.

pag. 13
Garzone di mago: traduce il comune *apprenti sorcier* (l'apprendista stregone dalle mani maldestre).

pag. 14
Dio Mannaro: mannaro (da *homenarius*) si dice dei lupi che assumono volto umano.

pag. 14
Ur-Gott, sul modello di espressioni tipo *Ur-Faust*, vale come prima edizione di Dio.

pag. 15
Indarno chiedi ecc.: sono versi del *Combattimento di Tancredi e Clorinda*, musica di Monteverdi sui versi del Tasso.

documento 2
Gesualdo Bufalino, Diceria dell'untore (Appendice)

pag. 15
Heidelberghiano: a Heidelberg c'è una celebre università.

pag. 15
Napoleone ecc.: è un quadro di Gros, al Louvre.

pag. 16
Nosferatu è il film di Murnau (1922), visibile ormai solo nei cineclub. Il disco è *These foolish things* in una versione francese cantata da Jean Sablon.

pag. 16
Normandie è un transatlantico francese degli anni Trenta.

pag. 18
Pensieroso e Allegro: i due soprannomi sono forse suggeriti da un titolo di Milton.

pag. 19
Erebo, Eros, Erine: rispettivamente, per i Greci, il regno dei morti, il dio dell'amore, la dea della vendetta.

pag. 21
La *Kalsa* è un quartiere di Palermo.

pag. 23
L'imbarco a Citera è un emblematico quadro di Watteau.

pag. 24
Muzio Clementi è autore di esercizi per piano, intitolati *Gradus ad Parnassum*.

pag. 24
Begin' the beguine è una canzone degli anni Quaranta.

pag. 26
Toi et moi è un libro di versi d'amore di Paul Géraldy.

documento 2

pag. 31
Filotea o *Introduzione alla vita devota* (1619) è opera di San Francesco di Sales.

pag. 32
Concetto predicabile: così si chiamava nel '600 il supporto tematico delle prediche.

pag. 32
Bossuet ha scritto famose orazioni funebri.

pag. 33
Il Conestabile: possibile allusione alla morte del Conestabile di Borbone, come la racconta Cellini nella *Vita*.

pag. 34
Lacrime ecc.: il brano ricalca, ribaltandolo, un passo di Pascal nel *Memoriale* del 1654.

pag. 34
Se credo al secondino ecc.: si allude oscuramente a un possibile suicidio con un laccio da scarpe.

pag. 34
Et ecce ecc.: è un versetto biblico.

pag. 35
Monte Athos è sede del famoso convento nella penisola calcidica; l'Ucciardone è il carcere di Palermo; La Roccella (La Rochelle) è una fortezza ugonotta; il castello d'Atlante è quello ariostesco.

pag. 36
Alcesti e Filottete sono personaggi di due tragedie greche di Euripide e Sofocle.

pag. 37
Cottard è un medico della *Recherche* proustiana, che si comporta analogamente col malato Marcel.

documento 2

pag. 38
La *Sylphide* è un balletto romantico, cavallo di battaglia della Baglioni.

pag. 38
Come di lume ecc.: è, modificato alquanto, un verso di Dante (*Par.* XV, 24).

pag. 39
Pulicane e Buovo d'Antona sono eroi dell'Opera dei Pupi.

pag. 41
Almaviva è il conte seduttore del *Barbiere di Siviglia.*

pag. 42
Andante d'oro: l'andante è il tempo lento d'una sonata o d'una sinfonia.

pag. 45
Umberto II visitò in effetti gli ospedali di Palermo nel 1946.

pag. 46
"*Mister Livingstone* ecc.": è la celebre battuta con cui Stanley si rivolse a Livingstone, ritrovandolo nella giungla.

pag. 47
Veltro celeste: Padre Vittorio deve aver letto, sul tema mistico di Dio cacciatore dell'anima, *The Hound of Heaven* di Francis Thompson.

pag. 47
Io ero nel nulla ecc.: la frase è di Valéry, in *Monsieur Teste.*

pag. 48
Gesù sarà ecc.: è di Pascal (*Pensieri,* 806).

pag. 50
Faraone atterrito: l'allusione è al libro biblico dell'Esodo (10, 13-16) e all'ottava piaga d'Egitto.

documento 2

pag. 51
Nave solare: nel culto funebre dell'antico Egitto barca sacra per il viaggio dei defunti in cielo.

pag. 53
Cadetto di Brienne: l'allusione è a Bonaparte giovane.

pag. 62
Perversa...: farebbe supporre una certa condiscendenza viziosa ai giochi erotici del padrino.

pag. 63
L'allusione è all'affresco d'ignoto *Il trionfo della morte*, che si trova a Palermo. Cfr. anche pagg. 83 e 105-6.

pag. 63
Garance è il personaggio che interpretava Arletty nel film di Carné *Les enfants du paradis*.

pag. 66
Caiorda ecc.: "Puttana, pancia assetata, donna di malavita".

pag. 66
In accordo col soprannome ecc.: cioè L'Allegro.

pag. 69
Croce di S. Andrea: nelle gare ippiche è un ostacolo costituito da due assi in croce in forma di x.

pag. 75
This ecc.: è la battuta di Amleto all'inizio del monologo.

pag. 76
Madamina ecc.: è il catalogo delle conquiste di Don Giovanni recitato da Leporello (Mozart, *Don Giovanni*, 1, 5).

pag. 76
documento 2
È scherzo o è follia: è l'aria di Riccardo nel *Ballo in maschera*.

pag. 77
Petra smossa ecc.: su pietra che si muove non cresce muschio.

pag. 78
Emorroissa: donna che soffre perdite di sangue (Luca, 8, 43).

pag. 78
Buscar ecc., cioè giungere a est andando verso ovest, è quello che voleva fare Colombo.

pag. 79
Titania è personaggio scespiriano; la Peri è l'eterea protagonista di un balletto dell'Ottocento.

pag. 79
Firrazzano è un tipo di furbo nel folclore siciliano.

pag. 82
Charybdis è mostro marino secondo un mito greco.

pag. 86
Geronte è personaggio di vecchio nella Commedia francese.

pag. 86-87
Isadora e Fanny sono due ballerine, la Duncan e la Elssler. Berta è l'eroina di un romanzo di Schnitzler.

pag. 90
Gisella e *Coppélia* sono titoli di balletti.

pag. 95
Giufà è tipo di sciocco nel folclore siciliano.

pag. 95
Re Orso è opera di Boito, che ha per protagonista un verme vendicativo e assassino; Lesbia è quella catulliana; e Catullo è il modello della parodia, suoi i due verbi minacciosi dell'ultimo verso.

documento 2

(...)

....

3. Leggete il documento 3. Il libro di Bufalino nasce dall'incontro tra due ricordi e un gioco. Quali?

1° ricordo: .... 2° ricordo: ....
....
....

gioco: ....
....

Cercate tra i vostri ricordi *un testo* (versi di un poema, frase di un romanzo, ritornello di una canzone, ecc.) e *un'opera artistica* (un quadro, una foto, una scultura, un disegno, ecc.).

1° ricordo: .... 2° ricordo: ....
....
....

Pensate alle parole della lingua italiana che *per voi* hanno una *carica evocatoria comune*. Trascrivetene almeno 10:

....
....
....
....
....

Definite brevemente *l'argomento* del libro suggerito dai vostri ricordi e dalle vostre parole:

....
....
....
....

4. Leggete il documento 4.

Che cosa significa "Diceria"? Che cosa significa "untore"?

- cercate il significato di queste parole in un dizionario: che osservazioni potete fare?
- in quale epoca appare la parola *"untore"*? qual è la sua prima apparizione letteraria?

Qual è il rapporto che potete stabilire tra titolo e argomento del libro?

5. Leggete il doc. 5. Qual era la prima intenzione dell'autore e come si è modificata in seguito?

Potete precisare il significato che prendono, nelle intenzioni di Bufalino, queste formule?

- *poemetto narrativo*
- *romanzo pedagogico*
- *assolo di requiem*
- *cruciverba sofistico, allegoria*

Idea del libro: "L'ardore della tua collera tempesti i loro eserciti / e i loro eroi diventino letame negli orti della Conca d'Oro", così il poeta arabo Ibn Zafar, in una canzone di guerra. Ebbene, forse il libro è nato dal ricordo di questi versi, in cui si mescolava un'immagine di sfacelo a un'immagine di fulgore; forse dal ricordo del *Trionfo della morte*, ora a palazzo Abatellis, a Palermo, rimasto salvo miracolosamente sotto le bombe del '44. Ma soprattutto da un'esigenza e da un turgore espressivo: c'era in me un grumo di parole che voleva liberarsi e che coagulai attorno ad eventi di morte e di estate, e sotto il segno, metaforico e reale, del contagio. Il contagio, difatti, involontario o voluto, è il connotato stupendo d'ogni peste del sangue e della storia. Per esso un malanno individuale ha il potere di tramutarsi in calamità collettiva; ogni infezione è una seduzione. A monte del libro sta comunque un'esperienza: la scoperta del sentimento di morte, sverginamento lacerante, ma anche acquisto arcano e privilegio geloso. Esorcizzare tale esperienza, annegandola in un'aria fantastica e magica che la disarmasse; e sfogare insieme quel turgore di parole che dicevo sopra: questa la doppia spinta che mi costrinse ad esprimermi. Confesso che il primo capitolo che scrissi (non è il primo nell'ordine canonico e non conta dire qual è) nacque come un gioco serio, la scommessa di trovare intrecci plausibili fra 50 parole scelte in anticipo per timbro, colore, carica evocatoria comuni. Qualcosa di meno maniacale delle matematiche di Raymond Roussel, e di cui mi sentirei di difendere la liceità: non essendo, nel mio caso, il legame fra le *fiches* in dotazione né fortuitamente ritmico (come nei sonetti a rime obbligate) né esoterico o cabalistico, ma nascendo da una parentela e coalizione espressiva e musicale (non altrimenti da un sol, da un re minore premeditato nasce una sinfonia; oppure da una cellula uovo si sviluppa un feto in un ventre).

Presto comunque a questo capitolo per così dire prefabbricato si sovrapposero gli altri, e allora non si trattò più di intrecciare ikebana di suoni o di interrogare e blandire le zone erogene dell'unico lettore previsto, ma insorse il bisogno e la passione di assumere entro le originarie ragioni formali una materia di gonfia pietà, e di dar corpo, come sopravviveva nella memoria, a quel luglio della Conca d'Oro, a quel cielo di afe mortali e di cavallette faraoniche. Poiché partivo da una vecchia presunzione romantica, del poeta come escrescenza sublime (*tache de beauté* o cellula cancerogena: in ogni caso un neo), il pericolo era di abbandonarmi alla dismisura lirica, di comporre un *mélo* iperteso e verboso. Non so se sono riuscito a evitarlo, mediante talune autoironie seminascoste,[1] e un uso della maniera e del falsetto ch'era del resto inevitabile in un soggetto tanto teatrale. E dopotutto il registro alto, lo scialo degli aggettivi, l'oltranza dei colori, mi pareva, e pare, il modo che ci resta per contrastare l'ossificazione del mondo in oggetti senza qualità e per restituire ai nostri occhi ormai miopi il sangue forte delle presenze e dei sentimenti (e tuttavia io che amo gli scrittori umidi e concavi, quanto invidio i secchi e convessi).

Detto tutto ciò, io non sarò mai un buon avvocato della necessità di questo, come di qualsiasi altro libro...

documento 3
Gesualdo Bufalino, Diceria dell'untore (Appendice)

Argomento: Si racconta la convivenza di alcuni reduci di guerra moribondi in un sanatorio della Conca d'Oro, nel '46. Fra il protagonista e una paziente dagli ambigui trascorsi nasce un amore, un puerile e condannato amore, più di parole che d'atti, il cui sbocco è una fuga a due senza senso, e, subito dopo, la morte di lei in un alberghetto sul mare. Egli guarisce, invece, inaspettatamente, e rientrando nella vita di tutti, vi porta una educazione alla catastrofe di cui probabilmente non saprà servirsi, ma anche la ricchezza di un noviziato indimenticabile nel reame delle ombre.

documento 4

Qualche intenzione: Una era di scrivere, più che un romanzo, un poemetto narrativo. Nel senso che l'abbandono lirico e fantastico prevalesse sul vero e proprio ingranaggio di eventi. Erano previste poesie all'inizio d'ogni capitolo e *razòs* esplicative, come per una Vita Nova turgida e mortuaria. Poi l'opera assunse e sopportò anagrafi più complicate: di romanzo pedagogico, di *bildungs-roman* (con un prim'attore apprendista di morte, itinerante fra incontri, presagi, lacrime di melotragica passione, subdole fornicazioni con Dio...); di *Kindertoten*, o meglio *Freundentotenlied*: assolo di requiem a gara con il barocco funebre di una terra che ama l'iperbole, e sostenuto e pomposo, quanto è lecito aspettarsi in una condizione eccessiva qual è quella di chi aspetta la fine; di cruciverba sofistico, di allegoria...

documento 5

I PERSONAGGI

Il protagonista, colui che dice Io: perplesso fra una morte sublime e una salvezza mediocre. Sensuale, ipocrita, retore. Dopotutto un commovente ragazzo...

Controfigura mentale dell'autore, uno *stuntman* o cascatore, cioè, che rischia in vece sua, ma gli somiglia solo di spalle. L'autore se ne serve ora come braccio secolare, ora come amanuense; altre volte lo plagia, lo invade, la manda allo sbaraglio. I loro rapporti sono insomma burrascosi e amorosi.

documento 6

Gesualdo Bufalino, Diceria dell'untore (Appendice)

....

6. ***Leggete il documento 6.***
***Definite i rapporti tra* autore *e* protagonista**

Cercate:

- tre definizioni del *protagonista*:

....
....
....

- due azioni che compie il *protagonista* nei riguardi dell'*autore*:

....
....

- quattro azioni che compie l'*autore* nei riguardi del *protagonista*:

....
....
....

7. ***Leggete il documento 7.***

In quale frase viene riaffermato lo stretto legame esistente tra scelte stilistiche e tema trattato?

Precisate il significato di queste espressioni:

a che cosa si contrappongono?

"lingua archeologica, defunta"	/ lingua moderna, attuale, viva?
"restaurazione signorile"	/ ....
"recupero del registro alto"	/ ....
"tensione del timbro"	/ ....
"enfatizzare golosamente gesti e parole"	/ ....

Cercate nei vari brani di Bufalino che avete letto almeno un esempio di:

- registro alto: ....
- lingua "archeologica": ....
- enfasi: ....

In che cosa consistono le cinque *tecniche scrittorie* usuali* elencate dall'autore?

(* a che *registro linguistico* appartiene questa parola?)

Per rendere la spiegazione più chiara, adottate un *registro informale*:

Ironie correttive, autodenigrazioni, distanze:

....
....
....

L'ellissi:

....
....
....

L'alternativa ininterrotta:

....
....
....

LA SCRITTURA

Scelta d'una lingua archeologica, defunta, obbediente a un disegno di restaurazione signorile, di un recupero del registro alto dal lazzaretto dov'era in confino. Con l'attenuante che si cerca, attraverso la tensione del timbro, di scansare il rischio della toilette accademica; e con la giustificazione che la condizione di dannati autorizza i personaggi, come ai parossismi e alle lacrime, così a enfatizzare golosamente gesti e parole.

Tecniche scrittorie usuali:

Ironie correttive, autodenigrazioni, distanze: sono l'alibi a cui ricorre l'autore per cercare di sfuggire ai pericoli del lirismo. Gli esempi son tanti:
pag. 9 "loquace pietà di me stesso"
pag. 21 "un esubero di parole, un gusto di cantarsi e compiangersi di cui io per primo (ve n'accorgerete) non ho saputo guarire"
pag. 30 "fantasie, esorbitanze dette per riempirsene le labbra, una sera"
pag. 36 "l'attesa della morte... si nutre di pompe più assai della morte stessa"
pag. 36 "con una chiacchiera delle mie"
pag. 40 "meloeroici furori"
pag. 62 "quelle parole vischiose, insaporite d'una velenosetta dolcezza"

L'ellissi: di nessuno si viene a sapere tutto. Sia colui che dice io, sia gli altri, lasciano in mano al lettore solo brandelli del loro passato, o qualche magra allusione. Di Marta s'impara che forse fu una Kapò (un'ebrea collaborazionista) solo da una battuta del medico, non si sa quanto attendibile (pag. 96); altrove (pag. 63) il nome di Garance, che presuppone la conoscenza di un film girato nel '43 ma presentato solo dopo la guerra, implica una visione privata, chissà come (ma Arletty era in quegli anni l'amante di un ufficiale nazista...) e apre uno spiraglio di un millimetro in un destino d'ignoto.

L'alternativa ininterrotta: con abuso di ossia, di correzioni che crescono perpetuamente sopra di sé, di riproposte inesauribili (come chi pulisse ogni volta delle lenti appannate).

La dilazione viziosa: secondo una pratica consueta nei giochi d'amore, e con l'idea che la letteratura sia anche una variante dell'eros.

L'assolo cantabile: abbandono e fiducia nella parola. Sì, l'universo verbale è l'unico di cui veramente mi fido. *Nomina sunt consequentia rerum?* È vero il contrario, invece, e le cose sono invenzioni e sogni, e le parole epitaffi di sogni.

documento 7
Gesualdo Bufalino, Diceria dell'untore (Appendice)

....

La dilazione viziosa:

....

....

....

L'assolo cantabile:

....

....

....

8. ***Ecco l'indice dell'*Appendice**

APPENDICE

(L'Editore al Lettore)

Poesie
Epigrafi cancellate
Lapidi ricopiate
Varie

ISTRUZIONI PER L'USO

(L'Editore al Lettore)
(L'Autore al Lettore /Postille)

GUIDA - INDICE DEI TEMI

Tempi di stesura
Idea del libro
Titolo
Argomento
Qualche intenzione

I PERSONAGGI

Il protagonista
Il Magro
Marta
Padre Vittorio
Ricorrenze miticoeroiche

LA SCRITTURA

Tecniche scrittorie usuali:

Ironie correttive, autodenigrazioni, distanze
L'ellissi
L'alternativa ininterrotta
La dilazione viziosa
L'assolo cantabile

Che rapporto con la scrittura rivelano queste parole?

... cancellate
... ricopiate
... correttive
alternativa...

9. Redigete* l'appendice *del* vostro *(primo?) romanzo:

- precisate i vostri *rapporti con il lettore*
- stilate una serie di *postille* (quali sono i più frequenti *richiami intertestuali* del vostro romanzo)?
- fate l'indice dei *temi* (in ordine di apparizione, di frequenza, di importanza?)
- precisate modi e tempi di *stesura*
- spiegate com'è nata la vostra idea del libro
- spiegate la scelta definitiva del *titolo* e indicate i titoli esclusi
- definite *l'argomento*
- esprimete alcune delle vostre *intenzioni*
- descrivete *personaggi principali e secondari* (facendo particolarmente attenzione al *protagonista*)
- anticipate alcune delle vostre *"tecniche scrittorie usuali"*

10. Scegliete* la copertina *del* vostro *libro:

- nome o pseudonimo dell'autore
- illustrazione
- titolo
- note sull'edizione (comprende appendici, allegati?)
- editore (quale editore italiano scegliereste?)
- collana

Preparate la quarta di copertina:

- nota sull'autore
- presentazione sintetica dell'opera e dei suoi pregi
- referenze (titolo e autore nel caso, per esempio, di un quadro) dell'illustrazione

11. Scrivete* l'indice *del* vostro *libro.

Non dimenticate di precisare, nell'ordine che prevedete, uno o alcuni di questi elementi:

- ☐ prefazione
- ☐ dedica
- ☐ appendice
- ☐ avvertenza
- ☐ ....
- ☐ epigrafe
- ☐ prologo
- ☐ epilogo
- ☐ nota biobibliografica
- ☐ ....

Mettete la parola FINE al vostro Quaderno di scrittura e scrivete la prima frase del vostro romanzo.

Buon lavoro!

ESERCIZI

a. **In ognuna di queste coppie di frasi, una è di registro piuttosto formale/elevato, l'altra di registro informale/familiare. Sottolineate quella che vi sembra più *formale*.**

Esempio:
Le sarei grata se mi spiegasse questa procedura (= form.) / Vorrei che mi spiegasse questa procedura (= inform.)

Sua madre si recò immediatamente a scuola / La sua mamma andò subito a scuola
L'operazione è stata fatta con molta attenzione / L'operazione è stata effettuata con estrema attenzione
Hanno accettato la sua domanda / La sua domanda è stata positivamente accolta
L'inizio delle lezioni è previsto intorno alle 9, 30 / Le lezioni cominciano alle 9, 30 circa
Per arrivare all'Istituto si può prendere l'autobus n°2 /L'Istituto è raggiungibile con il Servizio Pubblico n°2

b. **Nel documento 8 trovate varie espressioni tipiche del registro formale/burocratico. Individuatene alcune e trasformatele usando un registro familiare.**

.... / ....
.... / ....
.... / ....
.... / ....
.... / ....

c. **In queste citazioni dall'Appendice, sostituite le parole *in corsivo* con quelle che sono state realmente usate da Bufalino:**

una lingua archeologica, *morta* (scrittura): ....
cascatore [...] che rischia *al suo posto* (il protagonista): ....
una paziente *dal passato ambiguo* (l'argomento):..
condizione eccessiva *come* quella di chi aspetta la fine (le intenzioni): ....
....
nello stesso modo da un sol [...] nasce una sinfonia (idea del libro): ....
....

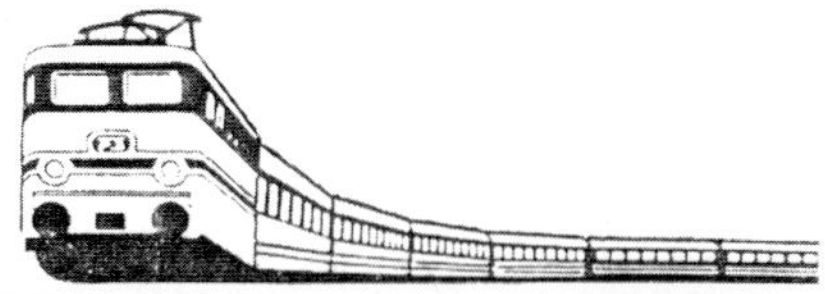

ENTE FERROVIE DELLO STATO

DIVISIONE PASSEGGERI

Ufficio di BOLOGNA

Bologna, lì 11/11/1991

Classif. BO.VG.V04 R.110
(da citare nella risposta)

Rif. Suo reclamo

del 2/9/91

Signora

Gentile Signora,

abbiamo letto con interesse le sue giuste lagnanze a proposito delle quali riteniamo opportuno, tuttavia, precisare quanto segue:

1°) Divieto di fumo in treno.

Fin dal dicembre 1990 l'Ente F.S. e, in particolare, il Compartimento di Bologna hanno adottato provvedimenti restrittivi nei confronti dei fumatori estendendo il " divieto di fumare" a tutti i treni locali (salvo poche eccezioni); inoltre, a partire dall'anno in corso, il divieto di fumare nelle carrozze - oltre che negli appositi scompartimenti- è stato esteso ai vestiboli ed ai corridoi. L'attuazione di quest'ultimo provvedimento è, però, necessariamente graduale (estensione degli avvisi e relativi pittogrammi nei prefati ambienti), motivi per cui è probabile riscontrare, attualmente, realtà diverse e destinate, comunque, ad essere risolte nel senso richiesto.

2°) Prenotazione treni I.C.

La prenotazione per i suddetti treni, con eccezione degli ETR 450 (Pendolino) viene effettuata gratuitamente, congiuntamente al supplemento rapido o, separatamente, se il viaggiatore è già in possesso di detto supplemento.

Qualche disfunzione circa l'afflusso, il comfort ed il ritardo è certamente presente sulla rete degli I.C.; nostro compito - grazie anche a segnalazioni come la Sua - è quello di eliminarli e/o ridurli a livelli accettabili.

Distinti saluti

IL CAPO DELL'UFFICIO PASSEGGERI

documento 8

d. **Nelle sue "postille", Bufalino ha fornito le chiavi d'interpretazione di alcuni suoi riferimenti ad altre opere.**

Anche la stampa italiana fa ampio uso di riferimenti a frasi, titoli, slogan tratti da altri testi, allusioni, citazioni implicite che arricchiscono i titoli dei giornali di un doppio senso. Affinché questi riferimenti e giochi verbali siano percepiti, è necessario che i lettori condividano con il giornalista le stesse abitudini culturali.

E voi?
Leggete la serie di titoli del documento 9.
Siete in grado di riconoscere e rendere espliciti i richiami ad altri testi?
Eventualmente chiedete aiuto a degli italiani.

Esempio:
La crisi dell'impero Ferruzzi cartina di tornasole per gli imprenditori e i banchieri.
L'ISOLA SENZA ARTURO

L'isola *senza* Arturo / L'isola di Arturo = romanzo di Elsa Morante
(Arturo = Arturo Ferruzzi)

A partire dai titoli analizzati, potete dedurre il tipo di lettore al quale questi giornali sono destinati?

- quali settori culturali deve conoscere il lettore per poter decodificare questi riferimenti?
- quali di questi riferimenti fanno parte del bagaglio scolastico degli italiani (libri o opere che si studiano a scuola o si leggono durante l'infanzia)?

Continuate voi a sfogliare i giornali e a cercare altri esempi:

1) ....
....
....

2) ....
....
....

3) ....
....
....

Buona lettura!

LA CRISI DELL'IMPERO FERRUZZI CARTINA DI TORNASOLE PER GLI IMPRENDITORI E I BANCHIERI

L'isola senza Arturo

Il crack ridisegna industria e credito

Dopo il referendum/Verso il partito democratico

Clintoniani d'Italia, unitevi!

MEMORIALI

Prima che Gallo canti

DAL VESUVIO ALLE PIRAMIDI

PRIVATIZZAZIONI/COSA CAMBIA COL TANDEM ANDREATTA-BARATTA

Per un pugno di marchi

Minidelinquenti/Dietro l'assassinio del piccolo di Liverpool

Infanzia meccanica

Affari & politica/Perché i magistrati vogliono inquisire Martelli

Quer pasticciaccio brutto del S. Spirito

Da una rapina a un traffico internazionale di titoli. Con in più qualche telefonata. Registrata.

Guerre di carta/«Sua Sanità»

Galeotta fu la bozza

primeteatro □ *Lia Tanzi protagonista a Roma con la regia di Manfrè*

Brutti, sporchi e 'Fascisti'

documento 9

Delinquenza minorile/Le gang di quattordicenni a Bari

Piccole canaglie crescono

Ritratto di famiglia in un inferno

IL ROMANZO
di Angelo Guglielmi

Nove personaggi in cerca di mare

CASO STET/IL PIANO SEGRETO DELLA PIRELLI

Romano, vorrei che tu, Alcatel e io...

Tu sei Mino, e su questa mina...

Risorse/La bomba demografica e lo sviluppo sostenibile

Crescete senza moltiplicarvi

Eros d'età

T'amo pio sesso

Quel referendum s'ha da fare
Gli uomini del "SÌ" replicano alla Cassazione

DICIOTTESIMO CONGRESSO DEL PCI

Occhetto e i suoi fratelli

LA TESTA È IMMOBILE

POP MUSIC/GRANDI RITORNI

Dolce stil rock

Verrà la Morte sarà un successo

documento 9

L'italiano per stranieri

Amato • ***Mondo italiano***
testi autentici sulla realtà sociale e culturale italiana
libro dello studente
quaderno degli esercizi

Ambroso e Stefancich • ***Parole***
10 percorsi nel lessico italiano - esercizi guidati

Avitabile • ***Italian for the English-speaking***

Battaglia • ***Grammatica italiana per stranieri***

Battaglia • ***Gramática italiana para estudiantes de habla española***

Battaglia • ***Leggiamo e conversiamo***
letture italiane con esercizi per la conversazione

Battaglia e Varsi • ***Parole e immagini***
corso elementare di lingua italiana per principianti

Bettoni e Vicentini • ***Imparare dal vivo*****
lezioni di italiano - livello avanzato
manuale per l'allievo
chiavi per gli esercizi

Buttaroni • ***Letteratura al naturale***
autori italiani contemporanei con attività di analisi linguistica

Cherubini • ***L'italiano per gli affari***
corso comunicativo di lingua e cultura aziendale

Diadori • ***Senza parole***
100 gesti degli italiani

Gruppo META • ***Uno***
corso comunicativo di italiano per stranieri - primo livello
libro dello studente
libro degli esercizi e sintesi di grammatica
guida per l'insegnante
3 audiocassette

Gruppo META • ***Due***
corso comunicativo di italiano per stranieri - secondo livello
libro dello studente
libro degli esercizi e sintesi di grammatica
guida per l'insegnante
4 audiocassette

Gruppo NAVILE • ***Dire, fare, capire***
l'italiano come seconda lingua
libro dello studente
guida per l'insegnante
1 audiocassetta

Finito di stampare
nel mese di dicembre 1994
dalla TIBERGRAPH s.r.l.
Città di Castello (PG)